L'ÉTHIQUE

Démontrée suivant l'ordre géométrique

ÉCRIT PAR B. SPINOZA entre 1661 et 1675
PUBLIÉ en 1677

TRADUIT PAR ÉMILE SAISSET en 1842

L'ÉTHIQUE

Partie I

Table des matières

ÉTHIQUE

Exposée suivant l'ordre des géomètres
Et divisée en 5 parties
où l'on traite :

1° De Dieu ;

2° De la Nature et de l'origine de l'âme ;

3° De l'origine et de la nature des passions :

4° De L'esclavage de l'homme, ou de la force des passions ;

5° De la puissance de l'entendement, ou de la liberté de l'homme.

Partie I

De Dieu

Définitions

I. J'entends par *cause de soi* ce dont l'essence enveloppe l'existence, ou ce dont la nature ne peut être conçue que comme existante.

II. Une chose est dite *finie en son genre* quand elle peut être bornée par une autre chose de même nature. Par exemple, un corps est dit chose finie, parce que nous concevons toujours un corps plus grand ; de même, une pensée est bornée par une autre pensée ; mais le corps n'est pas borné par la pensée, ni la pensée par le corps.

III. J'entends par *substance* ce qui est en soi et est conçu par soi, c'est-à-dire ce dont le concept peut être formé sans avoir besoin du concept d'une autre chose.

IV. J'entends par *attribut* ce que la raison conçoit dans la substance comme constituant son essence.

V. J'entends par *mode* les affections de la substance, ou ce qui est dans autre chose et est conçu par cette même chose.

VI. J'entends par *Dieu* un être absolument infini, c'est-à-dire une substance constituée par une infinité d'attributs dont chacun exprime une essence éternelle et infinie.

Explication : Je dis absolument infini, et non pas infini en son genre ; car toute chose qui est infinie seulement en son genre, on en peut nier une infinité d'attributs ; mais, quant à l'être absolument infini, tout ce qui exprime une essence et n'enveloppe aucune négation, appartient à son essence.

VII. Une chose est *libre* quand elle existe par la seule nécessité de sa nature et n'est déterminée à agir que par soi-même ; une chose est nécessaire ou plutôt contrainte quand elle est déterminée par une autre chose à exister et à agir suivant une certaine loi déterminée.

VIII. Par éternité, j'entends l'existence elle-même, en tant qu'elle est conçue comme résultant nécessairement de la seule définition de la chose éternelle.

Explication : Une telle existence en effet, à titre de vérité éternelle, est conçue comme l'essence même de la chose que l'on considère, et par conséquent elle ne peut être expliquée par rapport à la durée ou au temps, bien que la durée se conçoive comme n'ayant ni commencement ni fin.

Axiomes

I. Tout ce qui est, est en soi ou en autre chose.

II. Une chose qui ne peut se concevoir par une autre doit être conçue par soi.

III. Étant donnée une cause déterminée, l'effet suit nécessairement ; et au contraire, si aucune cause déterminée n'est donnée, il est impossible que l'effet suive.

IV. La connaissance de l'effet dépend de la connaissance de la cause, et elle l'enveloppe.

V. Les choses qui n'ont entre elles rien de commun ne peuvent se concevoir l'une par l'autre, ou en d'autres termes, le concept de l'une n'enveloppe pas le concept de l'autre.

VI. Une chose vraie doit s'accorder avec son objet.

VII. Quand une chose peut être conçue comme n'existant pas, son essence n'enveloppe pas l'existence.

Proposition 1

La substance est antérieure en nature à ses affections.

Démonstration : Cela est évident par les Définitions 3 et 5.

Proposition 2

Entre deux substances qui ont des attributs divers, il n'y a rien de commun.

Démonstration : Cela résulte aussi de la Définition 3. Chacune de ces substances, en effet, doit être en soi et être conçue par soi ; en d'autres termes, le concept de l'une d'elles n'enveloppe pas celui de l'autre.

Proposition 3

Si deux choses n'ont rien de commun, l'une d'elles ne peut être cause de l'autre.

Démonstration : Et en effet, n'ayant rien de commun, elles ne peuvent être conçues l'une par l'autre (en vertu de l'axiome 5), et par conséquent, l'une ne peut être cause de l'autre (en vertu de l'axiome 4).
C. Q. F. D.

Proposition 4

Deux ou plusieurs choses distinctes ne peuvent se distinguer que par la diversité des attributs de leurs substances, ou par la diversité des affections de ces mêmes substances.

Démonstration : Tout ce qui est, est en soi ou en autre chose (par l'Axiome 1) ; en d'autres termes (par les Définition 3 et 5), rien n'est donné hors de l'entendement que les substances et leurs affections. Rien par conséquent n'est donné hors de l'entendement par quoi se puissent distinguer plusieurs choses, si ce n'est les substances, ou, ce qui revient au même (par la Définition 4), les attributs des substances et leurs affections.
C. Q. F. D.

Proposition 5

Il ne peut y avoir dans la nature des choses deux ou plusieurs substances de même nature, ou, en d'autres termes, de même attribut.

Démonstration : S'il existait plusieurs substances distinctes, elles se distingueraient entre elles ou par la diversité de leurs attributs, ou par celle de leurs affections (en vertu de la Proposition précédente). Si par la diversité de leurs attributs, un même attribut n'appartiendrait donc qu'à une seule substance ; si par la diversité de leurs affections, la substance étant antérieure en nature à ses affections (par la Proposition 1), il suivrait de là qu'en faisant abstraction des affections, et en considérant en elle-même une des substances données, c'est-à-dire en la considérant selon sa véritable nature par les Définition 3 et 4 [177]), on ne pourrait la concevoir comme distincte des autres substances, ce qui revient à dire (par la Proposition précédente) qu'il n'y a point là plusieurs substances, mais une seule.

C. Q. F. D.

Proposition 6

Une substance ne peut être produite par une autre substance.

Démonstration : Il ne peut se trouver dans la nature des choses deux substances de même attribut (par la Proposition précédente), c'est-à-dire qui aient entre elles quelque chose de commun (par la Proposition 2). En conséquence (par la Proposition 3), l'une ne peut être cause de l'autre, ou l'une ne peut être produite par l'autre.

C. Q. F. D.

Corollaire : Il suit de là que la production d'une substance est chose absolument impossible ; car il n'y a rien dans la nature des choses que les substances et leurs affections (comme cela résulte de l'Axiome 1 et des Définition 3 et 5). Or, une substance ne peut être produite par une autre substance (par la Proposition précédente). Donc, elle ne peut absolument pas être produite.

C. Q. F. D.

Autre Preuve : Cela se démontre plus aisément encore par l'absurde ; car, si une substance pouvait être produite, la connaissance de cette substance devrait dépendre de la connaissance de sa cause (par l'Axiome 4) et ainsi (par la Définition 3) elle ne serait plus une substance.

Proposition 7

L'existence appartient à la nature de la substance.

Démonstration : La production de la substance est chose impossible (en vertu du Corollaire de la Proposition précédente). La substance est donc cause de soi, et ainsi (par la Définition 1) son essence enveloppe l'existence, ou bien l'existence appartient à sa nature.

C. Q. F. D.

Proposition 8

Toute substance est nécessairement infinie.

Démonstration : Une substance qui possède un certain attribut est unique en son espèce (par la Proposition 5), et il est de sa nature d'exister (par la Proposition 7). Elle existera donc, finie ou infinie. Finie, cela est impossible ; car elle devrait alors (par la Définition 2) être bornée par une autre substance de même nature, laquelle devrait aussi exister nécessairement (par la Proposition 7), et on aurait ainsi deux substances de même attribut, ce qui est absurde (par la Proposition 5). Donc, elle sera infinie.

C. Q. F. D.

Scolie I : Le fini étant au fond la négation partielle de l'existence d'une nature donnée, et l'infini l'absolue affirmation de cette existence, il suit par conséquent de la seule Proposition 7 que toute substance doit être infinie.

Scolie II : Je ne doute pas que pour ceux qui jugent avec confusion de toutes choses et ne sont pas accoutumés à les connaître par leurs premiers principes, il n'y ait de la difficulté à comprendre la démonstration de la Proposition 7, par cette raison surtout qu'ils ne distinguent pas entre les modifications des substances et les substances elles-mêmes, et ne savent pas comment s'opère la production des êtres. Et c'est pourquoi, voyant que les choses de la nature commencent d'exister ils s'imaginent qu'il en est de même pour les substances. Quand on ignore en effet les véritables causes des Êtres, on confond tout ; on fait parler indifféremment des arbres et des hommes, sans la moindre difficulté ; que ce soient des pierres ou de la semence qui servent à engendrer des hommes, peu importe, et l'on s'imagine qu'une forme quelle qu'elle soit se peut changer en une autre forme quelconque. C'est encore ainsi que, confondant ensemble la nature divine et la nature humaine, on attribue à Dieu les passions de l'humanité, surtout quand on ne sait pas encore comment se forment dans l'âme les passions.

Si les hommes étaient attentifs à la nature de la substance, ils ne douteraient en aucune façon de la vérité de la Proposition 7 ; bien plus, elle serait pour tous un axiome, et on la compterait parmi les notions communes de la raison. Par substance, en effet, on entendrait ce qui est en soi et est conçu par soi, c'est-à-dire ce dont l'idée n'a besoin de l'idée d'aucune autre chose ; par modification, au contraire, ce qui est dans une autre chose, et dont le concept se forme par le concept de cette chose. Et de là vient que nous pouvons nous former des idées vraies de certaines modifications qui n'existent pas ; car, bien qu'elles n'aient pas d'existence actuelle hors de l'entendement, leur essence est contenue dans une autre nature de telle façon qu'on les peut concevoir par elle. Au lieu que la substance, étant conçue par soi, n'a, hors de l'entendement, de vérité qu'en soi.

Si donc quelqu'un venait nous dire qu'il a une idée claire et distincte, et partant une idée vraie d'une certaine substance, et toutefois qu'il doute de l'existence de cette substance, ce serait en vérité (un peu d'attention rendra ceci évident) comme s'il disait qu'il a une idée vraie, et toutefois qu'il ne sait si elle est vraie. Ou bien, si l'on soutient qu'une substance est créée, on soutient par la même raison qu'une idée fausse est devenue une idée vraie, ce qui est le comble de l'absurdité. Et par conséquent il faut nécessairement avouer que l'existence d'une substance est, comme son essence, une vérité éternelle.

Nous pouvons tirer de là une preuve nouvelle de l'impossibilité de deux substances de même nature, et c'est un point qu'il est bon d'établir ici ; mais, pour le faire avec ordre, il y a quatre remarques à faire :

1° La vraie définition d'une chose quelconque n'enveloppe ni n'exprime rien de plus que la nature de la chose définie.

2° Il suit de là qu'aucune définition n'enveloppe ni n'exprime un nombre déterminé d'individus, puisqu'elle n'exprime rien de plus que la nature de la chose définie. Par exemple, la définition du triangle n'exprime rien de plus que la simple nature du triangle ; elle n'exprime pas un certain nombre déterminé de triangles.

3° L'existence d'un objet quelconque étant donnée, il y a toujours une certaine cause déterminée par laquelle cet objet existe.

4° Ou bien cette cause, par laquelle un certain objet existe, doit être contenue dans la nature même et la définition de l'objet existant (parce qu'alors l'existence appartient à sa nature) ; ou bien elle doit être donnée hors de cet objet.

Cela posé, il s'ensuit que, s'il existe dans la nature des choses un certain nombre d'individus, il faut que l'on puisse assigner une cause de l'existence de ces individus en tel nombre, ni plus ni moins. Par exemple, s'il existe Vingt hommes dans la nature des choses (nous supposerons, pour plus de clarté, qu'ils existent simultanément et non les uns avant les autres), il ne suffira pas, pour rendre raison de l'existence de ces vingt hommes, de montrer en général la cause de la nature humaine ; mais il faudra montrer en outre la cause en vertu de laquelle il existe vingt hommes, ni plus ni moins, puisqu'il n'y a rien (par la remarque 2) qui n'ait une cause de son existence. Or, cette cause (par les remarques 2 et 3) ne peut être contenue dans la nature humaine elle-même, la vraie définition de l'homme n'enveloppant nullement le nombre vingt. Et en conséquence (par la remarque 4), la cause qui fait exister ces vingt hommes, et partant chacun d'entre eux, doit pour chacun être extérieure. D'où il faut conclure absolument que tout ce dont la nature comporte un certain nombre d'individus suppose nécessairement une cause extérieure, pour que ces individus puissent exister. Or, puisque l'existence appartient à la nature de la substance (comme on l'a montré précédemment dans ce Scolie), la définition de la substance doit envelopper l'existence nécessaire, et par conséquent son existence doit être inférée de sa seule définition. Mais d'un autre côté (en vertu des remarques 2 et 3), il est impossible que, de cette même définition, résulte l'existence de plusieurs substances. Il s'ensuit donc nécessairement que deux substances de même nature ne peuvent exister ; ce qu'on se proposait d'établir.

Proposition 9

Suivant qu'une chose a plus de réalité ou d'être, un plus grand nombre d'attributs lui appartient .

Démonstration : Cela est évident par la Définition 4.

Proposition 10

Tout attribut d'une substance doit être conçu par soi.

Démonstration : L'attribut, en effet, c'est ce que l'entendement perçoit dans la substance comme constituant son essence (suivant la Définition 4). Il doit donc (par la Définition 3) être conçu par soi.
C. Q. F. D.

Scolie : On voit par là que deux attributs, quoiqu'ils soient conçus comme réellement distincts, c'est-à-dire l'un sans le secours de l'autre, ne constituent pas cependant deux êtres ou deux substances diverses. Il est en effet de la nature de la substance que chacun de ses attributs se conçoive par soi ; et tous cependant ont toujours été en elle, et l'un n'a pu être produit par l'autre ; mais chacun exprime la réalité ou l'être de la substance. Il s'en faut beaucoup, par conséquent, qu'il y ait de l'absurdité à rapporter plusieurs attributs à une seule substance. N'est-ce pas, au contraire, la chose la plus claire du monde que tout être se doit concevoir sous un attribut déterminé, et que, plus il a de réalité ou d'être, plus il a d'attributs qui expriment la nécessité ou l'éternité et l'infinité de sa nature ? Et, par conséquent, n'est-ce pas aussi une chose très claire que l'on doit définir l'être absolument infini (comme on l'a fait dans la Définition 6). Savoir : l'être à qui appartiennent une infinité d'attributs, dont chacun exprime une essence éternelle et infinie ? Que si quelqu'un demande quel sera donc le signe par lequel on pourra reconnaître la diversité des substances, il n'a qu'à lire les Propositions suivantes, lesquelles établissent qu'il n'existe dans la nature des choses qu'une seule et unique substance, et que cette substance est absolument infinie ; et il verra de cette façon que la recherche d'un tel signe est parfaitement inutile.

Proposition 11

Démonstration : Si vous niez Dieu, concevez, s'il est possible, que Dieu n'existe pas. Son essence n'envelopperait donc pas l'existence (par l'Axiome 7). Mais cela est absurde (par la Proposition 7). Donc Dieu existe nécessairement.

C. Q. F. D.

Autre Démonstration : Pour toute chose, on doit pouvoir assigner une cause ou raison qui explique pourquoi elle existe ou pourquoi elle n'existe pas. Par exemple, si un triangle existe, il faut qu'il y ait une raison, une cause de son existence. S'il n'existe pas, il faut encore qu'il y ait une raison, une cause qui s'oppose à son existence, ou qui la détruise. Or, cette cause ou raison doit se trouver dans la nature de la chose, ou hors d'elle. Par exemple, la raison pour laquelle un cercle carré n'existe pas est contenue dans la nature même d'une telle chose, puisqu'elle implique contradiction. Et de même, si la substance existe, c'est que cela résulte de sa seule nature, laquelle enveloppe l'existence (voyez la Proposition 7). Au contraire, la raison de l'existence ou de la non-existence d'un cercle ou d'un triangle n'est pas dans la nature de ces objets, mais dans l'ordre de la nature corporelle tout entière ; car il doit résulter de cet ordre, ou bien que déjà le triangle existe nécessairement, ou bien qu'il est impossible qu'il existe encore. Ces principes sont évidents d'eux-mêmes. Or, voici ce qu'on en peut conclure : c'est qu'une chose existe nécessairement quand il n'y a aucune cause ou raison qui l'empêche d'exister. Si donc il est impossible d'assigner une cause ou raison qui s'oppose à l'existence de Dieu ou qui la détruise, il faut dire que Dieu existe nécessairement. Or, pour qu'une telle cause ou raison fût possible, il faudrait qu'elle se rencontrât soit dans la nature divine, soit hors d'elle, c'est-à-dire dans une autre substance de nature différente ; car l'imaginer dans une substance de même nature, ce serait accorder l'existence de Dieu. Maintenant, si vous supposez une substance d'une autre nature que Dieu, n'ayant rien de commun avec lui, elle ne pourra (par la Proposition 2) être cause de son existence ni la détruire. Puis donc qu'on ne peut trouver hors de la nature divine une cause ou raison qui l'empêche d'exister, cette cause ou raison doit donc être cherchée dans la nature divine elle-même, laquelle, dans cette hypothèse, devrait impliquer contradiction. Mais il est absurde d'imaginer une contradiction dans l'être absolument infini et souverainement parfait. Concluons donc qu'en Dieu ni hors de Dieu il n'y a aucune cause ou raison qui détruise son existence, et partant que Dieu existe nécessairement.

Autre Démonstration : Pouvoir ne pas exister, c'est évidemment une impuissance ; et c'est une puissance, au contraire, que de pouvoir exister. Si donc l'ensemble des choses qui ont déjà nécessairement l'existence ne comprend que des êtres finis, il s'ensuit que des êtres finis sont plus puissants que l'être absolument infini, ce qui est de soi parfaitement absurde. Il faut donc, de deux choses l'une, ou qu'il n'existe rien, ou, s'il existe quelque chose, que l'être absolument infini existe aussi. Or nous existons, nous, ou bien en nous-mêmes, ou bien en un autre être qui existe nécessairement (voir l'Axiome 4 et la Proposition 7). Donc l'être absolument infini, en d'autres termes (par la Définition 6) Dieu existe nécessairement.

C. Q. F. D.

Scolie : Dans cette dernière démonstration, j'ai voulu établir l'existence de Dieu a posteriori, afin de rendre la chose plus facilement concevable ; mais ce n'est pas à dire pour cela que l'existence de Dieu ne découle a priori du principe même qui a été posé. Car, puisque c'est une puissance que de pouvoir exister, il s'ensuit qu'à mesure qu'une réalité plus grande convient à la nature d'une chose, elle a de soi d'autant plus de force pour exister ; et par conséquent, l'Être absolument infini ou Dieu a de soi une puissance infinie d'exister, c'est-à-dire existe absolument. Et toutefois plusieurs peut-être ne reconnaîtront pas aisément l'évidence de cette démonstration, parce qu'ils sont habitués à contempler exclusivement cet ordre de choses qui découlent de causes extérieures, et à voir facilement périr ce qui naît vite, c'est-à-dire ce qui existe facilement, tandis qu'au contraire ils pensent que les choses dont la nature est plus complexe doivent être plus difficiles à faire, c'est-à-dire moins disposées à l'existence. Mais pour détruire ces préjugés, je ne crois pas avoir besoin de montrer ici en quel sens est vraie la maxime : Ce qui naît aisément périt de même, ni d'examiner s'il n'est pas vrai qu'à considérer la nature entière, toutes choses existent avec une égale facilité. Il me suffit de faire remarquer que je ne parle pas ici des choses qui naissent de causes extérieures, mais des seules substances, lesquelles (par la Proposition 6) ne peuvent être produites par aucune cause de ce genre. Les choses, en effet, qui naissent des causes extérieures, soit qu'elles se composent d'un grand nombre ou d'un petit nombre de parties, doivent tout ce qu'elles ont de perfection ou de réalité à la vertu de la cause qui les produit, et par conséquent leur existence dérive de la perfection de cette cause, et non de la leur. Au contraire, tout ce qu'une substance à de perfection, elle ne le doit à aucune cause étrangère, et c'est pourquoi son existence doit aussi découler de sa seule nature et n'être autre chose que son essence elle-même. Ainsi donc la perfection n'ôte pas l'existence, elle la fonde ; c'est l'imperfection qui la détruit, et il n'y a pas d'existence dont nous puissions être plus certains que de celle d'un être absolument infini ou parfait, savoir, Dieu ; car son essence excluant toute imperfection et enveloppant la perfection absolue, toute espèce de doute sur son existence disparaît, et il suffit de quelque attention pour reconnaître que la certitude qu'on en possède est la plus haute certitude.

Proposition 12

Or ne peut concevoir selon sa véritable nature aucun attribut de la substance duquel il résulte que la substance soit divisible.

Démonstration : Si vous supposez, en effet, la substance divisible, les parties que vous obtiendrez en la divisant retiendront ou non la nature de la substance. Dans le premier cas, chacune d'elles devra être infinie (par la Proposition 8), cause de soi (par la Proposition 6), et constituée par un attribut propre ; et par suite, d'une seule substance il pourra s'en former plusieurs, ce qui est absurde (par la Proposition 6). Ajoutez que ces parties (en vertu de la Proposition 2) n'auront rien de commun avec le tout qu'elles composent, et que le tout (par la Définition 4 et la Proposition 10) pourra exister et être conçu indépendamment de ses parties, conséquence dont personne ne peut contester l'absurdité. Dans le second cas, c'est-à-dire si les parties ne retiennent pas la nature de la substance, il en résultera que la substance, quand on la divisera tout entière en parties égales, perdra sa nature et cessera d'être, ce qui est absurde (par la Proposition 7).

Proposition 13

La substance absolument infinie est indivisible.

Démonstration : Si elle était divisible, en effet, les parties qu'on obtiendrait en la divisant retiendraient ou non la nature de la substance absolument infinie. Dans le premier cas, on aurait plusieurs substances de même nature, ce qui est absurde (par la Proposition 5). Dans le second cas, la substance absolument infinie pourrait, comme on l'a vu plus haut, cesser d'être, ce qui est également absurde (par la Proposition 11).

Corollaire : Il suit de ces principes qu'aucune substance, et conséquemment aucune substance corporelle, n'est divisible en tant que substance.

Scolie : Que la substance soit indivisible, c'est ce que l'on comprendra plus simplement encore, par cela seul que la nature de la substance ne peut être connue que comme infinie, et qu'une partie de la substance ne signifie autre chose qu'une substance finie, ce qui implique évidemment contradiction (par la Proposition 8).

Proposition 14

Il ne peut exister et on ne peut concevoir aucune autre substance que Dieu.

Démonstration : Dieu est l'être absolument infini duquel on ne peut exclure aucun attribut exprimant l'essence d'une substance (par la Définition 6), et il existe nécessairement (par la Proposition 11 [178]). Si donc il existait une autre substance que Dieu, elle devrait se développer par quelqu'un des attributs de Dieu, et de cette façon, il y aurait deux substances de même attribut, ce qui est absurde (par la Proposition 5). Par conséquent, il ne peut exister aucune autre substance que Dieu, et on n'en peut concevoir ; aucune autre ; car si on pouvait la concevoir, on la concevrait nécessairement comme existante, ce qui est absurde (par la première partie de la présente Démonstration). Donc, aucune autre substance que Dieu ne peut exister ni se concevoir.

C. Q. F. D.

Corollaire I : Il suit de là très clairement : 1° Que Dieu est unique, c'est-à-dire (par la Définition 6) qu'il n'existe dans la nature des choses qu'une seule substance, et qu'elle est absolument infinie, comme vous l'avons déjà affirmé dans le Scolie de la Proposition 10.

Corollaire II : Il s'ensuit : 2° Que la chose étendue et la chose pensante sont des attributs de Dieu, ou (par l'Axiome 1) des affections des attributs de Dieu.

Proposition 15

Tout ce qui est, est en Dieu, et rien ne peut être, ni être conçu sans Dieu.

Démonstration : Hors de Dieu (par la Proposition 14), il n'existe et on ne peut concevoir aucune substance, c'est-à-dire (par la Définition 3) aucune chose qui existe en soi et se conçoive par soi. Or les modes (par la Définition 5) ne peuvent être, ni être conçus sans la substance, et par conséquent ils ne peuvent être, ni être conçus que dans la seule nature divine. Mais si vous ôtez les substances et les modes, il n'y a plus rien (par l'axiome 1). Donc rien ne peut être, ni être conçu sans Dieu.

C. Q. F. D.

Scolie : On se représente souvent Dieu comme formé, à l'image de l'homme, d'un corps et d'un esprit, et sujet, ainsi que l'homme, aux passions. Ce qui précède montre assez, sans doute, combien de telles pensées s'éloignent de la vraie connaissance de Dieu. Mais laissons cette sorte d'erreur ; car tous ceux qui ont un peu considéré la nature divine nient que Dieu soit corporel, et ils prouvent fort bien leur sentiment en disant que nous entendons par corps toute quantité qui a longueur, largeur et profondeur, et qui est terminée par une certaine figure, ce qui ne peut se dire de Dieu, l'être absolument infini, sans la dernière absurdité. Mais tout en faisant ce raisonnement, ils y joignent d'autres preuves qui font voir clairement que, dans leur opinion, la substance corporelle ou étendue est entièrement séparée de la nature divine et qu'elle a été créée par Dieu.

Par quelle espèce de puissance divine a-t-elle été créée, c'est ce qu'ils ignorent. Et cela prouve bien qu'ils n'entendent pas ce qu'ils disent.

Pour moi, j'ai, ce me semble, prouvé assez clairement (voyez le Corollaire de la Proposition 6, et le Scolie 2 de la Proposition 8) qu'aucune substance ne peut être produite ou créée par une autre substance. Or, il a été établi d'un autre côté (par la Proposition 11) qu'aucune autre substance que Dieu ne peut exister ni se concevoir ; d'où nous avons conclu que la substance étendue est un des attributs infinis de Dieu. Mais, pour que la chose soit plus complètement expliquée, je réfuterai ici les arguments de mes adversaires, lesquels reviennent à ceci : premièrement, la substance corporelle, en tant que substance, se compose, suivant eux, de parties, et c'est pourquoi ils nient qu'elle puisse être infinie, et conséquemment appartenir à Dieu. C'est ce qu'ils expliquent par beaucoup d'exemples. J'en rapporterai quelques-uns : si la substance corporelle est infinie, disent-ils, concevez-la divisée en deux parties ; chaque partie sera finie ou infinie. Dans le premier cas, l'infini se composera de deux parties finies, ce qui est absurde. Dans le second cas, on aura un infini double d'un autre infini, ce qui est également absurde. De plus, si on évalue une quantité infinie en parties égales à un pied, elle devra se composer d'un nombre infini de telles parties, tout comme si on l'évaluait en parties égales à un pouce. Et par conséquent, un nombre infini sera douze fois plus grand qu'un autre nombre infini.

Enfin, concevez que d'un point A appartenant à une étendue infinie on fasse partir deux lignes AB, AC, lesquelles s'éloignent d'abord l'une de l'autre d'une distance fixe et déterminée BC.

Si vous les prolongez à l'infini, cette distance s'augmentant de plus en plus deviendra indéterminable, de déterminée qu'elle était. Toutes ces absurdités résultant, selon l'opinion de nos adversaires, de la supposition qu'on a faite d'une quantité infinie, ils concluent que la substance corporelle est finie, et par conséquent qu'elle n'appartient pas à l'essence de Dieu.

— Leur second argument est tiré de la perfection suprême de Dieu. Dieu, dit-on, étant l'être souverainement parfait, ne peut pâtir. Or, la substance corporelle peut pâtir, en tant que divisible, d'où il suit qu'elle n'appartient pas à l'essence de Dieu.

Tels sont les arguments que je lis dans les auteurs qui ont voulu établir que la substance corporelle est indigne de la nature divine et ne peut lui appartenir. Mais en vérité, si l'on veut bien y prendre garde sérieusement, on verra que j'ai déjà répondu à tout cela, puisque tous ces arguments se fondent uniquement sur ce point, que la substance corporelle est composée de parties, supposition dont j'ai déjà montré l'absurdité (voir la Proposition 12 et le Corollaire de la Proposition 13).

J'ajouterai qu'à bien considérer la chose, les conséquences absurdes (sont-elles toutes absurdes, c'est de quoi je ne dispute pas encore) dont on se sert pour établir que la substance corporelle est finie, ne viennent point du tout de ce qu'on a supposé une quantité infinie, mais de ce qu'on a supposé que cette quantité infinie était mesurable et composée de parties finies ; et c'est pourquoi tout ce qui résulte des absurdités où conduit cette supposition, c'est qu'une quantité infinie n'est pas mesurable et ne peut se composer de parties. Or, c'est justement ce que nous avons démontré plus haut (Proposition 12, etc.). De façon que nos adversaires se blessent eux-mêmes avec les armes dirigées contre nous. Que si de cette absurdité, qui est leur ouvrage, ils prétendent conclure néanmoins que la substance étendue doit être finie, ils font véritablement comme un homme qui donnerait au cercle les propriétés du carré, et conclurait de là que le cercle n'a pas de point central d'où se puissent mener à la circonférence des lignes égales. Ils supposent en effet que la substance corporelle, laquelle ne se peut concevoir que comme infinie, unique et indivisible (voyez les Proposition 8, 10 et 12) est composée de parties finies, qu'elle est multiple et divisible, le tout pour conclure que cette substance est finie.

C'est ainsi que d'autres raisonneurs, après avoir imaginé la ligne comme un composé de points, savent trouver une foule d'arguments pour montrer qu'elle ne peut être divisée à l'infini. Et à vrai dire, il n'est pas moins absurde de supposer la substance corporelle formée de corps ou de parties, que de composer le corps de surfaces, les surfaces de lignes et finalement les lignes de points. C'est là ce que doit avouer tout homme qui sait qu'une raison claire est infaillible. Que sera-ce si on se range à l'opinion de ceux qui nient le vide ?

Supposez, en effet, que la substance corporelle se puisse diviser de telle sorte que des parties soient réellement distinguées l'une de l'autre ; pourquoi l'une d'elles ne pourrait-elle pas être anéantie, les autres gardant entre elles le même rapport qu'auparavant ? Et pourquoi ces parties devraient-elles s'adapter les unes aux autres de façon à empêcher le vide ? Certes, quand deux choses sont réellement distinctes l'une de l'autre, l'une peut exister sans l'autre et persister dans le même état. Puis donc qu'il n'y a pas de vide dans la nature (comme on le verra ailleurs) et que toutes les parties doivent concourir de façon que le vide n'existe pas, il s'ensuit que ces parties ne peuvent pas se distinguer réellement, c'est-à-dire que la substance corporelle en tant que substance est indivisible.

Si quelqu'un me demande maintenant pourquoi nous sommes ainsi portés naturellement à diviser la quantité, je répondrai que la quantité se conçoit de deux façons, d'une façon abstraite et superficielle, telle que l'imagination nous la donne ; ou à titre de substance, telle que le seul entendement nous la peut faire concevoir [179]. Si nous considérons la quantité comme l'imagination nous la donne, ce qui est le procédé le plus facile et le plus ordinaire, nous jugerons qu'elle est finie, divisible et composée de parties ; mais si nous la concevons à l'aide de l'entendement, si nous la considérons en tant que substance, chose très difficile à la vérité, elle nous apparaîtra alors, ainsi que nous l'avons assez prouvé, comme infinie, unique et indivisible. C'est ce qui sera évident pour quiconque est capable de distinguer entre l'imagination et l'entendement ; surtout si l'on veut remarquer en même temps que la matière est partout la même, et qu'il n'y a en elle de distinction de parties qu'en tant qu'on la conçoit comme affectée de diverses manières, d'où il suit qu'il n'existe entre ces parties qu'une distinction modale et non pas une distinction réelle. Par exemple, nous concevons que l'eau, en tant qu'eau, puisse être divisée, et ses parties séparées les unes des autres ; mais il n'en est pas de même de l'eau, en tant que substance corporelle. Car, sous ce point de vue, il ne peut y avoir en elle aucune division, aucune séparation. Ainsi l'eau, en tant qu'eau, est sujette à la corruption et à la génération ; mais en tant que substance, elle n'y est pas sujette.

Les remarques qui précèdent répondent suffisamment, ce me semble, au second argument de nos adversaires, lequel est également fondé sur ce seul principe, que la matière, en tant que substance, est divisible et composée de parties. Et alors même que le contraire ne serait pas prouvé, Je ne vois pas qu'on ait le droit de conclure que la matière est indigne de la substance divine, puisque, hors de Dieu (par la Proposition 14), il n'y a aucune autre substance dont la nature divine puisse souffrir l'action. Je le répète, toutes choses sont en Dieu, et tout ce qui arrive, arrive par les seules lois de la nature infinie de Dieu, et résulte (comme je vais le faire voir) de la nécessité de son essence. Par conséquent, il n'y a aucune raison de dire que Dieu souffre l'action d'un autre être, ni que la substance étendue soit indigne de sa nature, alors même qu'on supposerait l'étendue divisible ; pourvu toutefois qu'on accorde qu'elle est éternelle et infinie. Mais, pour le moment, il est inutile d'insister davantage.

Proposition 16

De la nécessité de la nature divine doivent découler une infinité de choses infiniment modifiées, c'est-à-dire tout ce qui peut tomber sous une intelligence infinie. [180]

Démonstration : Cette Proposition doit être évidente pour quiconque voudra seulement remarquer que de la définition d'une chose quelconque, l'entendement conclut un certain nombre de propriétés qui en découlent nécessairement, c'est-à-dire qui résultent de l'essence même de la chose ; et ces propriétés sont d'autant plus nombreuses qu'une réalité plus grande est exprimée par la définition, ou, ce qui revient au même, est contenue dans l'essence de la chose définie. Or, comme la nature divine (par la Définition 6) comprend une infinité absolue d'attributs, dont chacun exprime en son genre une essence infinie, il faut bien que de la nécessité de cette nature il découle une infinité de choses infiniment modifiées, c'est-à-dire tout ce qui peut tomber sous une intelligence infinie.

C. Q. F. D.

Corollaire I : Il suit de là que Dieu est la cause efficiente de toutes les choses qui peuvent tomber sous une intelligence infinie.

Corollaire II : Il en résulte, en second lieu, que Dieu est cause par soi, et non par accident.

Corollaire III : Et, en troisième lieu, que Dieu est absolument cause première.

Proposition 17

Dieu agit par les seules lois de la nature et sans être contraint par personne.

Démonstration : C'est de la seule nécessité de la nature divine, ou, en d'autres termes, des seules lois de cette même nature, que résultent une infinité absolue des choses, comme nous l'avons montré dans la Proposition 16 ; et il a été établi en outre, dans la Proposition 15, que rien n'existe et ne peut être conçu sans Dieu, mais que tout est en Dieu ; par conséquent, il ne peut rien y avoir hors de Dieu qui le détermine à agir ou qui l'y contraigne, d'où il suit qu'il agit par les seules lois de sa nature et sans être contraint par personne.
C. Q. F. D.

Corollaire I : Il suit de là, premièrement, qu'il n'y a en Dieu, ou hors de Dieu, aucune autre cause qui l'excite à agir que la perfection de sa propre nature.

Corollaire II : En second lieu, que Dieu seul est une cause libre ; Dieu seul en effet existe par la seule nécessité de sa nature (en vertu de la Proposition 11 et le Corollaire 1 de la Proposition 14), et agit par cette seule nécessité (en vertu de la Proposition Précéd.). Seul par conséquent, il est une cause libre.

Scolie : D'autres pensent que ce qui donne à Dieu le caractère de cause libre, c'est qu'il peut faire, à les en croire, que les choses qui découlent de sa nature, c'est-à-dire qui sont en son pouvoir, n'arrivent pas ou bien ne soient pas produites par lui ; mais cela revient à dire que Dieu peut faire que de la nature du triangle il ne résulte pas que ses trois angles égalent deux droits, ou que d'une cause donnée il ne s'ensuive aucun effet, ce qui est absurde. Bien plus, je ferai voir tout à l'heure, et sans le secours de la Proposition qui vient d'être démontrée, que ni l'intelligence ni la volonté n'appartiennent à la nature de Dieu.

Je sais que plusieurs philosophes croient pouvoir démontrer que l'intelligence suprême et la libre volonté appartiennent à la nature de Dieu ; car, disent-ils, nous ne connaissons rien de plus parfait qu'on puisse attribuer à Dieu que cela même qui est en nous la plus haute perfection : or ces mêmes philosophes, quoiqu'ils conçoivent la souveraine intelligence de Dieu comme existant en acte, ne croient pourtant pas que Dieu puisse faire exister tout ce qui est contenu en acte dans son intelligence. Autrement ils croiraient avoir détruit la puissance de Dieu. Si Dieu avait créé, disent-ils, tout ce qui est en son intelligence, il ne lui serait plus rien resté à créer, conséquence qui leur paraît contraire à l'omnipotence divine ; et c'est pourquoi ils ont mieux aimé faire Dieu indifférent à toutes choses et ne créant rien de plus que ce qu'il a résolu de créer par je ne sais quelle volonté absolue. Pour moi, je crois avoir assez clairement montré (voyez la Proposition 16) que de la souveraine puissance de Dieu, ou de sa nature infinie, une infinité de choses infiniment modifiées, c'est-à-dire toutes choses ont découlé nécessairement ou découlent sans cesse avec une égale nécessité, de la même façon que de la nature du triangle il résulte de toute éternité que ses trois angles égalent deux droits

; d'où il suit que la toute-puissance de Dieu a été éternellement en acte et y persistera éternellement ; et de cette façon, elle est établie, à mon avis du moins, dans une perfection bien supérieure. Il y a plus, il me semble que mes adversaires (qu'on me permette de m'expliquer ici ouvertement) nient la toute-puissance de Dieu. Ils sont obligés, en effet, d'avouer que Dieu conçoit une infinité de créatures possibles, que jamais cependant il ne pourra créer ; car autrement, s'il créait tout ce qu'il conçoit, il épuiserait, suivant eux, sa toute-puissance et se rendrait lui-même imparfait. Les voilà donc réduits, pour conserver à Dieu sa perfection, de soutenir qu'il ne peut faire tout ce qui est compris en sa puissance, chose plus absurde et plus contraire à la toute-puissance de Dieu que tout ce qu'on voudra imaginer.

Pour dire ici un mot de l'intelligence et de la volonté que nous attribuons communément à Dieu, je soutiens que, si l'intelligence et la volonté appartiennent à l'essence éternelle de Dieu, il faut alors entendre par chacun de ces attributs tout autre chose que ce que les hommes entendent d'ordinaire, car l'intelligence et la volonté qui, dans cette hypothèse, constitueraient l'essence de Dieu, devraient différer de tout point de notre intelligence et de notre volonté, et ne pourraient leur ressembler que d'une façon toute nominale, absolument comme se ressemblent entre eux le chien, signe céleste, et le chien, animal aboyant. C'est ce que je démontre ainsi qu'il suit. S'il y a en Dieu une intelligence, elle ne peut avoir le même rapport que la nôtre avec les objets qu'elle embrasse. Notre intelligence, en effet, est par sa nature d'un ordre postérieur à ses objets (c'est le sentiment commun), ou du moins d'un ordre égal, tandis qu'au contraire Dieu est antérieur à toutes choses par sa causalité (voir le Corollaire 1 de la Proposition 16), et la vérité, l'essence formelle des choses, n'est ce qu'elle est que parce qu'elle existe objectivement dans l'intelligence de Dieu. Par conséquent, l'intelligence de Dieu, en tant qu'elle est conçue comme constituant l'essence de Dieu, est véritablement la cause des choses, tant de leur essence que de leur existence ; et c'est ce que semblent avoir aperçu ceux qui ont soutenu que l'intelligence, la volonté et la puissance de Dieu ne sont qu'une seule et même chose. Ainsi donc, puisque l'intelligence de Dieu est la cause unique des choses (comme nous l'avons montré), tant de leur essence que de leur existence, elle doit nécessairement différer de ces choses, sous le rapport de l'essence aussi bien que sous le rapport de l'existence. La chose causée, en effet, diffère de sa cause précisément en ce qu'elle en reçoit ; par exemple, un homme est cause de l'existence d'un autre homme, non de son essence. Cette essence, en effet, est une vérité éternelle, et c'est pourquoi ces deux hommes peuvent se ressembler sous le rapport de l'essence ; mais ils doivent différer sous le rapport de l'existence, et de là vient que, si l'existence de l'un d'eux est détruite, celle de l'autre ne cessera pas nécessairement. Mais si l'essence de l'un d'eux pouvait être détruite et devenir fausse, l'essence de l'autre périrait en même temps. En conséquence, une chose qui est la cause d'un certain effet, et tout à la fois de son existence et de son essence, doit différer de cet effet tant sous le rapport de l'essence que sous le rapport de l'existence. Or l'intelligence de Dieu est la cause de l'existence et de l'essence de la nôtre. Donc, l'intelligence de Dieu, en tant qu'elle est conçue comme constituant l'essence divine, diffère de notre intelligence tant sous le rapport de l'essence que sous le rapport de l'existence, et ne lui ressemble que d'une façon toute nominale, comme il s'agissait de le démontrer. Or chacun voit aisément qu'on ferait la même démonstration pour la volonté de Dieu.

Proposition 18

Dieu est la cause immanente, et non transitive, de toutes choses.

Démonstration : Tout ce qui est, est en Dieu et doit être conçu par son rapport à Dieu (en vertu de la Proposition 15), d'où il suit (par le Corollaire 1 de la Proposition 16 [181]) que Dieu est la cause des choses qui sont en lui ; voilà le premier point. De plus, si vous ôtez Dieu, il n'y a aucune substance (par la Proposition 14), c'est-à-dire (par la Définition 3) aucune chose qui, hors de Dieu, existe en soi ; voilà le second point. Donc, Dieu est la cause immanente et non transitive de toutes choses.

C. Q. F. D.

Dieu est éternel ; en d'autres termes, tous les attributs de Dieu sont éternels.

Démonstration : Dieu en effet (par la Définition 6) est une substance, laquelle (par la Proposition 11) existe nécessairement, c'est-à-dire (par la Proposition 7) à la nature de laquelle il appartient d'exister, ou ce qui est la même chose, dont l'existence découle de la seule définition ; Dieu est donc éternel (par la Définition 8). De plus, que faut-il entendre par les attributs de Dieu ? ce qui exprime l'essence de la substance divine en d'autres termes (par la Définition 4), ce qui appartient à la substance. C'est là, dis-je, ce qui doit être enveloppé dans les attributs. Or, l'éternité appartient à la nature de la substance (comme je viens de le prouver en m'appuyant sur la Proposition 7) Donc, chacun des attributs de la substance doit envelopper l'éternité, et tous par conséquent sont éternels.

C. Q. F. D.

Scolie : Cette proposition devient aussi très clairement évidente à l'aide de la démonstration que j'ai donnée (Proposition 11) de l'existence de Dieu. Il résulte en effet de cette démonstration que l'existence de Dieu, comme son essence, est une vérité éternelle. Ajoutez que j'ai donné ailleurs (Principes de Descartes, Proposition 19) une autre preuve de l'éternité de Dieu, qu'il est inutile de répéter ici.

L'existence de Dieu et son essence sont une seule et même chose.

Démonstration : Dieu et tous ses attributs sont éternels (par la Proposition précédente) ; en d'autres termes (par la Définition 8), chacun des attributs de Dieu exprime l'existence. Par conséquent, ces mêmes attributs qui (par la Définition 4) expriment son essence éternelle expriment en même temps son éternelle existence ; en d'autres termes, ce qui constitue l'essence de Dieu constitue en même temps son existence, et par conséquent ces deux choses n'en font qu'une.

Corollaire I : Il suit de là premièrement, que l'existence de Dieu, comme son essence, est une vérité éternelle.

Corollaire II : Secondement, que l'immutabilité appartient à Dieu, autrement dit à tous les attributs de Dieu. Car s'ils changeaient sous le rapport de l'existence, ils devraient aussi (par la Proposition précédente) changer sous le rapport de l'essence, ou ce qui revient évidemment au même et ne peut se soutenir, de vrais ils deviendraient faux.

Tout ce qui découle de la nature absolue d'un attribut de Dieu doit être éternel et infini, en d'autres termes, doit posséder par son rapport à cet attribut l'éternité et l'infinité.

Démonstration : Si vous niez qu'il en soit ainsi, concevez, autant que possible, dans un des attributs de Dieu, quelque chose qui découle de la nature absolue de cet attribut, et qui néanmoins soit finie et ne possède qu'une existence ou une durée déterminée : par exemple, dans l'attribut de la pensée, l'idée de Dieu. La pensée, puisqu'on la conçoit comme un attribut de Dieu, est nécessairement infinie de sa nature (par la Proposition 11). Mais, en tant qu'elle contient l'idée de Dieu, on la suppose finie. Or (par la Définition 2), elle ne peut être finie si elle n'est bornée par la pensée elle-même. Ce ne sera pas par la pensée en tant qu'elle constitue l'idée de Dieu, puisque la pensée, ainsi considérée, est finie suivant l'hypothèse. Ce sera donc par la pensée en tant qu'elle ne constitue pas l'idée de Dieu ; et toutefois, la pensée (par la Proposition 11) doit exister nécessairement. On aura donc ainsi une pensée qui ne constitue pas l'idée de Dieu, d'où il suit que l'idée de Dieu ne découle pas de sa nature, en tant qu'elle est la pensée absolue (puisqu'on la conçoit également comme constituant et ne constituant pas l'idée de Dieu), ce qui est contre l'hypothèse. Ainsi donc, si l'idée de Dieu dans l'attribut de la pensée, ou toute autre chose qu'on voudra supposer dans un attribut quelconque de Dieu (car la démonstration est universelle), découle nécessairement de la nature absolue de cet attribut, elle doit être nécessairement infinie. Voilà pour la première partie de la proposition.

Je dis maintenant qu'une chose qui suit nécessairement de la nature d'un attribut de Dieu ne peut avoir une durée déterminée. Si vous le niez, supposez dans un attribut de Dieu une chose qui suive nécessairement de la nature de cet attribut, par exemple, dans l'attribut de la pensée, l'idée de Dieu, et supposez tout ensemble que cette idée n'ait pas existé en un certain temps ou doive ne pas exister. La pensée étant donnée comme un attribut de Dieu, elle doit exister éternelle et immuable (par la Proposition 11 et le Corollaire 2 de la propos. 20). En conséquence, par-delà les limites de la durée de l'idée de Dieu (car elle n'a pas toujours existé par hypothèse et n'existera pas toujours), la pensée devra exister sans l'idée de Dieu. Or, cela est contre la supposition, puisqu'il a été admis que l'idée de Dieu suivait nécessairement de la nature de la pensée. Donc l'idée de Dieu dans la pensée, et toute autre chose quelconque qui soit nécessairement de la nature absolue d'un attribut de Dieu, ne peut avoir une durée déterminée, et doit, par son rapport à cet attribut, posséder l'éternité. C'est la seconde partie de la démonstration. Notez que notre principe est également vrai de toute chose quelconque qui, dans un attribut de Dieu, suit nécessairement de la nature absolue de Dieu.

Proposition 22

Quand une chose découle de quelque _[182]_ attribut divin, en tant qu'il est affecté d'une certaine modification dont l'existence est par cet attribut même nécessaire et infinie, cette chose doit être aussi nécessaire et infinie dans son existence.

Démonstration : Pour démontrer cette proposition, on procède de la même façon que pour la précédente.

Proposition 23

Tout mode dont l'existence est nécessaire et infinie a dû nécessairement découler, soit de la nature absolue de quelque attribut de Dieu, soit de quelque attribut affecté d'une modification nécessaire et infinie.

Démonstration : Tout mode existe, non en soi, mais dans une autre chose, par laquelle il est nécessairement conçu (en vertu de la Définition 5), c'est-à-dire (en vertu de la Proposition 15) qu'il existe en Dieu seul, et ne peut être conçu que par son rapport à Dieu. Si donc un mode est conçu comme nécessaire et infini, ce ne peut être que par son rapport à quelque attribut de Dieu, en tant que cet attribut lui-même exprime l'infinité et la nécessité ou (ce qui est la même chose par la Définition 8) l'éternité de l'existence, en d'autres termes (par la Définition 6 et la Proposition 19), en tant que cet attribut est considéré d'une manière absolue. En conséquence, un mode dont l'existence est nécessaire et infinie a dû découler de la nature absolue de quelque attribut de Dieu ; et cela, soit immédiatement (voir la Proposition 21), soit par l'intermédiaire de quelque modification qui suit elle-même de la nature absolue de cet attribut, c'est-à-dire (par la Proposition précédente) qui est nécessaire et infinie.

C. Q. F. D.

Proposition 24

L'essence des choses produites par Dieu n'enveloppe pas l'existence.

Démonstration : Cela est évident par la Définition 1. En effet, une chose, dont la nature (prise en soi) enveloppe l'existence, est cause de soi, et existe par la seule nécessité de sa nature.

Corollaire : Il suit de là que Dieu n'est pas seulement la cause par qui les choses commencent d'exister, mais celle aussi qui les fait persévérer dans l'existence, et (pour employer ici un terme scholastique) Dieu est la cause de l'être des choses (*causa essendi*). En effet, alors même que les choses existent, chaque fois que nous regardons à leur essence, nous voyons qu'elle n'enveloppe ni l'existence, ni la durée ; par conséquent, elle ne peut être cause ni de l'une ni de l'autre, mais Dieu seul, parce qu'il est le seul à qui il appartienne d'exister (par le Corollaire 1 de la Proposition 14).

C. Q. F. D.

Proposition 25

Dieu n'est pas seulement la cause efficiente de l'existence des choses, mais aussi de leur essence.

Démonstration : Si vous niez cela, Dieu n'est donc pas la cause de l'essence des choses ; par conséquent (en vertu de l'Axiome 4) l'essence des choses peut être conçue sans Dieu, ce qui est absurde (par la Proposition 15). Dieu est donc la cause de l'essence des choses.

Scolie : Cela résulte plus clairement encore de la Proposition 16, par laquelle, la nature divine étant donnée, l'essence des choses, aussi bien que leur existence, doit s'en conclure nécessairement, et pour le dire d'un seul mot, au sens où Dieu est appelé cause de soi, il doit être appelé cause de tout le reste, ce qui d'ailleurs va ressortir avec la dernière clarté du corollaire suivant.

Corollaire : Les choses particulières ne sont rien de plus que les affections des attributs de Dieu, c'est-à-dire les modes par lesquels les attributs de Dieu s'expriment d'une façon déterminée. Cela est évident par la Proposition 15 et la Définition 5.

Proposition 26

Toute chose, déterminée à telle ou telle action, y a nécessairement été déterminée par Dieu, et si Dieu ne détermine pas une chose à agir, elle ne peut s'y déterminer elle-même.

Démonstration : Ce qui détermine les êtres à telle ou telle action est nécessairement une chose positive (cela est évident de soi-même) ; en conséquence, Dieu, par la nécessité de sa nature, est la cause efficiente de l'existence et de l'essence de cette chose (en vertu des Proposition 25 et 26) ; ce qui suffit pour établir la première partie de notre proposition. Or, la seconde partie en est une suite très manifeste. Car, si une chose que Dieu ne détermine pas pouvait se déterminer elle-même, la démonstration qui vient d'être faite serait fausse, ce qui est absurde.

C. Q. F. D.

Proposition 27

Une chose, qui est déterminée par Dieu à telle ou telle action, ne peut se rendre elle-même indéterminée.

Démonstration : Cette proposition est évidente par l'axiome 3.

Proposition 28

Tout objet individuel, toute chose, quelle qu'elle soit, qui est finie et a une existence déterminée, ne peut exister ni être déterminée à agir si elle n'est déterminée à l'existence et à l'action par une cause, laquelle est aussi finie et a une existence déterminée, et cette cause elle-même ne peut exister ni être déterminée à agir que par une cause nouvelle, finie comme les autres et déterminée comme elles à l'existence et à l'action ; et ainsi à l'infini.

Démonstration : Tout ce qui est déterminé à exister et à agir, c'est Dieu qui l'y détermine (par la Proposition 26 et le Corollaire de la Proposition 24). Or, une chose finie et qui a une existence déterminée n'a pu être produite par la nature absolue d'un des attributs de Dieu ; car tout ce qui découle de la nature absolue d'un attribut divin est infini et éternel (par la Proposition 21). Par conséquent, cette chose a dû découler de Dieu ou d'un de ses attributs, en tant qu'on les considère comme affectés d'un certain mode, puisque au-delà de la substance et de ses modes, il n'y a rien (par l'Axiome 1 et les Définition 3 et 6), et que les modes (par le Corollaire de la Proposition 25) ne sont que les affections des attributs de Dieu. Or, la chose en question n'a pu découler de Dieu ou d'un attribut de Dieu, en tant qu'affectés d'une modification éternelle et infinie (par la Proposition 22). Donc elle a dû découler de Dieu ou d'un attribut de Dieu, en tant qu'affectés d'une modification finie et déterminée dans son existence. Voilà pour le premier point. Maintenant, cette cause ou ce mode, auquel nous venons d'aboutir, a dû (par la même raison qui vient d'être expliquée) être déterminée par un autre mode également fini et déterminé dans son existence, et celui-ci par un autre encore (en vertu de la même raison), et ainsi jusqu'à l'infini (toujours par la même raison).

C. Q. F. D.

Scolie : Comme il est nécessaire que certaines choses aient été produites immédiatement par Dieu, c'est à savoir celles qui découlent nécessairement de sa nature absolue, sans autre intermédiaire que ces premiers attributs, qui ne peuvent être ni être conçus sans Dieu ; il suit de là : premièrement, que Dieu est la cause absolument prochaine des choses qui sont immédiatement produites par lui ; absolument prochaine, dis-je, et non générique, comme on dit ; car les effets de Dieu ne peuvent être ni être conçus sans leur cause (par la Proposition 15 et le Corollaire de la Proposition 24) : secondement, que Dieu ne peut être appelé proprement la cause éloignée des choses particulières, si ce n'est afin de distinguer cet ordre de choses de celles que Dieu produit immédiatement, ou plutôt qui suivent de sa nature absolue. Par cause éloignée, en effet, nous entendons une cause qui n'est liée en aucune façon avec son effet. Or tout ce qui est, est en Dieu et dépend tellement de Dieu qu'il ne peut être ni être conçu sans lui.

Proposition 29

Il n'y a rien de contingent dans la nature des êtres ; toutes choses au contraire sont déterminées par la nécessité de la nature divine à exister et à agir d'une manière donnée.

Démonstration : Tout ce qui est, est en Dieu (par la Proposition 15). Or Dieu ne peut être appelé chose contingente, puisqu'il existe non pas d'une façon contingente, mais nécessairement (par la Proposition 11). De même encore les modes de Dieu ont découlé de la nature divine, non pas d'une façon contingente, mais nécessairement (par la Proposition 16), et cela, soit que l'on considère la nature divine en elle-même (par la Proposition 21), soit qu'on la considère en tant qu'elle est déterminée d'une certaine manière à agir (par la Proposition 27). Ainsi donc, Dieu est la cause de tous ces modes, non seulement en tant qu'ils existent purement et simplement (par le Corollaire de la Proposition 24), mais aussi en tant qu'on les connaît comme déterminés à telle ou telle action (par la Proposition 26). Que si Dieu ne les détermine en aucune façon, toute détermination qu'on leur attribuera, sera, non pas une chose contingente, mais une chose impossible (par la même proposition), et au contraire si Dieu les détermine de quelque façon, supposer qu'ils se rendent eux-mêmes indéterminés, ce ne sera pas supposer une chose contingente, mais une chose impossible. Par conséquent, toutes choses sont déterminées par la nécessité de la nature divine, non seulement à exister, mais aussi à exister et à agir d'une manière donnée, et il n'y a rien de contingent.

C. Q. F. D.

Scolie : Avant d'aller plus loin, je veux expliquer ici ou plutôt faire remarquer ce qu'il faut entendre par Nature naturante et par Nature naturée. Car je suppose qu'on a suffisamment reconnu par ce qui précède, que par nature naturante, on doit entendre ce qui est en soi et est conçu par soi, ou bien les attributs de la substance qui expriment une essence éternelle et infinie, c'est-à-dire (par le Corollaire 1 de la Proposition 14 et le Corollaire 2 de la Proposition 16) Dieu, en tant qu'on le considère comme cause libre.

J'entends, au contraire, par nature naturée tout ce qui suit de la nécessité de la nature divine, ou de chacun des attributs de Dieu ; en d'autres termes, tous les modes des attributs de Dieu, en tant qu'on les considère comme des choses qui sont en Dieu et ne peuvent être ni être conçues sans Dieu.

Proposition 30

Un entendement fini ou infini en acte doit comprendre les attributs de Dieu et les affections de Dieu, et rien de plus.

Démonstration : Une idée vraie doit s'accorder avec son objet (par l'Axiome 6), c'est-à-dire évidemment que ce qui est contenu objectivement dans l'entendement doit exister dans la nature. Or, dans la nature (par le Corollaire 1 de la Proposition 14) il n'y a qu'une substance, savoir Dieu ; et il n'y a d'autres affections (par la Proposition 15) que celles qui sont en Dieu, et ne peuvent être ni être conçues sans Dieu (par la même Proposition). Donc, un entendement fini ou infini en acte doit comprendre les attributs de Dieu et les affections de Dieu, et rien de plus. C. Q. F. D.

Proposition 31

L'entendement en acte, soit fini, soit infini, comme, par exemple, la volonté, le désir, l'amour, etc., se doivent rapporter à la nature naturée, et non à la naturante.

Démonstration : Par entendement, en effet, nous ne désignons évidemment pas la pensée absolue, mais seulement un certain mode de penser, lequel mode diffère des autres, tels que le désir, l'amour, etc., et en conséquence doit être conçu par son rapport à la pensée absolue (en vertu de la Définition 5) ; et ainsi (en vertu de la Proposition 15 et de la Définition 6) c'est par son rapport à un attribut de Dieu exprimant l'essence éternelle et infinie de la pensée, que l'entendement doit être conçu, de telle façon que, sans cet attribut, il ne puisse être ni être conçu. Donc (par le scholie de la Proposition 29) il doit être rapporté à la nature naturée, et non à la naturante, tout comme les autres modes de la pensée.

C. Q. F. D.

Scolie : Si je parle ici d'entendement en acte, ce n'est pas que j'accorde qu'il y ait aucun entendement en puissance ; mais désirant éviter toute confusion, je n'ai voulu parler que de la chose la plus claire qui se puisse percevoir, je veux dire l'acte même d'entendre, l'intellection. Nous ne pouvons en effet rien entendre qui ne nous donne de l'acte d'entendre, de l'intellection, une connaissance plus parfaite.

Proposition 32

La volonté ne peut être appelée cause libre ; mais seulement cause nécessaire.

Démonstration : La volonté n'est autre chose qu'un certain mode de penser, comme l'entendement. Par conséquent (en vertu de la Proposition 28) une volition quelconque ne peut exister ni être déterminée à l'action que par une autre cause, et celle-ci par une autre, et ainsi à l'infini.

Que si vous supposez la volonté infinie, elle doit toujours être déterminée à exister et à agir par Dieu, non sans doute par Dieu en tant que substance absolument infinie, mais en tant qu'il a un attribut qui exprime l'essence infinie et éternelle de la pensée (par la Proposition 23). Ainsi donc, de quelque façon que l'on conçoive la pensée, comme finie on comme infinie, elle demande une cause qui la détermine à l'existence et à l'action ; et par conséquent (en vertu de la Définition 7), elle ne peut être appelée cause libre, mais seulement cause nécessaire ou contrainte.

C. Q. F. D.

Corollaire I : Il résulte de là : 1° que Dieu n'agit pas en vertu d'une volonté libre.

Corollaire II : Il en résulte : 2° que la volonté et l'entendement ont le même rapport à la nature de Dieu que le mouvement et le repos, et absolument parlant, que toutes les choses naturelles qui ont besoin, pour exister et pour agir d'une certaine façon, que Dieu les y détermine ; car la volonté, comme tout le reste, demande une cause qui la détermine à exister et à agir d'une manière donnée, et bien que, d'une volonté ou d'un entendement donnés, il résulte une infinité de choses, on ne dit pas toutefois que Dieu agisse en vertu d'une libre volonté, pas plus qu'on ne dit que les choses (en nombre infini) qui résultent du mouvement et du repos agissent avec la liberté du mouvement et du repos. Par conséquent, la volonté n'appartient pas davantage à la nature de Dieu que toutes les autres choses naturelles ; mais elle a avec l'essence divine le même rapport que le mouvement, ou le repos, et en général tout ce qui résulte, comme nous l'avons montré, de la nécessité de la nature divine, et est déterminé par elle à exister et à agir d'une manière donnée.

Proposition 33

Les choses qui ont été produites par Dieu n'ont pu l'être d'une autre façon, ni dans un autre ordre.

Démonstration : La nature de Dieu étant donnée, toutes choses en découlent nécessairement (en vertu de la Proposition 16), et c'est par la nécessité de cette même nature qu'elles sont déterminées à exister et à agir de telle ou telle façon (par la Proposition 29). Si donc les choses pouvaient être autres qu'elles ne sont ou être déterminées à agir d'une autre façon, de telle sorte que l'ordre de la nature fût différent, il faudrait aussi que la nature de Dieu pût être autre qu'elle n'est ; d'où il résulterait que cette autre nature divine (par la Proposition 11) devrait aussi exister, et il y aurait deux ou plusieurs dieux, ce qui est absurde (par le Corollaire 1 de la Proposition 14). Par conséquent, les choses n'ont pu être produites d'une autre façon, etc.

C. Q. F. D.

Scolie I : Puisqu'il est aussi clair que le jour, par ce que je viens de dire, qu'il n'y a absolument rien dans les choses qui les doive faire appeler contingentes, je veux expliquer ici en peu de mots ce qu'il faut entendre par un contingent ; mais il convient auparavant de définir le nécessaire et l'impossible. Une chose est dite nécessaire, soit sous le rapport de son essence, soit sous le rapport de sa cause. Car l'existence d'une chose résulte nécessairement, soit de son essence ou de sa définition, soit d'une cause efficiente donnée. C'est aussi sous ce double rapport qu'une chose est dite impossible, soit que son essence ou sa définition implique contradiction, soit qu'il n'existe aucune cause extérieure déterminée à la produire. Mais une chose ne peut être appelée contingente que relativement au défaut de notre connaissance. Quand nous ignorons en effet si une certaine chose implique en soi contradiction, ou bien quand, sachant qu'il n'y a aucune contradiction dans son essence, nous ne pouvons toutefois rien affirmer sur son existence parce que l'ordre des causes nous est caché, alors cette chose ne peut nous paraître nécessaire ni impossible, et nous l'appelons à cause de cela contingente ou possible.

Scolie II : Il suit clairement de ce qui précède que les choses ont été produites par Dieu avec une haute perfection ; elles ont en effet résulté nécessairement de l'existence d'une nature souverainement parfaite. Et en parlant ainsi, nous n'imputons à Dieu aucune imperfection ; car c'est sa perfection même qui nous a forcés d'admettre cette doctrine. Soutient-on la doctrine contraire ? Il faut alors (comme je l'ai fait voir) aboutir à cette conséquence que Dieu n'est pas parfait, puisque, si l'on suppose les choses produites d'une autre façon, il est nécessaire d'attribuer à Dieu une autre nature, une nature qui n'est pas celle que nous avons déduite de la considération de l'être absolument parfait.

Du reste, je ne doute pas que plusieurs ne rejettent avec un grand mépris ce sentiment, comme décidément absurde, et ne veuillent pas se donner la peine d'y réfléchir ; et cela sans aucune autre raison que l'habitude où ils sont d'attribuer à Dieu une certaine liberté, fort différente de celle que nous avons définie plus haut (Déf 6). Mais je n'ai pas non plus le moindre doute que, s'ils veulent méditer la chose et se rendre compte en eux-mêmes de l'enchaînement de nos démonstrations, ils ne reconnaissent premièrement que cette liberté ou volonté absolue est une chose vraiment puérile, et même qu'elle doit être regardée comme un grand obstacle à la science de Dieu.

Je n'ai pas besoin de répéter ici ce que j'ai dit dans le Scolie de la proposition 17 ; cependant je ferai voir, en considération des personnes dont je viens de parler, que tout en admettant que la volonté appartient à l'essence de Dieu, il n'en résulte pas moins de la perfection divine que les choses créées n'ont pu l'être d'une autre façon, ni dans un autre ordre. C'est ce que j'établirai sans peine, si l'on veut bien considérer un premier point, accordé par mes contradicteurs eux-mêmes, savoir que chaque chose est ce qu'elle est par le décret de Dieu et par sa volonté ; autrement, Dieu ne serait pas la cause de toutes choses. Il faut observer en second lieu que tous les décrets de Dieu ont été sanctionnés par lui de toute éternité, puisque autrement on devrait l'accuser d'imperfection et d'inconstance. Or, comme dans l'éternité il n'y a ni avant, ni après, ni rien de semblable, il suit de là que Dieu, en vertu de sa perfection même, ne peut et n'a jamais pu former d'autres décrets que ceux qu'il a formés ; en d'autres termes, que Dieu n'a pas existé avant ses décrets, et ne peut exister sans eux. On dira qu'il est très permis de supposer que Dieu eût fait une autre nature des choses, ou formé de toute éternité d'autres décrets sur l'univers, sans qu'il en résulte pour lui aucune imperfection. Mais ceux qui parlent ainsi sont au moins tenus de soutenir en même temps que Dieu peut changer ses décrets. Car si, touchant la nature et l'univers, Dieu avait formé d'autres décrets, c'est-à-dire s'il avait voulu et pensé autrement qu'il n'a fait, il aurait eu nécessairement un autre entendement que celui qu'il a, et une autre volonté. Et du moment qu'on peut attribuer à Dieu un autre entendement et une autre volonté, sans que son essence et sa perfection en soient altérées, je demande pourquoi Dieu ne pourrait pas changer encore ses décrets sur les choses créées, tout en restant également parfait ? Car, peu importe, dans cette doctrine, pour l'essence et la perfection de Dieu, que l'on conçoive de telle ou telle façon l'entendement et la volonté de Dieu relativement à la nature et à l'ordre des choses créées Ajoutez à cela que je ne connais pas un seul philosophe qui ne tombe d'accord qu'en Dieu l'entendement n'est jamais en puissance, mais toujours en acte ; et comme on s'accorde aussi à ne pas séparer l'entendement et la volonté de Dieu d'avec son essence, il faut conclure que, si Dieu avait eu un autre entendement en acte et une autre volonté, il aurait eu nécessairement une autre essence ; et par suite (comme je l'ai posé en commençant) si les choses avaient été produites par Dieu autrement qu'elles ne sont, il faudrait attribuer à Dieu un autre entendement, une autre volonté, et j'ai le droit d'ajouter une autre essence, ce qui est absurde.

Puisqu'il est établi maintenant que les choses que Dieu a produites n'ont pu l'être d'une autre façon, ni dans un autre ordre, et cela par une suite nécessaire de la souveraine perfection de Dieu, nous n'avons plus aucune raison de croire que Dieu n'ait pas voulu créer toutes les choses qu'il pense, avec la même perfection qu'elles ont dans sa pensée. On dira qu'il n'y a dans les choses aucune perfection, ni aucune imperfection qui leur soit propre, qu'elles tiennent de la seule volonté de Dieu tout ce qui les fait appeler parfaites ou imparfaites, bonnes ou mauvaises, de façon que, si Dieu l'avait voulu, il aurait pu faire que ce qui est en elles une perfection fût l'imperfection suprême, et réciproquement. Mais cela ne revient-il pas ouvertement à dire que Dieu, qui apparemment pense ce qu'il veut, peut, en vertu de sa volonté, penser les choses autrement qu'il ne les pense, ce qui est (Je l'ai déjà fait voir) une grossière absurdité ? Je puis donc retourner l'argument contre mes adversaires, et leur dire :

Toutes choses dépendent de la volonté de Dieu. Par conséquent, pour que les choses fussent autres qu'elles ne sont, il faudrait que la volonté de Dieu fût autre qu'elle n'est. Or, la volonté de Dieu ne peut être autre qu'elle n'est (c'est une suite très évidente de la perfection divine). Donc, les choses ne peuvent être autres qu'elles ne sont. Je l'avouerai, cette opinion qui soumet toutes choses à une certaine volonté indifférente, et les fait dépendre du bon plaisir de Dieu, s'éloigne moins du vrai, à mon avis, que celle qui fait agir Dieu en toutes choses par la raison du bien. Les philosophes qui pensent de la sorte semblent en effet poser hors de Dieu quelque chose qui ne dépend pas de Dieu, espèce de modèle que Dieu contemple dans ses opérations, ou de terme auquel il s'efforce péniblement d'aboutir. Or, ce n'est là rien autre chose que soumettre Dieu à la fatalité, doctrine absurde, s'il en fut jamais, puisque nous avons montré que Dieu est la cause première, la cause libre et unique, non seulement de l'existence, mais même de l'essence de toutes choses.

Proposition 34

La puissance de Dieu est l'essence même de Dieu.

Démonstration : De la seule nécessité de l'essence divine, il résulte que Dieu est cause de soi (par la Proposition 11) et de toutes choses (par la Proposition 16 et son Corollaire). Donc, la puissance de Dieu, par laquelle toutes choses et lui-même existent et agissent, est l'essence même de Dieu. C. Q. F. D.

Proposition 35

Toute chose que nous concevons comme étant dans la puissance de Dieu existe nécessairement.

Démonstration : Car toute chose qui est dans la puissance de Dieu doit (par la Proposition précédente) être comprise dans son essence de telle façon qu'elle en résulte nécessairement. Il est donc nécessaire qu'elle existe. C. Q. F. D.

Proposition 36

Rien n'existe qui de sa nature n'enveloppe quelque effet.

Démonstration : Tout ce qui existe exprime la nature et l'essence de Dieu d'une façon déterminée (par la Proposition 25), c'est-à-dire (par la Proposition 34) que tout ce qui existe exprime d'une façon déterminée la puissance de Dieu, laquelle est la cause de toutes choses. Donc (par la Proposition 16), tout ce qui existe enveloppe quelque effet.

Appendice

J'ai expliqué dans ce qu'on vient de lire la nature de Dieu et ses propriétés ; j'ai montré que Dieu existe nécessairement, qu'il est unique, qu'il existe et agit par la seule nécessité de sa nature, qu'il est la cause libre de toutes choses et de quelle façon, que toutes choses sont en lui et dépendent de lui, de telle sorte qu'elles ne peuvent être ni être conçues sans lui, enfin que tout a été prédéterminé par Dieu, non pas en vertu d'une volonté libre ou d'un absolu bon plaisir, mais en vertu de sa nature absolue ou de son infinie puissance. En outre, partout où l'occasion s'en est présentée, j'ai eu soin d'écarter les préjugés qui pouvaient empêcher qu'on n'entendît mes démonstrations ; mais, comme il en reste encore un fort grand nombre qui s'opposaient alors et s'opposent encore avec une grande force à ce que les hommes puissent embrasser l'enchaînement des choses de la façon dont je l'ai expliqué, j'ai pensé qu'il ne serait pas inutile de soumettre ces préjugés à l'examen de la raison. Les préjugés dont je veux parler ici dépendent tous de cet unique point, que les hommes supposent communément que tous les êtres de la nature agissent comme eux pour une fin ; bien plus, ils tiennent pour certain que Dieu même conduit toutes choses vers une certaine fin déterminée. Dieu, disent-ils, a tout fait pour l'homme, et il a fait l'homme pour en être adoré.

En conséquence, je m'occuperai d'abord de rechercher pourquoi la plupart des hommes se complaisent dans ce préjugé, et d'où vient la propension naturelle qu'ils ont tous à s'y attacher. Je ferai voir ensuite que ce préjugé est faux, et je montrerai enfin comment il a été l'origine de tous les autres préjugés des hommes sur le Bien et le Mal, le Mérite et le Péché, la Louange et le Blâme, l'Ordre et la Confusion, la Beauté et la Laideur, et les choses de cette espèce.

Ce n'est point ici le lieu de déduire tout cela de la nature de l'âme humaine. Il me suffit pour le moment de poser ce principe dont tout le monde doit convenir, savoir que tous les hommes naissent dans l'ignorance des causes, et qu'un appétit universel dont ils ont conscience les porte à rechercher ce qui leur est utile. Une première conséquence de ce principe, c'est que les hommes croient être libres, par la raison qu'ils ont conscience de leurs volitions et de leurs désirs, et ne pensent nullement aux causes qui les disposent à désirer et à vouloir. Il en résulte, en second lieu, que les hommes agissent toujours en vue d'une fin, savoir, leur utilité propre, objet naturel de leur désir ; et de là vient que pour toute les actions possibles ils ne demandent jamais à en connaître que les causes finales, et dès qu'ils les connaissent, ils restent en repos, n'ayant plus dans l'esprit aucun motif d'incertitude ; que s'il arrive qu'ils ne puissent acquérir cette connaissance à l'aide d'autrui, il ne leur reste plus d'autre ressource que de revenir sur eux-mêmes, et de réfléchir aux objets dont la poursuite les détermine d'ordinaire à des actions semblables ; et de cette façon il est nécessaire qu'ils jugent du caractère des autres par leur propre caractère. Or, les hommes venant à rencontrer hors d'eux et en eux-mêmes un grand nombre de moyens qui leur sont d'un grand secours pour se procurer les choses utiles, par exemple les yeux pour voir, les dents pour mâcher, les végétaux et les animaux pour se nourrir, le soleil pour s'éclairer, la mer pour nourrir les poissons, etc., ils ne considèrent plus tous les êtres de la nature que comme des moyens à leur usage ; et sachant bien d'ailleurs qu'ils ont rencontré, mais non préparé ces moyens, c'est pour eux une raison de croire qu'il existe un autre être qui les a disposés en leur faveur.

Du moment, en effet, qu'ils ont considéré les choses comme des moyens, ils n'ont pu croire qu'elles se fussent faites elles-mêmes, mais ils ont dû conclure qu'il y a un maître ou plusieurs maîtres de la nature, doués de liberté, comme l'homme, qui ont pris soin de toutes choses en faveur de l'humanité et ont tout fait pour son usage. Et c'est ainsi que n'ayant rien pu apprendre sur le caractère de ces puissances, ils en ont jugé par leur propre caractère ; d'où ils ont été amenés à croire que si les dieux règlent tout pour l'usage des hommes, c'est afin de se les attacher et d'en recevoir les plus grands honneurs ; et chacun dès lors a inventé, suivant son caractère, des moyens divers d'honorer Dieu, afin d'obtenir que Dieu l'aimât d'un amour de prédilection, et fît servir la nature entière à la satisfaction de ses aveugles désirs et de sa cupidité insatiable. Voilà donc comment ce préjugé s'est tourné en superstition et a jeté dans les âmes de profondes racines, et c'est ce qui a produit cette tendance universelle à concevoir des causes finales et à les rechercher. Mais tous ces efforts pour montrer que la nature ne fait rien en vain, c'est-à-dire rien d'inutile aux hommes, n'ont abouti qu'à un résultat, c'est de montrer que la nature et les dieux et les hommes sont privés de raison. Et voyez, je vous prie, où les choses en sont venues ! Au milieu de ce grand nombre d'objets utiles que nous fournit la nature, les hommes ont dû rencontrer aussi un assez bon nombre de choses nuisibles, comme les tempêtes, les tremblements de terre, les maladies, etc. Comment les expliquer ? Ils ont pensé que c'étaient là des effets de la colère des dieux, provoquée par les injustices des hommes ou par leur négligence à remplir les devoirs du culte. C'est en vain que l'expérience protestait chaque jour, en leur montrant, par une infinité d'exemples, que les dévots et les impies ont également en partage les bienfaits de la nature et ses rigueurs, rien n'a pu arracher de leurs âmes ce préjugé invétéré. Il leur a été en effet plus facile de mettre tout cela au rang des choses inconnues dont les hommes ignorent la fin et de rester ainsi dans leur état actuel et inné d'ignorance, que de briser tout ce tissu de croyances et de s'en composer un autre. Les hommes ont donc tenu pour certain que les pensées des dieux surpassent de beaucoup la portée de leur intelligence, et cela eût suffi pour que la vérité restât cachée au genre humain, si la science mathématique n'eût appris aux hommes un autre chemin pour découvrir la vérité ; car on sait qu'elle ne procède point par la considération des causes finales, mais qu'elle s'attache uniquement à l'essence et aux propriétés des figures. Ajoutez à cela qu'outre les mathématiques on peut assigner d'autres causes, dont il est inutile de faire ici l'énumération, qui ont pu déterminer les hommes à ouvrir les yeux sur ces préjugés et les conduire à la vraie connaissance des choses.

Ces explications suffisent pour le premier point que j'ai promis d'éclaircir ; il s'agit maintenant de faire voir que la nature ne se Propose aucun but dans ses opérations, et que toutes les causes finales ne sont rien que de pures fictions imaginées par les hommes. Je n'aurai pas grand-peine à démontrer ces principes, car ils sont déjà solidement établis, tant par l'explication qui vient d'être donnée de l'origine du préjugé contraire, que par la proposition 16 et le corollaire de la Proposition 32, sans parler de toutes les autres démonstrations par lesquelles j'ai prouvé que toutes choses se produisent et s'enchaînent par l'éternelle nécessité et la perfection suprême de la nature. J'ajouterai pourtant quelques mots pour achever de détruire toute cette doctrine des causes finales.

Son premier défaut, c'est de considérer comme cause ce qui est effet, et réciproquement ; en second lieu, ce qui de sa nature possède l'antériorité, elle lui assigne un rang postérieur ; enfin elle abaisse au dernier degré de l'imperfection ce qu'il y a de plus élevé et de plus parfait. En effet, pour ne rien dire des deux premiers points qui sont évidents d'eux-mêmes, il résulte des propositions 21, 22 et 23, que l'effet le plus parfait est celui qui est produit immédiatement par Dieu, et qu'un effet devient de plus en plus imparfait à mesure que sa production suppose un plus grand nombre de causes intermédiaires. Or, si les choses que Dieu produit immédiatement étaient faites pour atteindre la fin que Dieu se Propose, il s'ensuivrait que celles que Dieu produit les dernières seraient les plus parfaites de toutes, les autres ayant été faites en vue de celles-ci.

Ajoutez que cette doctrine détruit la perfection de Dieu ; car si Dieu agit pour une fin, il désire nécessairement quelque chose dont il est privé. Et bien que les théologiens et les métaphysiciens distinguent entre une fin poursuivie par indigence et une fin d'assimilation, ils avouent cependant que Dieu a tout fait pour lui-même et non pour les choses qu'il allait créer, vu qu'il était impossible d'assigner avant la création d'autre fin à l'action de Dieu que Dieu lui-même ; et de cette façon, ils sont forcés de convenir que tous les objets que Dieu s'est Proposés, en disposant certains moyens pour y atteindre, Dieu en a été quelque temps privé et a désiré les posséder, conséquence nécessaire de leurs principes.

N'oublions pas de faire remarquer ici que les sectateurs de cette doctrine, qui ont voulu faire briller leur esprit dans l'explication des causes finales des choses, ont inventé, pour établir leur système, un nouveau genre d'argumentation, lequel consiste à réduire son contradicteur, non pas à l'absurde, mais à l'ignorance ; et cela fait bien voir qu'il ne leur restait plus aucun moyen de se défendre. Par exemple, supposez qu'une pierre tombe du toit d'une maison sur la tête d'un homme et lui donne la mort, ils diront que cette pierre est tombée tout exprès pour tuer cet homme. Comment, en effet, si Dieu ne l'avait fait tomber à cette fin, tant de circonstances y auraient-elles concouru (et il est vrai de dire que ces circonstances sont souvent en très grand nombre) ? Vous répondrez peut-être que l'événement en question tient à ces deux causes ; que le vent a soufflé et qu'un homme a passé par là. Mais ils vous presseront aussitôt de questions : Pourquoi le vent a-t-il soufflé à ce moment ? pourquoi un homme a-t-il passé par là, précisément à ce même moment ? Répondrez-vous encore que le vent a soufflé parce que, la veille, la mer avait commencé de s'agiter, quoique le temps fût encore calme, et que l'homme a passé par là parce qu'il se rendait à l'invitation d'un ami, ils vous presseront encore d'autres questions : Mais pourquoi la mer était-elle agitée ? pourquoi cet homme a-t-il été invité à cette même époque ? Et ainsi ils ne cesseront de vous demander la cause de la cause, jusqu'à ce que vous recouriez à la volonté de Dieu, c'est-à-dire à l'asile de l'ignorance. De même aussi, quand nos adversaires considèrent l'économie du corps humain, ils tombent dans un étonnement stupide, et comme ils ignorent les causes d'un art si merveilleux, ils concluent que ce ne sont point des lois mécaniques, mais une industrie divine et surnaturelle qui a formé cet ouvrage et en a disposé les parties de façon qu'elles ne se nuisent point réciproquement. C'est pourquoi quiconque cherche les véritables causes des miracles, et s'efforce de comprendre les choses naturelles en philosophe, au lieu de les admirer en homme stupide, est tenu aussitôt pour hérétique et pour impie, et proclamé tel par les hommes que le vulgaire adore comme les interprètes de la nature et de Dieu. Ils savent bien, en effet, que l'ignorance une fois disparue ferait disparaître l'étonnement, c'est-à-dire l'unique base de tous leurs arguments, l'unique appui de leur autorité. Mais je laisse ce sujet pour arriver au troisième point que je me suis Proposé d'établir.

Les hommes s'étant persuadé que tout ce qui se fait dans la nature se fait pour eux, ont dû penser que le principal en chaque chose c'est ce qui leur est le plus utile, et considérer comme des objets supérieurs à tous les autres ceux qui les affectent de la meilleure façon. Ainsi se sont formées dans leur esprit ces notions qui leur servent à expliquer la nature des choses, comme le Bien, le Mal, l'Ordre, la Confusion, le Chaud, le Froid, la Beauté, la Laideur, etc., et comme ils se croient libres, ils ont tiré de là ces autres notions de la Louange et du Blâme, du Péché et du Mérite ; mais je ne veux m'occuper ici, et encore très brièvement, que des premières, me réservant d'expliquer les autres plus bas, quand j'aurai traité de la nature humaine.

Les hommes ont donc appelé tout ce qui sert à la santé et au culte de Dieu le Bien, et le Mal tout ce qui peut y nuire. Or, comme ceux qui ne comprennent pas la nature des choses n'ont jamais pour objet de leurs affirmations les choses elles-mêmes, mais seulement les images qu'ils s'en forment, et confondent les données de l'imagination et celles de l'entendement, ils croient fermement que l'ordre est dans les choses, étrangers qu'ils sont à la réalité et à leur propre nature. S'il arrive, en effet, que les objets extérieurs soient ainsi disposés que quand les sens nous les représentent nous les imaginions aisément, et par suite nous les puissions rappeler avec facilité, nous disons que ces objets sont bien ordonnés ; mais si le contraire arrive, nous les jugeons mal ordonnés et en état de confusion. Or, les objets que nous pouvons imaginer avec aisance nous étant les plus agréables, les hommes préfèrent l'ordre à la confusion, comme si l'ordre, considéré indépendamment de notre imagination, était quelque chose dans la nature. Ils prétendent que Dieu a tout crée avec ordre, ne voyant pas qu'ils lui supposent de l'imagination ; à moins qu'ils ne veuillent, par hasard, que Dieu, plein de sollicitude pour l'imagination des hommes, ait disposé les choses tout exprès pour qu'ils eussent moins de peine à les imaginer, et certes, avec cette manière de voir, on ne s'arrêtera pas devant cette difficulté, qu'il y a une infinité de choses qui surpassent de beaucoup notre imagination, et une foule d'autres qui la confondent par suite de son extrême faiblesse. Mais en voilà assez sur ce point.

Quant aux autres notions de même nature, elles ne sont non plus que des façons d'imaginer qui affectent diversement l'imagination, ce qui n'empêche pas les ignorants de voir là les attributs les plus importants des choses. Persuadés en effet que les choses ont été faites pour eux, ils pensent que la nature d'un être est bonne ou mauvaise, saine ou viciée et corrompue, suivant les affections qu'ils en reçoivent. Par exemple, si les mouvements que les nerfs reçoivent des objets qui nous sont représentés par les yeux contribuent à la santé du corps, nous disons que ces objets sont beaux ; nous les appelons laids dans le cas contraire. C'est ainsi que nous appelons les objets qui touchent notre sensibilité, quand c'est à l'aide des narines, odorants ou fétides ; à l'aide de la langue, doux ou amers, sapides ou insipides, etc. ; à l'aide du tact, durs ou mous, rudes ou polis, etc. Enfin on a dit que les objets qui ébranlent nos oreilles émettent des sons, du bruit, de l'harmonie, et l'harmonie a si fortement enchanté les hommes, qu'ils ont cru qu'elle faisait partie des délices de Dieu. Il s'est même rencontré des philosophes pour s'imaginer que les mouvements célestes composent une certaine harmonie. Et certes tout cela fait assez voir que chacun a jugé des choses suivant la disposition de son cerveau, ou plutôt a mis les affections de son imagination à la place des choses. C'est pourquoi il n'y a rien d'extraordinaire, pour le dire en passant, que tant de controverses aient été suscitées parmi les hommes, et qu'elles aient abouti au scepticisme. Car bien que les corps des hommes aient entre eux beaucoup de convenance ils diffèrent par beaucoup d'endroits, de telle sorte que ce qui paraît bon à l'un semble mauvais à l'autre, ce qui est bien ordonné pour celui-ci est confus pour celui-là, ce qui est agréable à tel ou tel est désagréable à un troisième, et ainsi pour mille autres choses que je néglige de citer ici, soit parce que ce n'est pas le moment d'en traiter *ex professo* , soit parce que tout le monde est assez éclairé sur ce point par l'expérience. On répète sans cesse : « Autant de têtes, autant d'avis ; tout homme abonde dans son sens ; il n'y a pas moins de différence entre les cerveaux des hommes qu'entre leurs palais : » toutes ces sentences marquent assez que les hommes jugent des choses suivant la disposition de leur cerveau et exercent leur imagination plus que leur entendement. Car si les hommes entendaient vraiment les choses, ils trouveraient dans cette connaissance, sinon un grand attrait, du moins (les mathématiques en sont la preuve) des convictions unanimes.

Nous voyons donc que toutes les raisons dont se sert le vulgaire pour expliquer la nature ne sont que des modes de l'imagination, qu'elles ne marquent point la nature des choses, mais seulement la constitution de la faculté d'imaginer ; et comme ces notions fantastiques ont des noms qui indiquent des êtres réels, indépendants de l'imagination, je nomme ces êtres non pas êtres de raison, mais êtres d'imagination ; et cela posé, il devient aisé de repousser tous les arguments puisés contre nous à pareille source. Plusieurs en effet ont l'habitude de raisonner de la sorte : si toutes choses s'entre-suivent par la nécessité de la nature souverainement parfaite de Dieu, d'où viennent tant d'imperfections dans l'univers ? par exemple, ces choses qui se corrompent jusqu'à l'infection, cette laideur nauséabonde de certains objets, le désordre, le mal, le péché, etc. Tout cela, dis-je, est aisé à réfuter ; car la perfection des choses doit se mesurer sur leur seule nature et leur puissance, et les choses n'en sont ni plus ni moins parfaites pour charmer les désirs des hommes ou pour leur déplaire, pour être utiles à la nature humaine ou pour lui être nuisibles. Quant à ceux qui demandent pourquoi Dieu n'a pas créé tous les hommes de façon à ce qu'ils se gouvernent par le seul commandement de la raison, je n'ai pas autre chose à leur répondre sinon que la matière ne lui a pas manqué pour créer toutes sortes de choses, depuis le degré le plus élevé de la perfection, jusqu'au plus inférieur ; ou, pour parler plus proprement, que les lois de sa nature ont été assez vastes pour suffire à la production de tout ce qu'un entendement infini peut concevoir, ainsi que je l'ai démontré dans la proposition 16.

Tels sont les préjugés que j'avais dessein de signaler ici. S'il en reste encore quelques-uns de même sorte, un peu d'attention suffira à qui que ce soit pour les redresser.

Partie II

De la nature et de l'origine de l'âme

Je passe maintenant à l'explication de cet ordre de choses qui ont dû résulter nécessairement de l'essence de Dieu, l'être éternel et infini. Il n'est pas question de les expliquer toutes ; car il a été démontré (dans la Proposition 16 de la première partie), qu'il doit y en avoir une infinité, modifiées elles-mêmes à l'infini, mais celles-là seulement qui peuvent nous mener, comme par la main à la connaissance de l'âme humaine et de son souverain bonheur.

Définitions

I. J'entends par *corps* , un mode qui exprime d'une certaine façon déterminée l'essence de Dieu, en tant qu'on la considère comme chose étendue (voyez le Corollaire de la Proposition 25 part. 1).

II. Ce qui appartient à *l'essence* d'une chose, c'est ce dont l'existence emporte celle de la chose, et la non-existence sa non-existence ; en d'autres termes, ce qui est tel que la chose ne peut exister sans lui, ni lui sans la chose.

III. Par *idée* , j'entends un concept de l'âme, que l'âme forme à titre de chose pensante.

Explication : *Je dis concept plutôt que perception, parce que le nom de perception semble indiquer que l'âme reçoit de l'objet une impression passive, et que concept, au contraire, paraît exprimer l'action de l'âme.*

IV. Par *idée adéquate* j'entends une idée qui, considérée en soi et sans regard à son objet, a toutes les propriétés, toutes les dénominations intrinsèques d'une idée vraie.

Explication : *Je dis intrinsèques, afin de mettre à part la propriété ou dénomination extrinsèque d'une idée, savoir, sa convenance avec son objet.*

V. La *durée* est la continuation indéfinie de l'existence.

Explication : *Je dis indéfinie, parce qu'elle ne peut jamais être déterminée par la nature même de la chose existante, ni par sa cause efficiente, laquelle pose nécessairement l'existence de la chose, et ne la détruit pas.*

VI. *Réalité* et perfection, c'est pour moi la même chose.

VII. Par *choses singulières* , j'entends les choses qui sont finies et ont une existence déterminée. Que si plusieurs individus concourent à une certaine action de telle façon qu'ils soient tous ensemble la cause d'un même effet, je les considère, sous ce point de vue, comme une seule chose singulière.

Axiomes

I. L'essence de l'homme n'enveloppe pas l'existence nécessaire, en d'autres termes, dans l'ordre de la nature, il peut arriver que tel ou tel homme existe, comme il peut arriver qu'il n'existe pas.

II. L'homme pense.

III. Les modes de la pensée, tels que l'amour, le désir et les autres passions de l'âme, par quelque nom qu'on les distingue, ne peuvent exister sans qu'il y ait dans l'individu où on les rencontre, l'idée d'une chose aimée, désirée, etc. Mais une idée peut exister sans aucun autre mode de la pensée.

IV. Nous sentons un certain corps affecté de plusieurs manières.

V. Nous ne sentons ni ne percevons d'autres choses singulières que des corps et des modes de la pensée.

Voyez les postulats qui suivent la proposition 13.

Proposition 1

La pensée est un attribut de Dieu ; en d'autres termes, Dieu est chose pensante.

Démonstration : Les pensées particulières, je veux dire telle ou telle pensée, sont autant de modes qui expriment la nature de Dieu d'une certaine façon déterminée (par le Corollaire de la Proposition 25, part. 1). Il faut donc que cet attribut dont toutes les pensées particulières enveloppent le concept, et par lequel toutes sont conçues, convienne nécessairement à Dieu (par la Définition 5. Part. 1). La pensée est donc un des attributs infinis de Dieu, lequel exprime son infinie et éternelle essence (voyez la Définition 6. Part. 1) ; en d'autres termes, Dieu est chose pensante.

C. Q. F. D.

Scolie : Cette proposition est également évidente par cela seul qu'un être pensant peut être conçu comme infini. Nous concevons en effet qu'un être pensant, plus il pense de choses, plus il contient de réalité ou de perfection ; par conséquent, un être qui pense une infinité de choses infiniment modifiées est infini par la vertu pensante qui est en lui. Puis donc qu'à ne considérer que la seule pensée, nous concevons un être comme infini, il faut nécessairement (par les Définition 4 et 6, part. 1) que la pensée soit un des attributs infinis de Dieu, comme nous voulions l'établir.

Proposition 2

L'étendue est un attribut de Dieu, en d'autres termes, Dieu est chose étendue.

Démonstration : La démonstration de cette proposition se fait de la même façon que celle de la Proposition précédente.

Proposition 3

Il n'y a de toute nécessité en Dieu l'idée de son essence, aussi bien que de tout ce qui en résulte nécessairement.

Démonstration : Dieu, en effet (par la Proposition 1 de cette seconde partie), peut penser une infinité de choses infiniment modifiées, ou (ce qui est la même chose, par la Proposition 16, part. 1) former l'idée de son essence et de tout ce qui en découle nécessairement. Or, tout ce qui est dans la puissance de Dieu est nécessairement (par la Proposition 35, part. 1), donc il y a nécessairement une telle idée et (par la Proposition 15, part. 1) elle est en Dieu seul.

C. Q. F. D.

Scolie : Par la puissance de Dieu, le vulgaire entend sa libre volonté et le droit qu'il possède sur toutes choses, lesquelles sont considérées communément à cause de cela comme contingentes. On dit, en effet, que Dieu a le pouvoir de tout détruire, de tout anéantir ; et l'on compare aussi très souvent la puissance de Dieu avec celle des rois. Mais nous avons réfuté tout cela dans les Corollaire 1 et 2 de la proposition 32, partie 1, et nous avons montré dans la proposition 16, partie 1, que Dieu agit tout aussi nécessairement qu'il se comprend lui-même ; en d'autres termes, de même qu'il résulte de la nécessité de la nature divine (comme on le reconnaît unanimement) que Dieu se comprend lui-même, il résulte de cette même nécessité que Dieu doit faire une infinité de choses infiniment modifiées. De plus, nous avons montré, dans la proposition 34, partie 1, que la puissance de Dieu n'est autre chose que son essence prise comme active, et partant, qu'il nous est tout aussi impossible de concevoir Dieu n'agissant pas, que Dieu n'existant pas. Si même je voulais pousser plus loin ces pensées, je montrerais que cette puissance que le vulgaire imagine en Dieu, non-seulement est une puissance tout humaine (ce qui fait voir que le vulgaire conçoit Dieu comme un homme ou à l'image d'un homme), mais même enveloppe une réelle impuissance. Mais je ne veux point revenir si souvent sur la même chose. Je me borne à prier instamment le lecteur de peser, avec un redoublement d'attention, ce qui a été dit sur cette matière dans la première partie, depuis la proposition 16 jusqu'à la fin. Car personne ne pourra bien comprendre ce que je veux établir, s'il ne prend le plus grand soin de ne pas confondre la puissance de Dieu avec la puissance et le droit des rois.

Proposition 4

L'idée de Dieu, de laquelle découlent une infinité de choses infiniment modifiées, ne peut être qu'unique.

Démonstration : L'intelligence infinie n'embrasse rien de plus que les attributs et les affections de Dieu (par la Proposition 30, partie 1). Or, Dieu est unique (par le Corollaire 1 de la Proposition 14, partie 1), par conséquent, l'idée de Dieu, de laquelle découlent une infinité de choses infiniment modifiées, ne peut être qu'unique.

Proposition 5

L'être formel des idées a pour cause Dieu, en tant seulement que l'on considère Dieu comme une chose pensante et non pas en tant que sa nature s'exprime par un autre attribut ; en d'autres termes, les idées des choses particulières n'ont point pour cause efficiente leurs objets, c'est-à-dire les choses perçues, mais Dieu lui-même, en tant qu'il est une chose pensante.

Démonstration : Cela résulte évidemment de la proposition 3 de cette deuxième partie. Nous y sommes arrivés, en effet, à cette conclusion, que Dieu peut former l'idée de son essence et de tout ce qui en découle nécessairement, par cela seul que Dieu est chose pensante, et non pas parce que Dieu est l'objet de sa propre idée. Par conséquent, l'être formel des idées a pour cause Dieu, en tant qu'il est chose pensante. Mais cela se démontre encore autrement. L'être formel des idées est un mode de la pensée, comme cela est évident de soi, un mode par conséquent (en vertu du Corollaire de la Proposition 25, partie 1) qui exprime d'une façon déterminée la nature de Dieu en tant que chose pensante ; et par conséquent encore (en vertu de la Proposition 10, partie 1), il n'enveloppe le concept d'aucun autre attribut divin que la pensée, et il n'est enfin (par l'Axiome 4, partie 1) l'effet d'aucun attribut autre que celui-là. D'où il suit que l'être formel des idées a pour cause Dieu, en tant qu'il est considéré comme chose pensante, etc.

C. Q. F. D.

Proposition 6

Les modes d'un attribut, quel qu'il soit, ont Dieu pour cause, en tant que Dieu est considéré sous le point de vue de ce même attribut dont ils sont les modes, et non sous aucun autre point de vue.

Démonstration : Tout attribut, en effet, est conçu par soi indépendamment des autres attributs (par la Proposition 10, partie 1). Par conséquent, les modes de tout attribut enveloppent le concept de cet attribut et non d'aucun autre ; d'où il suit (par l'Axiome 4, partie 1) qu'ils ont pour cause Dieu, en tant qu'on le considère sous le point de vue de ce même attribut dont ils sont les modes et non sous aucun autre point de vue.

C. Q. F. D.

Corollaire : Il suit de là que l'être formel de cette sorte de choses qui ne sont pas des modes de la pensée ne découle pas de la nature divine en vertu d'une connaissance antérieure qu'elle a eue de ces choses ; mais les objets des idées résultent des attributs dont ils dépendent et s'en déduisent de la même façon et avec la même nécessité que les idées résultent et se déduisent de l'attribut de la pensée.

Proposition 7

L'ordre et la connexion des idées est le même que l'ordre et la connexion des choses.

Démonstration : Cela résulte évidemment de l'Axiome 4, partie 1 ; car l'idée d'une chose causée, quelle qu'elle soit, dépend de la connaissance de sa cause.

Corollaire : Il suit de là que la puissance de penser est égale en Dieu à sa puissance actuelle d'agir. En d'autres termes, tout ce qui suit formellement de l'infinie nature de Dieu, suit objectivement de l'idée de Dieu dans le même ordre et avec la même connexion.

Scolie : Avant d'aller plus loin, il faut ici se remettre en mémoire ce que nous avons montré plus haut, c'est à savoir que tout ce qui peut être perçu par une intelligence infinie, comme constituant l'essence de la substance, tout cela appartient à une substance unique, et, par conséquent, que la substance pensante et la substance étendue ne font qu'une seule et même substance, laquelle est conçue tantôt sous l'un de ses attributs et tantôt sous l'autre. De même, un mode de l'étendue et l'idée de ce mode ne font qu'une seule et même chose exprimée de deux manières. Et c'est ce qui paraît avoir été aperçu, comme à travers un nuage, par quelques Hébreux qui soutiennent que Dieu, l'intelligence de Dieu, et les choses qu'elle conçoit, ne font qu'un. Par exemple, un cercle qui existe dans la nature et l'idée d'un tel cercle, laquelle est aussi en Dieu, c'est une seule et même chose exprimée par deux attributs différents, et par conséquent, que nous concevions la nature sous l'attribut de l'étendue ou sous celui de la pensée ou sous tel autre attribut que ce puisse être, nous trouverons toujours un seul et même ordre, une seule et même connexion de causes ; en d'autres termes, les mêmes choses résultent réciproquement les unes des autres. Et si j'ai dit que Dieu est cause de l'idée du cercle, par exemple, en tant seulement qu'il est chose pensante, et du cercle, en tant seulement que chose étendue, je ne l'ai pas dit pour une autre raison que celle-ci : c'est que l'être formel de l'idée du cercle

31

ne peut être conçu que par un autre mode de la pensée, pris comme sa cause prochaine, et celui-ci par un autre mode, et ainsi à l'infini ; de telle façon que, si vous considérez les choses comme modes de la pensée, vous devez expliquer l'ordre de toute la nature ou la connexion des causes par le seul attribut de la pensée ; et si vous les considérez comme modes de l'étendue, par le seul attribut de l'étendue, et de même pour tous les autres attributs. C'est pourquoi Dieu est véritablement la cause des choses considérées en elles-mêmes, en tant qu'il est constitué par une infinité d'attributs, et je ne puis en ce moment expliquer ceci plus clairement.

Les idées des choses particulières (ou modes) qui n'existent pas doivent être comprises dans l'idée infinie de Dieu, comme sont contenues dans ses attributs les essences formelles de ces choses.

Démonstration : Cette proposition résulte évidemment du scholie qui précède.

Corollaire : Il suit de là qu'aussi longtemps que les choses particulières n'existent qu'en tant qu'elles sont comprises dans les attributs de Dieu, leur être objectif, c'est-à-dire les idées de ces choses n'existent qu'en tant qu'existe l'idée infinie de Dieu ; et aussitôt que les choses particulières existent, non plus seulement en tant que comprises dans les attributs de Dieu, mais en tant qu'ayant une durée, les idées de ces choses enveloppent également cette sorte d'existence par laquelle elles ont une durée.

Scolie : Si quelqu'un désire que je prenne ici un exemple pour que la chose devienne plus claire, j'avoue que je n'en puis fournir aucun qui en donne une explication adéquate, car c'est une chose unique en son espèce ; je vais tâcher pourtant de l'éclaircir autant que possible. Un cercle est tel de sa nature que si plusieurs lignes se coupent dans ce cercle, les rectangles formés par leurs segments sont égaux entre eux ; cependant on ne peut dire qu'aucun de ces rectangles existe si ce n'est en tant que le cercle existe ; et l'idée de chacun de ces rectangles n'existe également qu'en tant qu'elle est comprise dans l'idée du cercle. Maintenant, concevez que de tous ces rectangles en nombre infini deux seulement existent, les rectangles E et D. Dès lors, les idées de ces rectangles n'existent plus seulement en tant qu'elles sont comprises dans l'idée du cercle, mais elles existent aussi en tant qu'elles enveloppent l'existence des deux rectangles donnés, ce qui distingue ces idées de celles de tous les autres rectangles.

L'idée d'une chose particulière et qui existe en acte a pour cause Dieu, non pas en tant qu'il est infini, mais en tant qu'on le considère comme affecté de l'idée d'une autre chose particulière et qui existe en acte, idée dont Dieu est également la cause, en tant qu'affecté d'une troisième idée, et ainsi à l'infini.

Démonstration : L'idée d'une chose particulière et qui existe en acte est un mode particulier de la pensée, distinct de tous les autres modes (par le Corollaire et le Scolie de la Proposition 8, partie 2) ; et par conséquent (en vertu de la Proposition 6, part, 2) elle a pour cause Dieu considéré seulement comme chose pensante ; non pas comme chose absolument pensante (par la Proposition 28, partie 1), mais comme affecté d'un autre mode de la pensée, lequel a aussi pour cause Dieu comme affecté d'un autre mode de la pensée, et ainsi à l'infini. Or l'ordre et la connexion des idées est le même (par la Proposition 7, partie 2) que l'ordre et la connexion des causes. Donc, la cause d'une idée particulière, c'est toujours une autre idée, ou Dieu comme affecté de cette autre idée, laquelle a pour cause Dieu comme affecté d'une troisième idée et ainsi à l'infini.

C. Q. F. D.

Corollaire : Tout ce qui arrive dans l'objet particulier d'une idée quelconque, Dieu en a la connaissance, en tant que seulement qu'il a l'idée de cet objet.

Démonstration : Tout ce qui arrive dans l'objet particulier d'une idée quelconque, Dieu en a l'idée (par la Proposition 3, partie 2), non pas en tant qu'infini, mais en tant qu'il est affecté de l'idée d'une autre chose particulière (par la Proposition précédente). Or , l'ordre et la connexion des idées est le même (par la Proposition 7, partie 2) que l'ordre et la connexion des choses. Par conséquent, la connaissance de tout ce qui arrive dans un objet particulier devra se trouver en Dieu, en tant seulement qu'il a l'idée de cet objet.

C. Q. F. D.

Proposition 10

L'être de la substance n'appartient pas à l'essence de l'homme ; en d'autres termes, ce n'est pas la substance qui constitue la forme ou l'essence de l'homme.

Démonstration : L'être de la substance enveloppe, en effet, l'existence nécessaire (par la Proposition 7, partie 1). Par conséquent, si l'être de la substance appartenait à l'essence de l'homme, la substance étant donnée, l'homme serait nécessairement donné (par la Définition 2, part. 2), et de cette façon l'homme existerait nécessairement, ce qui est absurde (par l'Axiome 1, partie 2). Donc, etc.

C. Q. F. D.

Scolie : Cette proposition se démontre aussi à l'aide de la Proposition 5, partie 1, savoir qu'il ne peut exister deux substances de même nature ; car comme plusieurs hommes peuvent exister, ce n'est donc point l'être de la substance qui constitue la forme ou l'essence de l'homme. Notre proposition résulte en outre évidemment des autres propriétés de la substance, je veux dire que la substance est de sa nature infinie, immuable, indivisible, etc., et tout le monde peut saisir aisément cette conséquence.

Corollaire : Il suit de là que ce qui constitue l'essence de l'homme, ce sont certaines modifications des attributs de Dieu. Car l'être de la substance (par la Proposition précédente) n'appartient pas à l'essence de l'homme. L'essence de l'homme est donc (par la Proposition 15, partie 1) quelque chose qui est en Dieu et ne peut être sans Dieu, autrement dit (par le Corollaire de la Proposition 25, partie 1), une affection ou un mode qui exprime la nature de certaine façon déterminée.

Scolie : Tout le monde doit accorder que rien n'existe et ne peut être conçu sans Dieu. Car il est reconnu de tout le monde que Dieu est la cause unique de toutes choses, tant de leur essence que de leur existence ; en d'autres termes, Dieu est la cause des choses, non seulement selon le devenir, mais selon l'être. Et toutefois, si l'on écoute la plupart des philosophes, ce qui appartient à l'essence d'une chose, c'est ce sans quoi elle ne peut exister ni être conçue ; ils pensent donc de deux choses l'une, ou bien que la nature de Dieu appartient à l'essence des choses créées, au bien que les choses créées peuvent exister ou être conçues sans Dieu ; mais ce qui est plus certain, c'est qu'ils ne sont pas suffisamment d'accord avec eux-mêmes ; et la raison en est, à mon avis, qu'ils n'ont pas gardé l'ordre philosophique des idées. La nature divine, qu'ils devaient avant tout contempler, parce qu'elle est la première, aussi bien dans l'ordre des connaissances que dans l'ordre des choses, ils l'ont mise la dernière ; et ces choses qu'on appelle objet des sens, ils les ont jugées antérieures à tout le reste. Or voici ce qui est arrivé : pendant qu'ils considéraient les choses naturelles, il n'est rien à quoi ils songeassent moins qu'à la nature divine ; puis, quand ils ont élevé leur esprit à la contemplation de la nature divine, ils ont complètement oublié ces premières imaginations dont ils avaient construit leur science des choses naturelles ; et il est vrai de dire qu'elles ne pouvaient les aider en rien à la connaissance de la nature divine, de façon qu'il ne faut point être surpris de les voir se contredire de temps en temps. Mais je n'insiste pas, mon dessein n'ayant été ici que d'expliquer pourquoi je n'ai pas dit que l'essence d'une chose, c'est ce sans quoi elle ne peut exister ni être conçue. Les choses particulières, en effet, ne peuvent exister ni être conçues sans Dieu ; et cependant Dieu n'appartient point à leur essence. En conséquence, j'ai dit : ce qui constitue l'essence d'une chose, c'est ce dont l'existence emporte celle de la chose, et la destruction sa destruction, en d'autres termes, ce qui est tel que la chose ne peut exister sans lui, ni lui sans la chose.

Proposition 11

Le premier fondement de l'être de l'âme humaine n'est autre chose que l'idée d'une chose particulière et qui existe en acte.

Démonstration : Ce qui constitue l'essence de l'homme (par le Corollaire de la Proposition précédente), ce sont certains modes des attributs de Dieu, savoir (par l'Axiome 2, partie 2) des modes de la pensée, entre lesquels l'idée est (par l'Axiome 3, partie 2) de sa nature antérieure à tous les autres, de façon que si elle est donnée, tous les autres modes (ceux auxquels l'idée est antérieure de sa nature) doivent se trouver dans le même individu (par l'Axiome 4, partie 2). Ainsi donc, l'idée est le premier fondement de l'être de l'âme humaine. Mais cette idée ne peut être celle d'une chose qui n'existe pas actuellement ; car alors (par le Corollaire de la Proposition 8, partie 2) l'idée elle-même n'existerait pas actuellement. Ce sera donc l'idée d'une chose actuellement existante, mais non pas d'une chose infinie ; car une chose infinie (par la Proposition 21 et la Proposition 23, Scolie 1), doit toujours exister nécessairement ; or ici, cela serait absurde (par l'Axiome 1, part. 2). Donc, le premier fondement de l'être de l'âme humaine, c'est l'idée d'une chose particulière et qui existe en acte.

C. Q. F. D.

Corollaire : Il suit de là que l'âme humaine est une partie de l'entendement infini de Dieu ; et par conséquent, lorsque nous disons que l'âme humaine perçoit ceci ou cela, nous ne disons pas autre chose sinon que Dieu, non pas en tant qu'infini, mais en tant qu'il s'exprime par la nature de l'âme humaine, ou bien en tant qu'il en constitue l'essence, a telle ou telle idée ; et lorsque nous disons que Dieu a telle ou telle idée, non plus seulement en tant qu'il constitue la nature de l'âme humaine, mais en tant qu'il a en même temps l'idée d'une autre chose, nous disons alors que l'âme humaine perçoit une chose d'une façon partielle ou inadéquate.

Scolie : Ici les lecteurs vont, sans aucun doute, être arrêtés, et il leur viendra en la mémoire mille choses qui les empêcheront d'avancer ; c'est pourquoi je les prie de poursuivre lentement avec moi leur chemin, et de suspendre leur jugement jusqu'à ce qu'ils aient tout lu.

Proposition 12

Tout ce qui arrive dans l'objet de l'idée qui constitue l'âme humaine doit être perçu par elle ; en d'autres termes, l'âme humaine en aura nécessairement connaissance. Par où j'entends que si l'objet de l'idée qui constitue l'âme humaine est un corps, il ne pourra rien arriver dans ce corps que l'âme ne le perçoive.

Démonstration : En effet, tout ce qui arrive dans l'objet d'une idée quelconque, Dieu en a nécessairement connaissance (par le Corollaire de la Proposition 9, partie 2), en tant qu'on le considère comme affecté de l'idée de ce même objet, c'est-à-dire (par la Proposition 11, part. 2), en tant qu'il constitue l'âme d'une certaine chose. Par conséquent, tout ce qui arrive dans l'objet de l'idée qui constitue l'âme humaine, Dieu en a nécessairement connaissance, en tant qu'il constitue la nature de l'âme humaine ; en d'autres termes (par le Corollaire de la Proposition 11, Partie 2), la connaissance de cet objet sera nécessairement dans l'âme, et l'âme le percevra.

Scolie : Cette proposition devient également évidente et se comprend même plus clairement par le Scolie de la Proposition 7, partie 2.

Proposition 13

L'objet de l'idée qui constitue l'âme humaine, c'est le corps, en d'autres termes, un certain mode de l'étendue, lequel existe en acte et rien de plus.

Démonstration : Si, en effet, le corps n'était pas l'objet de l'âme, les idées des affections du corps ne se trouveraient pas en Dieu, en tant qu'il constitue notre âme, mais en tant qu'il constitue l'âme d'une autre chose, c'est-à-dire (par le Corollaire de la Proposition 11, partie 2) que les idées des affections du corps ne se trouveraient pas dans notre âme Or (par l'Axiome 4, partie 2), nous avons l'idée des affections du corps. Donc l'objet de l'idée qui constitue l'âme humaine, c'est le corps, et le corps existant en acte (par la Proposition 11, part. 2). En outre, si l'âme avait, outre le corps, un autre objet, comme rien n'existe (par la Proposition 36, part. 1) d'où ne résulte quelque effet, il devrait se trouver nécessairement dans notre âme (par la Proposition 11, part. 2) l'idée de quelque effet résultant de cet objet. Or, notre âme ne possède point cette idée (par l'Axiome 5, part. 2). Donc l'objet de notre âme c'est le corps, le corps comme existant en acte, et rien de plus.

Corollaire : Il suit de là que l'homme est compose d'une âme et d'un corps, et que le corps humain existe tel que nous le sentons.

Scolie : Ce qui précède fait comprendre, non seulement que l'âme humaine est unie au corps, mais aussi en quoi consiste cette union. Toutefois, on ne s'en formera une idée adéquate et distincte qu'à condition de connaître premièrement la nature de notre corps, tout ce qui a été exposé jusqu'à ce moment étant d'une application générale et ne se rapportant pas plus à l'homme qu'aux autres individus de la nature ; car tous à des degrés divers sont animés. De toutes choses, en effet, il y a nécessairement en Dieu une idée dont Dieu est cause, de la même façon qu'il l'est aussi de l'idée du corps humain, et par conséquent tout ce que nous disons de l'idée du corps humain, il faut le dire nécessairement de l'idée de toute autre chose quelconque. Et toutefois, nous ne voulons pas nier que les idées ne diffèrent entre elles comme les objets eux-mêmes, de sorte que l'une est supérieure à l'autre et contient une réalité plus grande à mesure que l'objet de celle-ci est supérieur à l'objet de celle-là et contient une réalité plus grande. C'est pourquoi, si nous voulons déterminer en quoi l'âme humaine se distingue des autres âmes et par où elle leur est supérieure, il est nécessaire que nous connaissions la nature de son objet, savoir le corps humain. C'est ce que je ne puis faire ici, et cela n'est pas d'ailleurs nécessaire aux démonstrations que je veux établir. Je me borne à dire en général qu'à *mesure* qu'un corps est plus propre que les autres à agir ou à pâtir simultanément d'un grand nombre de façons, il est uni à une âme plus propre à percevoir simultanément un grand nombre de choses ; et plus les actions d'un corps dépendent de lui seul, en d'autres termes, moins il a besoin du concours des autres corps pour agir, plus l'âme qui lui est unie est propre à la connaissance distincte. Et par là on peut connaître la supériorité d'une âme sur les autres, et apercevoir aussi pour quelle raison nous n'avons de notre corps qu'une connaissance très confuse, et plusieurs autres choses que je déduirai par la suite de celle-là. C'est pour cela que j'ai jugé convenable de les expliquer ici et de les démontrer avec plus de soin encore que je n'ai fait jusqu'à ce moment, et il est nécessaire, afin d'y réussir, de placer ici quelques notions préliminaires touchant la nature des corps.

Axiome 1

Tous les corps sont ou en mouvement ou en repos.

Axiome 2

Tout corps se meut, tantôt plus lentement, tantôt plus vite.

Lemme 1

Les corps se distinguent les uns des autres par le mouvement et le repos, la vitesse ou la lenteur, et non par la substance.

Démonstration : La première partie de ce lemme est de soi évidente ; quant à ce second point que les corps ne diffèrent point par la substance, il résulte des Proposition 5 et 8, part. 1, et plus clairement encore du Scolie de la Proposition 15, part. 1.

Lemme 2

Tous les corps ont quelque chose de commun.

Démonstration : Ils ont d'abord cela de commun qu'ils enveloppent tous le concept d'un seul et même attribut *(par la Définition 1, part. 2)* ; et de plus, qu'ils peuvent tous se mouvoir, tantôt avec plus de vitesse, tantôt avec plus de lenteur, et, absolument parlant, tantôt être en mouvement, tantôt en repos.

Lemme 3

Un corps qui est en mouvement ou en repos a dû être déterminé au mouvement ou au repos par un autre corps, lequel a été déterminé au mouvement ou au repos par un troisième corps, et ainsi à l'infini.

Démonstration : Les corps sont (en vertu de la Définition 1, partie 2) des choses particulières qui se distinguent les unes des autres par le mouvement et le repos (en vertu du Lemme précédent) ; d'où il suit que chacune d'elles (en vertu de la Proposition 28, partie 1) a dû nécessairement être déterminée au mouvement ou au repos par une autre chose particulière, savoir (en vertu de la Proposition 6, partie 2) par un autre corps, lequel est lui-même en mouvement ou en repos (par l'Axiome 1). Or, ce corps n'a pu être en mouvement ou en repos (en vertu de la même raison), s'il n'y a été déterminé par un autre corps, et celui-ci par un autre (toujours en vertu de la même raison), et ainsi à l'infini.

C. Q. F. D.

Corollaire : Il suit de là qu'un corps en mouvement doit y rester jusqu'à ce qu'un autre corps le détermine au repos, et qu'un corps en repos doit rester en repos jusqu'à ce qu'un autre corps le détermine au mouvement. Cela est d'ailleurs évident de soi. Car, lorsque je suppose le corps A, par exemple, en repos, sans considérer le moins du monde d'autres corps qui sont en mouvement, tout ce que je puis dire du corps

A, c'est qu'il est en repos. Que si plus tard il arrive que le corps A soit en mouvement, cela ne peut assurément venir de ce qu'il était en repos ; car la seule chose qui pourrait résulter de ce repos, c'est que le corps A y resterait. Si, au contraire, nous supposons A en mouvement, tant que nous ne considérons que A, nous n'en pouvons rien affirmer sinon qu'il est en mouvement. Que s'il arrive ensuite que A soit en repos, évidemment encore cela ne peut venir du mouvement qu'il avait tout à l'heure ; car la seule chose qui pourrait résulter de ce mouvement, c'est que A resterait en mouvement. Le repos de A vient donc de quelque chose qui n'était pas A savoir d'une cause étrangère qui l'a déterminé au repos.

Axiome 1

Tous les modes dont un corps quelconque est affecté par un autre corps résultent en même temps de la nature du corps qui éprouve l'affection et de la nature du corps qui la produit, de façon qu'un seul et même corps reçoit des mouvements différents des différents corps qui le meuvent, et leur donne à son tour des mouvements différents.

Axiome 2

Lorsqu'un corps en mouvement frappe un corps en repos qui ne peut changer de place, son mouvement se continue en se réfléchissant et l'angle formé par la ligne du mouvement de réflexion avec le plan du corps en repos est égal à l'angle formé par la ligne du mouvement d'incidence avec ce même plan.

Voilà ce que nous avions à dire sur les corps les plus simples qui ne se distinguent les uns des autres que par le mouvement et le repos, par la lenteur ou la rapidité du mouvement. Arrivons aux corps composés.

Définition

Lorsqu'un certain nombre de corps de même grandeur ou de grandeur différente sont ainsi pressés qu'ils s'appuient les uns sur les autres, ou lorsque, se mouvant d'ailleurs avec des degrés semblables ou divers de rapidité, ils se communiquent leurs mouvements suivant des rapports déterminés, nous disons qu'entre de tels corps il y a union réciproque, et qu'ils constituent dans leur ensemble un seul corps, un individu, qui, par cette union même, se distingue de tous les autres.

Axiome 3

A mesure que les parties d'un individu corporel ou corps composé reposent réciproquement les unes sur les autres par des surfaces plus ou moins grandes, il est plus ou moins difficile de changer leur situation, et par conséquent de changer la figure de l'individu en question. Et c'est pourquoi j'appellerai les corps *durs,* quand leurs parties s'appuient l'une sur l'autre par de grandes surfaces ; *mous,* quand ces surfaces sont petites ; *fluides,* quand leurs parties se meuvent librement les unes par rapport aux autres.

Lemme 4

Si d'un corps ou individu composé de plusieurs corps vous retranchez un certain nombre de parties, mais que ces parties soient remplacées simultanément par un nombre égal de parties de même nature, cet individu conservera sa nature primitive, sans que sa forme ou essence en éprouve aucun changement.

Démonstration : Les corps en effet (par le Lemme 1), ne se distinguent point les uns des autres sous le rapport de la substance, et ce qui constitue la forme ou essence d'un individu, c'est (par la Définition précédente) l'union des corps qui le composent ; or, cette union reste ici la même quoique *(par hypothèse)* les parties changent sans cesse ; l'individu conserve donc, tant sous le rapport de substance que sous le rapport des modes sa nature primitive.

C. Q. F. D.

Lemme 5

Si les parties qui composent un individu viennent à augmenter ou à diminuer, mais dans une telle proportion que le mouvement ou le repos de toutes ces parties, considérées les unes à l'égard des autres, s'opèrent suivant les mêmes rapports, l'individu conservera encore sa nature première, et son essence ne sera pas altérée.

Démonstration : C'est la même que pour le Lemme précédent.

Lemme 6

Si un certain nombre de corps composant un individu sont forcés de changer la direction de leur mouvement, de telle façon pourtant qu'ils puissent continuer ce mouvement et se le communiquer les uns aux autres suivant les mêmes rapports qu'auparavant, l'individu conservera encore sa nature, sans que sa forme éprouve aucun changement.

Démonstration : Cela est évident de soi, puisque l'individu en question conserve par hypothèse tout ce qui d'après sa définition, constitue sa forme.

Lemme 7

L'individu, ainsi composé, retiendra encore sa nature, qu'il se meuve dans toutes ses parties ou qu'il reste en repos, que son mouvement ait telle direction ou telle autre, pourvu que chaque partie garde son mouvement et le communique aux autres de la même façon qu'auparavant.

Démonstration : Cela est évident par la définition même de l'individu. Voir ce qui précède le Lemme 4.

Scolie : Nous voyons par ce qui précède comment un individu composé peut être affecté d'une foule de manières, en conservant toujours sa nature. Or jusqu'à ce moment nous n'avons conçu l'individu que comme formé des corps les plus simples, de ceux qui ne se distinguent les uns des autres que par le mouvement et le repos, par la lenteur et la vitesse. Que si nous venons maintenant à le concevoir comme composé de plusieurs individus de nature diverse, nous trouverons qu'il peut être affecté de plusieurs autres façons en conservant toujours sa nature ; car puisque chacune de ses parties est composée de plusieurs corps, elle pourra (par le Lemme précédent), sans que sa nature en soit altérée, se mouvoir tantôt avec plus de vitesse, tantôt avec plus de lenteur, et par suite communiquer plus lentement ou plus rapidement ses mouvements aux autres parties. Et maintenant si nous concevons un troisième genre d'individus formé de ceux que nous venons de dire, nous trouverons qu'il peut recevoir une foule d'autres modifications, sans aucune altération de sa nature. Enfin, si nous poursuivons de la sorte à l'infini nous concevrons facilement que toute la nature est un seul individu dont les parties c'est-à-dire tous les corps, varient d'une infinité de façons, sans que l'individu lui-même, dans sa totalité reçoive aucun changement. Tout cela devrait être expliqué et démontré plus au long, si j'avais dessein de traiter du corps *ex professo* ; mais je répète que tel n'est point mon objet, et que je n'ai placé ici ces préliminaires que pour en déduire aisément ce que je me propose maintenant de démontrer.

Postulats

I. Le corps humain se compose de plusieurs individus (de nature diverse), dont chacun est lui-même fort composé.

II. Entre les individus dont le corps humain est composé, quelques-uns sont fluides, d'autres mous, d'autres enfin sont durs.

III. Les individus qui composent le corps humain, et partant le corps humain lui-même, sont affectés de plusieurs façons par les corps extérieurs.

IV. Le corps humain a besoin, pour sa conservation, de plusieurs autres corps, dont il est sans cesse régénéré.

V. Quand une partie fluide du corps humain est déterminée par un corps extérieur à frapper souvent une partie molle, elle en change la surface et y imprime en quelque manière des traces du corps qui agit sur elle-même.

VI. Le corps humain peut en diverses façons mouvoir les corps extérieurs et en changer la disposition.

Proposition 14

L'âme humaine est capable de percevoir plusieurs choses, et elle l'est d'autant plus que son corps peut recevoir un plus grand nombre de dispositions.

Démonstration : Car le corps humain (en vertu des Postulat 5 et 6) est affecté par les corps extérieurs en plusieurs manières, et il est disposé à affecter en plusieurs manières les corps extérieurs. Or, tout ce qui arrive dans le corps humain, l'âme humaine (par la Proposition 12. Partie 2) le doit percevoir ; l'âme humaine est donc capable de percevoir plusieurs chose, et elle l'est d'autant plus, etc.

C. Q. F. D.

Proposition 15

L'idée qui constitue l'être formel de l'âme humaine n'est pas simple, mais composée de plusieurs idées.

Démonstration : L'idée qui constitue l'être formel de l'âme humaine, c'est l'idée du corps (par la Proposition 13, partie 2), lequel est composé (par le Postulat 1) de plusieurs individus fort composés eux-mêmes. Or, l'idée de chacun des individus dont le corps est composé se trouve en Dieu (par le Corollaire de la Proposition 8, partie 2) ; donc (par la Proposition 7, partie 2) l'idée du corps humain est composée de toutes les idées des parties qui composent le corps humain.

C. Q. F. D.

Proposition 16

L'idée de chacune des modifications dont le corps humain est affecté par les corps extérieurs doit exprimer la nature du corps humain et à la fois celle du corps extérieur.

Démonstration : Car toutes les modifications dont un corps quelconque est affecté résultent de la nature du corps qui reçoit l'affection, et tout ensemble de la nature du corps qui la produit (par l'Axiome 1, après le Corollaire du Lemme 3) ; en conséquence, l'idée de ces modes doit (par l'Axiome 4, partie 1) exprimer nécessairement la nature de chacun de ces corps ; de sorte que l'idée de chacune des modifications dont le corps humain est affecté par un corps extérieur exprime la nature du corps humain et celle du corps extérieur.

C. Q. F. D.

Corollaire 1 : Il suit de là premièrement que l'âme humaine doit percevoir en même temps que la nature de son corps celle de plusieurs autres corps.

Corollaire 2 : En second lieu, que les idées que nous avons des corps extérieurs marquent bien plus la constitution de notre corps que la nature des corps extérieurs : ce qui a d'ailleurs été expliqué par beaucoup d'exemples dans l'appendice de la première partie.

Si le corps humain est affecté d'une modification qui exprime la nature d'un corps étranger, l'âme humaine apercevra ce corps étranger comme existant en acte ou comme lui étant présent, jusqu'à ce que le corps humain reçoive une modification nouvelle qui exclue l'existence ou la présence de ce même corps étranger.

Démonstration : Cela est évident, car tant que le corps humain sera affecté de telle façon, l'âme humaine (par la Proposition 12, partie 2) apercevra cette affection du corps ; c'est-à-dire (par la Proposition précédente) qu'elle aura l'idée d'une modification actuellement existante, qui exprime la nature d'un corps extérieur ; c'est-à-dire encore qu'elle aura une idée qui n'exclut pas, mais qui pose au contraire l'existence ou la présence de la nature d'un corps extérieur, et par conséquent (en vertu du Corollaire 1 précédente) l'âme apercevra un corps extérieur comme existant en acte ou comme présent jusqu'à ce qu'elle reçoive une modification nouvelle, etc.

C. Q. F. D.

Corollaire : L'âme pourra apercevoir comme présents les corps extérieurs, quoiqu'ils n'existent pas ou ne soient pas présents, quand une fois le corps humain en aura été affecté.

Démonstration : Pendant que les corps extérieurs agissent sur les parties fluides du corps humain, de telle façon que celles-ci viennent à frapper souvent les parties les plus molles, il arrive qu'elles en changent les surfaces (par le Postulat 5) ; d'où il résulte qu'elles-mêmes se réfléchissent dans une direction nouvelle, et que si plus tard, par leur mouvement alors spontané, elles frappent de nouveau les mêmes surfaces, elles se réfléchiront de la même manière que lorsqu'elles étaient poussées par les corps extérieurs. En conséquence, elles affecteront le corps humain de la même manière qu'auparavant, tant qu'elles continueront à se mouvoir de ces mêmes mouvements de réflexion ; et partant, l'âme humaine (par la Proposition 12, partie 2) formera de nouveau des pensées, c'est-à-dire (par la Proposition 17, partie 2) apercevra de nouveau les corps extérieurs comme présents, et cela autant de fois que les parties fluides du corps humain viendront par un mouvement spontané frapper les mêmes surfaces. Ainsi donc, quoique les corps extérieurs par qui le corps humain a été affecté une fois n'existent pas, l'âme humaine les apercevra comme présents autant de fois que se répétera cette action du corps humain que nous venons de décrire.

C. Q. F. D.

Scolie : Nous venons de voir comment il se peut faire que nous apercevions comme présentes, ainsi qu'il arrive souvent, des choses qui n'existent pas. Peut-être y a-t-il d'autres causes de ce phénomène ; mais il me suffit ici d'en avoir indiqué une par laquelle j'explique la chose aussi bien que je le ferais par la cause véritable. Je ne crois pas, du reste, m'éloigner de beaucoup de cette vraie explication, puisque tous mes postulats ne contiennent guère que des faits établis par l'expérience. Or, il ne peut plus nous être permis de mettre l'expérience en doute, du moment que nous avons montré que le corps humain existe tel que nous le sentons (voir le Corollaire de la Proposition 13, partie 2). Un autre point que nous devons maintenant comprendre clairement (par le Corollaire précédente et par le Corollaire 2 de la Propos 16, partie 2), c'est la différence qui existe entre l'idée de Pierre, par exemple, en tant qu'elle constitue l'essence de l'âme de Pierre, et cette idée en tant qu'elle est dans l'âme d'un autre homme, par exemple, de Paul. Celle-là en effet exprime directement l'essence du corps de Pierre lui-même, et n'enveloppe l'existence que pendant la durée de l'existence de Pierre ; mais celle-ci marque bien plutôt la constitution du corps de Paul que la nature de Pierre ; et c'est pourquoi, tant que durera cette constitution corporelle de Paul, l'âme de Paul apercevra Pierre comme lui étant présent, quoique Pierre n'existe pas. Or ces affections du corps humain, dont les idées nous représentent les corps extérieurs comme nous étant présents, nous les appellerons, pour nous servir des mots d'usage, images des choses, bien que la figure des choses n'y soit pas contenue. Et lorsque l'âme aperçoit les corps de cette façon, nous dirons qu'elle imagine. Maintenant, pour indiquer ici par avance en quoi consiste l'erreur, je prie qu'on prenne garde que les imaginations de l'âme considérées en elles-mêmes ne contiennent rien d'erroné ; en d'autres termes, que l'âme n'est point dans l'erreur en tant qu'elle imagine, mais bien en tant qu'elle est privée d'une idée excluant l'existence des choses qu'elle imagine comme présentes. Car si l'âme, tandis qu'elle imagine comme présentes des choses qui n'ont point de réalité, savait que ces choses n'existent réellement pas, elle attribuerait cette puissance imaginative non point à l'imperfection, mais à la perfection de sa nature, surtout si cette faculté d'imaginer dépendait de sa seule nature, je veux dire (par la Définition 7, partie 2) si cette faculté était libre.

Proposition 18

Si le corps humain a été affecté une fois par deux ou plusieurs corps, dès que l'âme viendra ensuite à imaginer un de ces corps, aussitôt elle se souviendra également des autres.

Démonstration : Ce qui fait que l'âme imagine un certain corps, c'est (par le Corollaire précédente) que le corps humain est affecté et disposé par les traces d'un même corps extérieur comme il l'était quand quelques-unes de ses parties étaient ébranlées par le corps extérieur lui-même. Or, nous supposons que le corps humain a été disposé de telle sorte que l'âme imaginait à la fois deux corps. Lors donc que cette disposition se reproduira, l'âme imaginera encore deux corps à la fois ; et de cette façon, dès qu'elle imaginera l'un d'entre eux, elle se souviendra à l'instant de l'autre.

C. Q. F. D.

Scolie : Ceci nous fait comprendre clairement en quoi consiste la mémoire. Elle n'est autre chose, en effet, qu'un certain enchaînement d'idées qui expriment la nature des choses qui existent hors du corps humain, lequel enchaînement se produit dans l'âme suivant l'ordre et l'enchaînement des affections du corps humain. Je dis, premièrement, que la mémoire est l'enchaînement de cette sorte d'idées seulement qui enveloppent la nature des choses qui existent hors du corps humain, et non des idées qui expliquent la nature de ces mêmes choses ; car il ne s'agit ici (par la Proposition 16, partie 2) que des idées des affections du corps humain, lesquelles enveloppent la nature de ce corps et des corps extérieurs. Je dis, en second lieu, que cet enchaînement se produit suivant l'ordre et l'enchaînement des affections du corps humain, pour le distinguer de cet autre enchaînement des idées qui se produit suivant l'ordre de l'entendement, d'une manière identique pour tous les hommes, et par lequel nous percevons les choses dans leurs causes premières. Et de là nous pouvons concevoir avec clarté pourquoi l'âme passe instantanément de la pensée d'une certaine chose à celle d'une autre qui n'a aucune ressemblance avec la première : par exemple, un Romain, de la pensée du mot *pomum,* passe incontinent à celle d'un fruit qui ne ressemble nullement à ce son articulé et n'a avec lui aucune analogie, si ce n'est que le corps de cet homme a été souvent affecté de ces deux choses, le fruit et le son, c'est-à-dire que l'homme dont je parlé a souvent entendu le mot *pomum* pendant qu'il voyait le fruit que ce mot désigne ; et c'est ainsi que chacun va d'une pensée à une autre, suivant que l'habitude a arrangé dans son corps les images des choses. Un soldat, par exemple, à l'aspect des traces qu'un cheval a laissées sur le sable, ira de la pensée du cheval à celle du cavalier, de celle-ci à la pensée de la guerre, etc. ; tandis qu'un laboureur ira de la pensée du cheval à celles de la charrue, des champs, etc. ; et chacun de nous de la sorte, suivant qu'il a l'habitude de joindre et d'enchaîner de telle façon les images des choses, aura telle ou telle suite de pensées.

Proposition 19

L'âme humaine ne connaît pas le corps humain lui-même, et ne sait qu'il existe que par les idées des affections qu'il éprouve.

Démonstration : En effet, l'âme humaine, c'est l'idée même ou la connaissance du corps humain (par la Proposition 12, partie 2), laquelle est en Dieu (par la Proposition 9, partie 2), en tant qu'on le considère comme affecté de l'idée d'une autre chose particulière, ou bien, en tant que le corps humain a besoin de plusieurs autres corps dont il est continuellement comme régénéré ; or, l'ordre et la connexion des idées est le même (par la Proposition 7, partie 2) que l'ordre et la connexion des causes. Cette idée sera donc en Dieu en tant qu'on le considère comme affecté des idées de plusieurs choses particulières. Par conséquent, si Dieu a l'idée du corps humain, ou autrement, si Dieu connaît le corps humain, c'est en tant qu'il est affecté de plusieurs autres idées, et non en tant qu'il constitue la nature de l'âme humaine ; en d'autres termes (par le Corollaire de la Proposition 11, partie 2), l'âme humaine ne connaît pas le corps humain. Mais, d'un autre côté, les idées des affections du corps sont en Dieu, en tant qu'il constitue la nature de l'âme humaine ; ou autrement, l'âme humaine perçoit ces mêmes affections (par la Proposition 12, partie 2) ; et en conséquence (par la Proposition 16, partie 2) elle perçoit le corps humain lui-même ; et enfin elle le perçoit (par la Proposition 17, partie 2) comme existant en acte. C'est donc de cette façon seulement que l'âme humaine perçoit le corps humain lui-même.

C. Q. F. D.

Proposition 20

Il y a aussi en Dieu une idée ou connaissance de l'âme humaine qui suit de la nature divine et s'y rapporte de la même façon que l'idée ou connaissance du corps humain.

Démonstration : La pensée est un attribut de Dieu (par la Proposition 1, partie 2) ; et en conséquence (par la Proposition 3, partie 2) il y a nécessairement en Dieu l'idée de la pensée et de toutes ses affections, par suite (en vertu de la Proposition 11, partie 2) l'idée de l'âme humaine. De plus, cette idée ou connaissance de l'âme ne suit pas de la nature de Dieu en tant qu'il est infini, mais en tant qu'il est affecté de l'idée d'une autre chose particulière (par la Proposition 9, partie 2). Or, l'ordre et la connexion des idées est le même que l'ordre et la connexion des causes (par la Proposition 7, partie 2). Donc cette idée ou connaissance de l'âme est en Dieu et se rapporte à Dieu de la même manière que l'idée ou connaissance du corps.

C. Q. F. D.

Proposition 21

Cette idée de l'âme est unie à l'âme de la même façon que l'âme elle-même est unie au corps.

Démonstration : Si l'âme est unie au corps, c'est, comme nous l'avons montré, parce que le corps est l'objet de l'âme (voir les Proposition 12 et 13, partie 2). Par conséquent, en vertu de la même raison, l'idée de l'âme doit être unie avec son objet, c'est-à-dire avec l'âme elle-même, de la même manière que l'âme est unie avec le corps.

C. Q. F. D.

Scolie : Cette proposition se conçoit beaucoup plus clairement encore par ce qui a été dit dans le Scolie de la Proposition 7, partie 2. Là, en effet, nous avons montré que l'idée du corps et le corps lui-même c'est-à-dire (par la Proposition 13, partie 2) l'âme et le corps, ne font qu'un seul et même individu conçu tantôt sous l'attribut de la pensée, tantôt sous celui de l'étendue ; c'est pourquoi l'idée de l'âme et l'âme elle-même, ce n'est qu'une seule et même chose conçue sous un seul et même attribut, savoir la pensée. Je dis donc que l'idée de l'âme et l'âme elle-même sont en Dieu par la même nécessité et résultent de la même puissance de penser. L'idée de l'âme, en effet, c'est-à-dire l'idée d'une idée, n'est autre chose que la forme de cette idée, en tant qu'on la considère comme mode de la pensée, sans égard à son objet ; car aussitôt qu'on connaît une chose, on connaît par cela même qu'on la connaît, et en même temps on sait qu'on a cette connaissance et ainsi de suite à l'infini. Mais nous reviendrons plus tard sur cette matière.

Proposition 22

L'âme humaine ne perçoit pas seulement les affections du corps, mais aussi les idées de ces affections.

Démonstration : De la même façon que les idées des affections du corps résultent de la nature divine et s'y rapportent, de même en est-il des idées de ces idées elles-mêmes, ce qui se démontre comme on a fait pour la Proposition 20, partie 2. Or, les idées des affections du corps se trouvent dans l'âme humaine (par la Proposition 12, partie 2), en d'autres termes (par le Corollaire de la Proposition 11, partie 2), dans la nature divine, en tant qu'elle constitue l'essence de l'âme humaine ; donc les idées de ces idées devront se trouver en Dieu en tant qu'il a l'idée ou la connaissance de l'âme humaine, c'est-à-dire (Par la Proposition 21, partie 2) dans l'âme humaine elle-même, qui, par conséquent, ne perçoit pas seulement les affections du corps, mais aussi les idées de ces affections.

C. Q. F. D.

Proposition 23

L'âme ne se connaît elle-même qu'en tant qu'elle perçoit les idées des affections du corps.

Démonstration : L'idée ou connaissance de l'âme résulte de la nature de Dieu et s'y rapporte (par la Proposition 20, partie 2) de la même façon que l'idée ou connaissance du corps. Or, puisque (par la Proposition 19, partie 2) l'âme humaine ne connaît pas le corps humain lui-même, en d'autres termes (par le Corollaire de la Proposition 11, partie 2), puisque la connaissance du corps humain ne se rapporte pas à Dieu, en tant qu'il constitue la nature de l'âme humaine, il s'ensuit que la connaissance de l'âme ne se rapporte pas non plus à Dieu, en tant qu'il constitue l'essence de l'âme ; par conséquent (en vertu de ce même Corollaire de la Proposition 11, partie 2), que l'âme humaine, sous ce point de vue, ne se connaît pas elle-même. Maintenant, les idées des affections du corps enveloppent la nature de ce même corps (par le Corollaire de la Proposition 16, partie 2) ; en d'autres termes (par la Proposition 13, partie 2), elles s'accordent avec la nature de l'âme ; par conséquent, la connaissance de ces idées enveloppera nécessairement la connaissance de l'âme ; or (par la Proposition précédente), la connaissance de ces idées se trouve dans l'âme. C'est donc sous ce point de vue seulement que l'âme humaine se connaît elle-même.

C. Q. F. D.

Proposition 24

L'âme humaine n'enveloppe pas la connaissance adéquate des parties qui composent le corps humain.

Démonstration : Les parties qui composent le corps humain ne se rapportent point à son essence, si ce n'est en tant qu'elles se communiquent leurs mouvements suivant un certain rapport (voyez la Définition après le Corollaire du Lemme 3), et non pas en tant qu'on les considère comme des individus, sans regard au corps humain. Les parties du corps humain, en effet (par le Postulat 1), sont des individus très composé, dont les parties (par le Lemme 4) peuvent être séparées du corps humain, sans que sa nature et sa forme en soient altérées, et communiquer leurs mouvements à d'autres corps suivant des rapports différents (voir l'Axiome 2 après le Lemme 3) ; en conséquence (par la Proposition 3, partie 2), l'idée où connaissance de chaque partie du corps humain se trouvera en Dieu (par la Proposition 9, partie 2), et elle s'y trouvera en tant que Dieu est affecté de l'idée d'une autre chose particulière, laquelle est, dans l'ordre de la nature, antérieure à cette partie (par la Proposition 7, partie 2). Il faut en dire autant de chaque partie de l'individu lui-même qui sert à composer le corps humain ; de façon que la connaissance de chacune des parties qui forment le corps humain se trouve en Dieu, en tant qu'il est affecté de plusieurs autres idées, et non pas en tant qu'il a l'idée du corps humain, c'est-à-dire (par la Proposition 13, partie 2) l'idée qui constitue la nature de l'âme ; par conséquent (en vertu du Corollaire de la Proposition 11, partie 2) l'âme humaine n'enveloppe pas une connaissance adéquate des parties qui composent le corps humain.

C. Q. F. D.

Proposition 25

L'idée d'une affection quelconque du corps humain n'enveloppe pas la connaissance adéquate du corps extérieur.

Démonstration : Nous avons vu que l'idée d'une affection du corps humain n'enveloppe la nature d'un corps extérieur qu'en tant que celui-ci détermine le corps humain d'une certaine façon (par la Proposition 16, partie 2). Mais en tant que le corps extérieur est un individu sans rapport au corps humain, l'idée de ce corps extérieur n'est en Dieu (par la Proposition 9, partie 2) qu'en tant que Dieu est affecté de l'idée d'une autre chose particulière, laquelle (par la Proposition 7, partie 2) est antérieure de sa nature au corps dont nous parlons. Ainsi donc l'idée ou connaissance adéquate des corps extérieurs ne se trouve pas en Dieu, en tant qu'il a l'idée des affections du corps humain ; en d'autres termes, l'idée des affections du corps humain n'enveloppe pas la connaissance adéquate des corps extérieurs.

C. Q. F. D.

Proposition 26

L'âme humaine ne perçoit aucun corps comme existant en acte, que par les idées des affections de son corps.

Démonstration : Si le corps humain n'est affecté d'aucune façon par un corps extérieur, il en résulte (par la Proposition 7, partie 2) que l'idée du corps humain, c'est-à-dire l'âme humaine (par la Proposition 13, Partie 2) n'est affectée d'aucune façon de l'idée de l'existence de ce corps extérieur ; en d'autres termes, elle n'en perçoit d'aucune façon l'existence ; mais en tant que le corps humain est affecté par un corps extérieur d'une certaine façon, elle le perçoit (par la Proposition 16, partie 2 et son Corollaire).

C. Q. F. D.

Corollaire : L'âme humaine, en tant qu'elle imagine un corps extérieur, n'en a pas une connaissance adéquate.

Démonstration : Quand l'âme humaine aperçoit les corps extérieurs par les idées des affections de son propre corps, nous disons qu'elle imagine (voyez le Scolie de la Proposition 17, partie 2) ; et elle ne peut (par la Proposition précédente) imaginer les corps extérieurs, comme existant en acte, d'aucune autre façon. Par conséquent, l'âme humaine, en tant qu'elle imagine un corps extérieur, n'en a pas une connaissance adéquate.

Proposition 27

L'idée d'une affection quelconque du corps humain n'enveloppe point la connaissance adéquate du corps humain.

Démonstration : Toute idée d'une affection quelconque du corps humain enveloppe la nature du corps humain, en tant seulement que le corps humain est affecté d'une modification déterminée (voir la Proposition 16, partie 2). Mais l'idée du corps humain, en tant qu'individu, lequel peut être affecté de plusieurs autres manières, etc. (voir la Démonstration de la Proposition 25, partie 2).

Proposition 28

Les idées et les affections du corps humain, en tant qu'elles se rapportent seulement à l'âme humaine, ne sont point claires et distinctes, mais confuses.

Démonstration : En effet, les idées des affections du corps humain enveloppent la nature des corps extérieurs ainsi que celle du corps humain lui-même (par la Proposition 16, partie 2) ; et non seulement du corps humain, mais aussi de ses parties : car les affections sont des modes par lesquels (en vertu du Postulat 3) les parties du corps humain sont affectées et partant le corps tout entier. Or (par les Propositions 24 et 25, partie 2) la connaissance adéquate des corps extérieurs, et celle des parties qui composent le corps humain, sont en Dieu, en tant qu'il est affecté, non pas de l'âme humaine, mais d'autres idées. Par conséquent, les idées des affections du corps humain, en tant qu'elles se rapportent seulement à l'âme humaine, sont comme des conséquences séparées de leurs prémisses, c'est-à-dire évidemment des idées confuses.

Proposition 29

Aucune idée de l'idée d'une affection quelconque du corps humain n'enveloppe une connaissance adéquate de l'âme humaine.

Démonstration : En effet, l'idée d'une affection du corps humain n'enveloppe point (par la Proposition 27, partie 2) une connaissance adéquate de l'âme humaine ; en d'autres termes, elle n'en exprime pas la nature d'une façon adéquate ; ou enfin, elle ne s'accorde pas d'une façon adéquate avec la nature de l'âme (par la Proposition 23, partie 2). En conséquence (par l'Axiome 6, partie 1) l'idée de cette idée n'exprime pas non plus, d'une façon adéquate, la nature de l'âme humaine ; en d'autres termes, elle n'en enveloppe pas une connaissance adéquate.

C. Q. F. D.

Corollaire : Il suit de là que l'âme humaine, toutes les fois qu'elle perçoit les choses dans l'ordre commun de la nature, n'a point d'elle-même, ni de son corps, ni des corps extérieurs, une connaissance adéquate, mais seulement une connaissance confuse et mutilée. L'âme, en effet, ne se connaît qu'en tant qu'elle perçoit les idées des affections du corps (par la Proposition 23, partie 2). Elle ne connaît son corps (par la Proposition 19, partie 2) que par ces mêmes idées des affections du corps, par lesquelles seules elle connaît aussi les corps extérieurs ; par conséquent donc, en tant qu'elle a ces idées, elle n'a point une connaissance adéquate d'elle-même (par la Proposition 29, partie 2), ni de son corps (par la Proposition 27, partie 2), ni des corps extérieurs (par la Proposition 25, partie 2), mais seulement une connaissance confuse et mutilée (par la Proposition 28, partie 2 et son Scolie).

C. Q. F. D.

Scolie : Je dis expressément que l'âme humaine n'a point une connaissance adéquate d'elle-même, ni de son corps, ni des corps extérieurs, mais seulement une connaissance confuse, toutes les fois qu'elle perçoit les choses dans l'ordre commun de la nature ; par où j'entends, toutes les fois qu'elle est déterminée extérieurement par le cours fortuit des choses à apercevoir ceci ou cela, et non pas toutes les fois qu'elle est déterminée intérieurement, c'est-à-dire par l'intuition simultanée de plusieurs choses, à comprendre leurs convenances, leurs différences et leurs oppositions ; car chaque fois qu'elle est ainsi disposée intérieurement de telle et telle façon, elle aperçoit les choses clairement et distinctement, comme je le montrerai tout à l'heure.

Proposition 30

Nous n'avons de la durée de notre corps qu'une connaissance fort inadéquate.

Démonstration : La durée de notre corps ne dépend pas de son essence (par l'Axiome 1, partie 2), ni de la nature absolue de Dieu (par la Proposition 21, partie 1), notre corps étant déterminé à exister et à agir d'une certaine façon par des causes qui sont elles-mêmes déterminées par d'autres causes à exister et à agir d'une certaine manière particulière, et celles-ci par d'autres encore, et ainsi à l'infini. La durée de notre corps dépend donc de l'ordre commun de la nature, et de la constitution des choses. Or l'idée ou connaissance de la manière dont les choses sont constituées est en Dieu, en tant qu'il a les idées de toutes ces choses, et non pas en tant qu'il a seulement l'idée du corps humain (par le Corollaire de la Proposition 9, partie 2) ; c'est pourquoi la connaissance de la durée de notre corps est en Dieu fort inadéquate, en tant qu'il constitue la nature de l'âme humaine ; en d'autres termes (par le Corollaire de la Proposition 11, partie 2) cette connaissance est fort inadéquate dans notre âme.

C. Q. F. D.

Proposition 31

Nous ne pouvons avoir qu'une connaissance fort inadéquate de la durée des choses particulières qui sont hors de nous.

Démonstration : Toute chose particulière en effet, comme le corps humain, doit être déterminée à exister et à agir d'une certaine façon par une autre chose particulière, et celle-ci par une autre et ainsi à l'infini (par la Proposition 28, partie 1) ; or, comme nous avons démontré dans la proposition précédente, par cette propriété commune ; toutes les choses particulières, que nous n'avons de la durée de notre corps qu'une connaissance fort inadéquate, il faut arriver à la même conclusion pour la durée de toute autre chose particulière, savoir, que nous ne pouvons avoir qu'une connaissance fort inadéquate de leur durée.

Corollaire : Il suit de là que toutes les choses particulières sont contingentes et corruptibles ; car nous ne pouvons avoir (par la Proposition précédente) qu'une connaissance fort inadéquate de leur durée, et ce n'est pas autre chose que cela même qu'il faut entendre par la contingence et la corruptibilité des choses (voir le Scolie 1 de la Proposition 33, partie 1) ; car, hors de là, il n'est rien de contingent (par la Proposition 29, partie 1).

Proposition 32

Toutes les idées, en tant qu'elles se rapportent à Dieu, sont vraies.

Démonstration : Car toutes les idées qui sont en Dieu conviennent parfaitement avec leurs objets (par le Corollaire de la Proposition 7, part. 2) et par conséquent elles sont vraies (par l'Axiome 6, partie 1).
C. Q. F. D.

Proposition 33

Ce n'est rien de positif qui fait la fausseté des idées.

Démonstration : Si vous niez cela, essayez de concevoir un mode positif de la pensée qui constitue la forme de l'erreur et de la fausseté. Un tel mode ne se peut trouver en Dieu (par la Proposition précédente), et il ne peut non plus exister ni se concevoir hors de Dieu (par la Proposition 15, partie 1). Par conséquent, ce ne peut rien être de positif qui fait la fausseté des idées.
C. Q. F. D.

Proposition 34

Toute idée, qui est complète en nous, c'est-à-dire adéquate et parfaite, est une idée vraie.

Démonstration : Quand nous disons qu'il y a en nous une idée adéquate et parfaite, c'est comme si nous disions (par le Corollaire de la Proposition 11) qu'elle est en Dieu adéquate et parfaite, en tant qu'il constitue l'essence de notre âme ; par conséquent, c'est comme si nous disions (par la Proposition 32, partie 2) qu'une telle idée est vraie.

Proposition 35

La fausseté des idées consiste dans la privation de connaissance qu'enveloppent les idées inadéquates, c'est-à-dire les idées mutilées et confuses.

Démonstration : Il n'y a dans les idées rien de positif qui constitue la forme de la fausseté (par la Proposition 35, partie 1). Or, la fausseté ne peut pas consister dans l'absolue privation (car on ne dit pas que les corps se trompent ou sont dans l'erreur, mais seulement les âmes), ni dans l'absolue ignorance ; car autre chose est l'ignorance, autre chose l'erreur. Elle consiste donc dans la privation de connaissance qu'enveloppe la connaissance inadéquate des choses, c'est-à-dire les idées inadéquates et confuses.

C. Q. F. D.

Scolie : J'ai expliqué dans le Scolie de la Proposition 17, partie 2, pourquoi l'erreur consiste dans une privation de connaissance ; pour plus de clarté, je donnerai ici un exemple. Les hommes se trompent en ce point, qu'ils pensent être libres. Or, en quoi consiste une telle opinion ? en cela seulement qu'ils ont conscience de leurs actions et ignorent les causes qui les déterminent. L'idée que les hommes se font de leur liberté vient donc de ce qu'ils ne connaissent point la cause de leurs actions, car dire qu'elles dépendent de la volonté, ce sont là des mots auxquels on n'attache aucune idée. Quelle est en effet la nature de la volonté, et comment meut-elle le corps, c'est ce que tout le monde ignore, et ceux qui élèvent d'autres prétentions et parlent des sièges de l'âme et de ses demeures prêtent à rire ou font pitié. — De même, quand nous contemplons le soleil, nous nous imaginons qu'il est éloigné de nous d'environ deux cents pieds. Or, cette erreur ne consiste point dans le seul fait d'imaginer une pareille distance ; elle consiste en ce que, au moment où nous l'imaginons, nous ignorons la distance véritable et la cause de celle que nous imaginons. Plus tard, en effet, quoique nous sachions que le soleil est éloigné de nous de plus de six cents diamètres terrestres, nous n'en continuons pas moins à l'imaginer tout près de nous, parce que la cause qui nous fait imaginer cette proximité, ce n'est point que nous ignorions la véritable distance du soleil, mais c'est que l'affection de notre corps n'enveloppe l'essence du soleil qu'en tant que notre corps lui-même est affecté par le soleil.

Proposition 36

Les idées inadéquates et confuses découlent de la pensée avec la même nécessité que les idées adéquates, c'est-à-dire claires et distinctes.

Démonstration : Toutes les idées sont en Dieu (par la Proposition 15, partie 1) et, en tant qu'elles se rapportent à Dieu, elles sont vraies (par la Proposition 32, partie 2), et adéquates (par le Corollaire de la propos. 7, partie 2) ; les idées ne sont donc inadéquates et confuses qu'en tant qu'elles se rapportent à quelque âme particulière (voir les Proposition 24 et 28, partie 2). Par conséquent, toutes les idées, tant adéquates qu'inadéquates, découlent de la pensée avec la même nécessité (par le Corollaire de la Proposition 6, partie 2).

C. Q. F. D.

Proposition 37

Ce qui est commun à toutes choses (voir le Lemme ci-dessus), ce qui est également dans le tout et dans la partie, ne constitue l'essence d'aucune chose particulière.

Démonstration : Essayez de concevoir, en effet, s'il est possible, qu'il en soit autrement, et, par exemple, que ce principe commun à toutes choses constitue l'essence d'une chose particulière, B. Ôtez B, le principe commun ne pourra exister, ni être conçu (par la Définition 2, partie 2), ce qui est contre l'hypothèse. Donc ce principe n'appartient pas à l'essence de B, et ne constitue l'essence d'aucune chose particulière.

C. Q. F. D.

Ce qui est commun à toutes choses et se trouve également dans le tout et dans la partie, ne se peut concevoir que d'une façon adéquate.

Démonstration : Soit A ce principe commun à toutes choses et qui se trouve également dans le tout et dans la partie. Je dis que A ne se peut concevoir que d'une façon adéquate. En effet, l'idée de A sera nécessairement adéquate en Dieu (par le Corollaire de la Proposition 7, partie 2), en tant qu'il a l'idée du corps humain, et en tant aussi qu'il a l'idée de ses affections, lesquelles (par les Proposition 16, 25 et 27, partie 2) enveloppent partiellement la nature du corps humain et à la fois celle du corps extérieur ; en d'autres termes (par les Proposition 12 et 13, partie 2), l'idée de A sera adéquate en Dieu, en tant qu'il constitue l'âme humaine, et en tant qu'il a les idées qui sont dans l'âme humaine ; l'âme humaine, par conséquent (en vertu du Corollaire de la Proposition 11, partie 2), perçoit nécessairement A d'une façon adéquate ; et cela, soit en tant qu'elle se perçoit elle-même, soit en tant qu'elle perçoit son corps ou tel corps extérieur, et elle ne peut percevoir A d'une autre façon.
C. Q. F. D.

Corollaire : Il suit de là qu'il y a un certain nombre d'idées ou notions communes à tous les hommes. Car (par le Lemme 2) tous les corps se ressemblent en certaines choses, lesquelles (par la Proposition précédente) doivent être aperçues par tous d'une façon adéquate, c'est-à-dire claire et distincte.

Ce qui est commun au corps humain et à quelques corps extérieurs par lesquels le corps humain est ordinairement modifié, et ce qui est également dans chacune de leurs parties et dans leur ensemble, l'âme humaine en a une idée adéquate.

Démonstration : Soit A ce qui est propre et commun aux corps humain et à quelques corps extérieurs, et de plus ce qui se trouve également dans le corps humain et dans ces mêmes corps extérieurs, et enfin, ce qui est également dans chacune de leurs parties et dans leur ensemble ; Dieu aura l'idée adéquate de A (par le Corollaire de la Proposition 7, partie 2), en tant qu'il a l'idée du corps humain, aussi bien qu'en tant qu'il a celle des corps extérieurs dont il s'agit. Supposons maintenant que le corps humain soit modifié par un corps extérieur dans ce qu'il a de commun avec lui, par conséquent dans A, l'idée de cette affection enveloppera la propriété A (par la Proposition 16, partie 2) ; et par conséquent, l'idée de cette affection (par le Corollaire de la Proposition 7, partie 2), en tant qu'elle enveloppe la propriété A, sera adéquate en Dieu, en tant qu'il est affecté de l'idée du corps humain, c'est-à-dire (par la Proposition 13, partie 2), en tant qu'il constitue la nature de l'âme humaine ; par conséquent enfin (en vertu de la Proposition 11, partie 2), cette idée se trouvera dans l'âme humaine d'une façon adéquate.
C. Q. F. D.

Corollaire : Il suit de là que l'âme est propre à percevoir d'une manière adéquate un plus grand nombre de choses, suivant que son corps a plus de points communs avec les corps extérieurs.

Toutes les idées qui dans l'âme résultent d'idées adéquates sont adéquates elles-mêmes.

Démonstration : Cela est évident ; car dire que dans l'âme humaine une idée découle d'autres idées, ce n'est pas dire autre chose (par le Corollaire de la Proposition 11, partie 2) sinon que dans l'entendement divin lui-même il y idée dont Dieu est la cause, non pas en tant qu'infini, ni en tant qu'il est affecté de l'idée de plusieurs choses particulières, mais on tant seulement qu'il constitue l'essence de l'âme humaine.

Scolie I : Je viens d'expliquer la cause de ces notions qu'on nomme *communes,* et qui sont les bases du raisonnement. Mais il y a d'autres causes de certains axiomes ou notions qu'il serait dans notre sujet d'expliquer ici par la méthode que nous suivons ; car on verrait par là quelles sont parmi toutes ces notions celles qui ont vraiment une utilité supérieure, et celles qui ne sont presque d'aucun usage. On verrait aussi quelles sont celles qui sont communes à tous, et celles qui ne sont claires et distinctes que pour les esprits dégagés de la maladie des préjugés, celles enfin qui sont mal fondées. En outre, on apercevrait l'origine de ces notions qu'on nomme *secondes,* et par suite les axiomes, qui reposent sur elles, et plusieurs autres choses qui me sont venues en la pensée par la méditation de celles-ci. — Mais ayant destiné à un autre traité, tout cet ordre de considérations et craignant d'ailleurs de tomber dans une prolixité excessive, j'ai pris le parti de m'abstenir ici de toucher à cette matière.

Toutefois, comme je ne voudrais rien omettre en ce livre qu'il fût nécessaire de savoir, je dirai en peu de mots quelle est l'origine de ces termes qu'on appelle *transcendantaux,* comme *être, chose, quelque chose.* Ces termes viennent de ce que le corps humain, à cause de sa nature limitée, n'est capable de former à la fois, d'une manière distincte, qu'un nombre déterminé d'images (j'ai expliqué ce que c'est qu'une image dans le Scolie de la Proposition 17, partie 2). De telle façon que si ce nombre est dépassé, les images commencent de se confondre ; et s'il est dépassé plus encore, ces images se mêlent les unes avec les autres dans une confusion universelle. Or, on sait parfaitement (par le Corollaire de la Proposition 17 et la Proposition 18, partie 2) que l'âme humaine est capable d'imaginer à la fois d'une manière distincte un nombre de corps d'autant plus grand qu'il se peut former dans le corps humain plus d'images. Ainsi, dès que les images sont livrées dans le corps à une entière confusion, l'âme n'imagine plus les corps que d'une manière confuse et sans aucune distinction, et les comprend toutes comme dans un seul attribut, l'attribut être ou chose, etc.

Ces notions, du reste, peuvent être aussi expliquées par les divers degrés de force que reçoivent les images, et encore par d'autres causes analogues qu'il n'est pas besoin d'expliquer ici, puisqu'il suffit pour le but que nous poursuivons d'en considérer une seule, et que toutes reviennent à ceci, savoir, que les termes dont nous parlons ne désignent rien autre chose que les idées à leur plus haut degré de confusion. C'est par des causes semblables que se sont formées les notions qu'on nomme *universelles ;* par exemple, l'homme, le cheval, le chien, etc. Ainsi, il se produit à la fois dans le corps humain tant d'images d'hommes, que notre force imaginative, sans être épuisée entièrement, est pourtant affaiblie à ce point que l'âme humaine ne peut plus imaginer le nombre précis de ces images, ni les petites différences, de couleur, de grandeur, etc., qui distinguent chacune d'elles. Cela seul est distinctement imaginé qui est commun à toutes les images, en tant que le corps humain est affecté par elles ; et il en est ainsi, parce que ce dont le corps humain a été le plus affecté, c'est précisément ce qui est commun à toutes les images ; et c'est cela qu'on exprime par le mot *homme,* et qu'on affirme de tous les individus humains en nombre infini, le nombre déterminé des images échappant à l'imagination, comme nous l'avons déjà expliqué.

— Maintenant, il faut remarquer que ces notions ne sont pas formées de la même façon par tout le monde ; elles varient pour chacun, suivant ce qui dans les images a le plus souvent affecté son corps, et suivant ce que l'âme imagine ou rappelle avec plus de facilité. Par exemple, ceux qui ont souvent contemplé avec admiration la stature de l'homme entendent sous le nom d'homme un animal à stature droite ; ceux qui ont été frappés d'un autre caractère se forment de l'homme en général une autre image ; c'est un animal capable de rire, un animal bipède sans plumes, un animal raisonnable, et chacun se forme ainsi, suivant la disposition de son corps, des images générales des choses. Il n'y a donc rien de surprenant à ce que tant de controverses se soient élevées entre les philosophes qui ont voulu expliquer les choses naturelles par les seules images que nous nous en formons.

Scolie II : Il résulte clairement de tout ce qui précède que nous tirons un grand nombre de perceptions et toutes nos notions universelles :

1° des choses particulières que les sens représentent à l'intelligence d'une manière confuse, tronquée et sans aucun ordre (voir le Corollaire de la Proposition 29, partie 2) ; et c'est pourquoi je nomme d'ordinaire les perceptions de cette espèce, connaissance fournie par l'expérience vague ;

2° des signes, comme, par exemple, des mots que nous aimons à entendre ou à lire, et qui nous rappellent certaines choses, dont nous formons alors des idées semblables à celles qui ont d'abord représenté ces choses à notre imagination (voir le Scolie de la Proposition 18, partie 2) ; j'appellerai dorénavant ces deux manières d'apercevoir les choses, connaissance du premier genre, opinion ou imagination ;

3° enfin, des notions communes et des idées adéquates que nous avons des propriétés des choses (voir le Corollaire de la Proposition 38, la Proposition 39 et son Corollaire, et la Proposition 40, part. 2). J'appellerai cette manière d'apercevoir les choses, raison ou connaissance du second genre.

Outre ces deux genres de connaissances, on verra par ce qui suit qu'il en existe un troisième, que j'appellerai science intuitive. Celui-ci va de l'idée adéquate de l'essence formelle de certains attributs de Dieu à la connaissance adéquate de l'essence des choses.

J'expliquerai cela par un seul exemple. Trois nombres nous sont donnés, pour en obtenir un quatrième qui soit au troisième comme le second est au premier. Les marchands n'hésitent pas à multiplier le second par le troisième et à diviser le produit par le premier ; et cela par cette raison qu'ils n'ont pas encore oublié ce qui leur a été dit sans preuve par leur maître, ou bien parce qu'ils ont fait plusieurs épreuves de cette opération sur des nombres très simples, et enfin en vertu de la Démonstr. de la Proposition 19 du 7ᵉ livre d'Euclide, c'est-à-dire en vertu d'une propriété générale des proportions. — Mais tout cela est inutile si on opère sur des nombres très simples. Soit, par exemple, les trois nombres en question, 1, 2, 3 : il n'y a personne qui ne voie que le quatrième nombre de cette proportion est 6, et cette démonstration est d'une clarté supérieure à toute autre, parce que nous concluons le quatrième terme du rapport qu'une seule intuition nous a montré entre le premier et le second.

Proposition 41

La connaissance du premier genre est l'unique cause de la fausseté des idées ; celle du second et du troisième genre est nécessairement vraie.

Démonstration : A la connaissance du premier genre se rapportent, comme nous l'avons dit dans le précédent Scolie, toutes les idées inadéquates et confuses ; elle est donc (par la Proposition 35, partie 2) l'unique cause de la fausseté des idées. Au contraire, les idées adéquates se rapportent à la connaissance du second et du troisième genre ; et par conséquent (en vertu de la Proposition 34, partie 2) elle est nécessairement vraie.

C. Q. F. D.

Proposition 42

C'est la connaissance du second et du troisième genre et non celle du premier genre qui nous apprennent à distinguer le vrai du faux.

Démonstration : Cette proposition est évidente d'elle-même. Quiconque, en effet, sait distinguer le vrai d'avec le faux doit avoir du vrai et du faux une idée adéquate ; par conséquent (en vertu du Scolie 2 de la Proposition 40, partie 2), connaître le vrai et le faux d'une connaissance du second ou du troisième genre.

Proposition 43

Celui qui a une idée vraie sait, en même temps, qu'il a cette idée et ne peut douter de la vérité de la chose qu'elle représente.

Démonstration : Une idée vraie dans l'âme humaine, c'est une idée qui est en Dieu d'une manière adéquate en tant que sa nature est exprimée par la nature humaine (par le Corollaire de la Proposition 11, partie 2). Supposons donc en Dieu, en tant qu'il est exprimé par la nature de l'âme humaine, l'idée adéquate A. Il doit y avoir également en Dieu l'idée A, laquelle a le même rapport avec Dieu que A elle-même (par la Proposition 20, partie 2, dont la démonstration est générale). Or, l'idée A se rapporte, par l'hypothèse, à Dieu en tant qu'il est exprimé par la nature de l'âme humaine. Donc l'idée de A aura avec Dieu le même rapport, c'est-à-dire (par le Corollaire de la Proposition 11, partie 2) que cette idée adéquate de l'idée A sera aussi dans cette âme qui possède déjà l'idée A ; par conséquent, celui qui a une idée adéquate, en d'autres termes (par la Proposition 34, part. 2), celui qui connaît une chose selon sa vraie nature, doit avoir en même temps de sa connaissance une idée adéquate, c'est-à-dire une connaissance vraie, et par une suite évidente posséder la certitude.

C. Q. F. D.

Scolie : J'ai expliqué (dans le Scolie de la Proposition 21, part. 2) en quoi consiste l'idée d'une idée. Mais il faut remarquer que la précédente proposition est, de soi, assez évidente. Il n'est personne, en effet, qui, ayant une idée vraie, ignore qu'une idée vraie enveloppe la certitude ; car qu'est-ce qu'avoir une idée vraie ? c'est connaître parfaitement, ou aussi bien que possible, une chose. On ne peut donc nous contredire ici, à moins de s'imaginer qu'une idée est une chose muette et inanimée, comme une peinture, et non un mode de la pensée, et l'acte même du penser. D'ailleurs, je le demande, qui peut savoir qu'il comprend une certaine chose, si déjà il ne l'a comprise ? En d'autres termes, si déjà vous n'êtes certain d'une chose, comment pouvez-vous savoir que vous en êtes certain ? Et puis, quelle règle de vérité trouvera-t-on plus claire et plus certaine qu'une idée vraie ? Certes, de même que la lumière se montre soi-même et avec soi montre les ténèbres, ainsi la vérité est à elle-même son *criterium* et elle est aussi celui de l'erreur.

Cela suffit, à mon avis, pour répondre à tout cet ordre de questions. Si, en effet, une idée vraie ne se distingue d'une idée fausse que par sa convenance avec son objet, il en résulte donc qu'une idée vraie ne surpasse pas une idée fausse en réalité et en perfection (du moins quand on ne considère que leurs dénominations intrinsèques), et il y a la même égalité de perfection entre un homme qui a des idées vraies et celui qui en a de fausses. De plus, d'où vient que les hommes ont des idées fausses ? Enfin, comment un homme saura-t-il qu'il a des idées qui sont d'accord avec leurs objets ? Pour moi, je répète que je crois avoir déjà répondu à ces questions ; car, pour ce qui est de la différence entre une idée vraie et une idée fausse, il résulte de la Proposition 35, partie 2, que celle-là est par rapport à celle-ci comme l'être au non-être. Quant aux causes de la fausseté des idées, je les ai expliquées (depuis la Proposition 19 jusqu'à la Proposition 35 avec son Scolie), et cela de la manière la plus claire. On voit aussi par ces principes la différence qui sépare l'homme qui a des idées vraies et celui qui n'a que des idées fausses. Reste le dernier point que j'ai touché : comment un homme pourra-t-il savoir qu'il a une idée vraie, laquelle s'accorde avec son objet ? Or, j'ai expliqué plus que suffisamment tout à l'heure que l'on devra savoir qu'on a une telle idée par cela seul qu'on aura cette même idée, la vérité étant d'elle-même son propre signe. Ajoutez à cela que notre âme, en tant qu'elle perçoit les choses suivant leur vraie nature, est une partie de l'entendement infini de Dieu (par le Corollaire de la Proposition 11, partie 2) ; par conséquent, il est nécessaire que les idées claires et distinctes de notre âme soient vraies comme celles de Dieu même.

Proposition 44

Il n'est point de la nature de la raison de percevoir les choses comme contingentes, mais bien comme nécessaires.

Démonstration : Il est de la nature de la raison de percevoir les choses selon leur vraie nature (par la Proposition 41, partie 2), c'est-à-dire (par l'Axiome 6, partie 1) telles qu'elles sont, par conséquent (en vertu de la Proposition 29) comme nécessaires, et non point comme contingentes.

C. Q. F. D.

Corollaire I : Il suit de là que c'est la seule imagination qui nous fait percevoir les choses comme contingentes, au regard du passé comme au regard de l'avenir.

Scolie : Comment en est-il ainsi ? C'est ce que je vais expliquer en peu de mots. Nous avons vu plus haut (Proposition 17, partie 2, et son Corollaire) que l'âme imagine toujours les choses comme lui étant présentes, quoiqu'elles n'existent pas, à moins que certaines causes ne viennent à agir, qui excluent leur existence présente. Nous avons montré ; ensuite (Proposition 18, partie 2) que si le corps humain a été une fois affecté simultanément par deux corps extérieurs, aussitôt que l'âme vient à imaginer l'un d'entre eux, elle se souvient à l'instant de l'autre, c'est-à-dire les aperçoit tous deux comme lui étant présents, à moins que par l'action de certaines causes leur existence présente ne se trouve exclue. En outre, personne ne conteste que nous n'imaginions aussi le temps, par cela même que nous venons à imaginer que certains corps se meuvent plus lentement ou plus rapidement les uns que les autres ou avec une égale rapidité. Supposons maintenant qu'un enfant qui aurait vu hier, pour la première fois, le matin Pierre, à midi Paul et le soir Siméon, voie ce matin Pierre pour la seconde fois. Il résulte évidemment de la Proposition 18, partie 2, qu'aussitôt qu'il verra la lumière du matin, il imaginera aussitôt le soleil parcourant la même partie du ciel qu'il lui a vu parcourir la veille ; il imaginera donc le jour tout entier, et en même temps, avec le matin Pierre, avec l'heure du midi Paul, avec le soir Siméon ; en d'autres termes, il imaginera Paul et Siméon avec une relation au temps futur. Au contraire, si on suppose qu'il voie Siméon le soir, il rapportera Paul et Siméon au temps passé, les imaginant l'un et l'autre avec le temps passé d'une manière simultanée. Et tout cela se produira d'autant plus régulièrement que l'enfant dont nous parlons aura vu plus souvent ces trois personnes dans le même ordre. Que s'il arrive, un soir, qu'au lieu de voir Siméon, il voit Jacob, le lendemain matin il ne joindra plus à l'idée du soir la personne seule de Siméon, niais tantôt Siméon, tantôt Jacob, et non pas tous deux à la fois ; car, d'après l'hypothèse, il a vu le soir tantôt l'un, tantôt l'autre, et non pas tous deux à la fois. Voilà donc son imagination livrée à une sorte de fluctuation et joignant à l'idée du soir ou celui-ci ou celui-là, c'est-à-dire aucun d'eux d'une manière certaine, de façon qu'il les aperçoit l'un et l'autre comme des futurs contingents. Or, cette même fluctuation aura lieu de la même manière chaque fois que nous imaginerons cet ordre de choses que nous concevons également en relation avec le temps passé ou le temps présent ; et en conséquence toutes choses que nous rapportons aussi bien au présent qu'au passé et au futur, nous les imaginerons comme contingentes.

53

Corollaire II : Il est de la nature de la raison de percevoir les choses sous la forme de l'éternité.

Démonstration : En effet, il est de la nature de la raison de percevoir les choses comme nécessaires et non comme contingentes (par la Proposition précédente). Or, cette nécessité des choses, la raison la perçoit selon le vrai (par la Proposition 41, partie 2), c'est-à-dire (par L'Axiome 6, partie 1) telle qu'elle est en soi. De plus (par la Proposition 16, partie 1), cette nécessité des choses est la nécessité même de l'éternelle nature de Dieu. Il est donc de la nature de la raison d'apercevoir les choses sous la forme de l'éternité. Ajoutez à cela que les fondements de la raison, ce sont (par la Proposition 38, partie 2) ces notions qui contiennent ce qui est commun à toutes choses, et n'expliquent l'essence d'aucune chose particulière (par la Proposition 37, partie 2), notions qui, par conséquent, doivent être conçues hors de toute relation de temps et sous la forme de l'éternité. C. Q. F. D.

Proposition 45

Toute idée d'un corps ou d'une chose particulière quelconque existant en acte enveloppe nécessairement l'essence éternelle et infinie de Dieu.

Démonstration : L'idée d'une chose particulière et qui existe en acte enveloppe nécessairement tant l'essence que l'existence de cette chose (par le Corollaire de la Proposition 8, partie 2). Or ; les choses particulières (par la Proposition 15, partie 1) ne peuvent être conçues sans Dieu ; et comme elles ont Dieu pour cause (par la Proposition 6, partie 2), en tant que Dieu est considéré sous le point de vue de l'attribut dont elles sont les modes, l'idée de ces mêmes choses (par l'Axiome 4, partie 1) doit envelopper le concept de l'attribut auquel elles se rapportent, et par conséquent (en vertu de la Définition 6, partie 1) l'essence infinie et éternelle de Dieu.

C. Q. F. D.

Scolie : Je n'entends pas ici par existence la durée, c'est-à-dire l'existence conçue d'une manière abstraite, comme une forme de la quantité. Je parle de la nature même de l'existence qu'on attribue aux choses particulières, à cause qu'elles découlent en nombre infini et avec une infinité de modifications de la nécessité éternelle de la nature de Dieu (voir la Proposition 16, partie 1). Je parle, dis-je, de l'existence même des choses particulières, en tant qu'elles sont en Dieu. Car, quoique chacune d'elles soit déterminée par une autre d'exister d'une certaine manière, la force par laquelle elle persévère dans l'être suit de l'éternelle nécessité de la nature de Dieu. (Sur ce point, voyez le Corollaire de la Proposition 24, partie 1.).

Proposition 46

La connaissance de l'essence éternelle et infinie de Dieu que toute idée enveloppe est adéquate et parfaite.

Démonstration : La démonstration de la précédente proposition est générale ; et soit que l'on considère une chose comme partie ou comme tout, l'idée de cette chose, idée d'une partie ou d'un tout, peu importe, enveloppera l'essence éternelle et infinie de Dieu. Par conséquent, ce qui donne la connaissance de l'infinie et éternelle essence de Dieu est commun à toutes choses, et se trouve également dans la partie et dans le tout : d'où il suit (par la Proposition 38, partie 2) que cette connaissance est adéquate.

C. Q. F. D.

L'âme humaine a une connaissance adéquate de l'infinie et éternelle essence de Dieu.

Démonstration : L'âme humaine a des idées (par la Proposition 22, partie 2) par lesquelles (en vertu de la Proposition 23, partie 2) elle se connaît elle-même ainsi que son corps (par la Proposition 19, partie 2), et les corps extérieurs (par le Corollaire de la Proposition 16 et par la Proposition 17, partie 2), le tout comme existant en acte. Donc (par les Proposition 45 et 46, partie 2), elle a une connaissance adéquate de l'infinie et éternelle essence de Dieu.

Scolie : Nous voyons par là que l'essence infinie de Dieu et son éternité sont choses connues de tous les hommes. Or, comme toutes choses sont en Dieu et se conçoivent par Dieu, il s'ensuit que nous pouvons de cette connaissance en déduire beaucoup d'autres qui sont adéquates de leur nature, et former ainsi ce troisième genre de connaissance dont nous avons parlé (dans le Scolie 2 de la Proposition 40, partie 2), et dont vous aurons à montrer dans la partie cinquième la supériorité et l'utilité. Mais comme tous les hommes n'ont pas une connaissance également claire de Dieu et des notions communes, il arrive qu'ils ne peuvent imaginer Dieu comme ils font les corps, et qu'ils ont uni le nom de Dieu aux images des choses que leurs yeux ont coutume de voir, et c'est là une chose que les hommes ne peuvent guère éviter, parce qu'ils sont continuellement affectés par les corps extérieurs. Du reste, la plupart des erreurs viennent de ce que nous n'appliquons pas convenablement les noms des choses. Si quelqu'un dit, par exemple, que les lignes menées du centre d'un cercle à sa circonférence sont inégales, il est certain qu'il entend autre chose que ce que font les mathématiciens. De même, celui qui se trompe dans un calcul a dans l'esprit d'autres nombres que sur le papier. Si donc vous ne faites attention qu'à ce qui se passe dans son esprit, assurément il ne se trompe pas ; et néanmoins il semble se tromper parce que nous croyons qu'il a dans l'esprit les mêmes nombres qui sont sur le papier. Sans cela nous ne penserions pas qu'il fût dans l'erreur, comme je n'ai pas cru dans l'erreur un homme que j'ai entendu crier tout à l'heure : *Ma maison s'est envolée dans la poule de mon voisin ;* par la raison que sa pensée véritable me paraissait assez claire. Et de là viennent la plupart des controverses, je veux dire de ce que les hommes n'expliquent pas bien leur pensée et interprètent mal celle d'autrui au plus fort de leurs querelles ; ou bien ils ont les mêmes sentiments, ou, s'ils en ont de différents, les erreurs et les absurdités qu'ils s'imputent les uns aux autres n'existent pas.

Il n'y a point dans l'âme de volonté absolue ou libre ; mais l'âme est déterminée à vouloir ceci ou cela par une cause, qui elle-même est déterminée par une autre, et celle-ci encore par une autre, et ainsi à l'infini.

Démonstration : L'âme est un certain mode déterminé de la pensée (par la Proposition 11, partie 2), et en conséquence elle ne peut être (par le Corollaire 2 de la Proposition 17, partie 1) une cause libre, ou en d'autres termes posséder la faculté absolue de vouloir ou de ne pas vouloir ; mais elle est déterminée à vouloir ceci ou cela par une cause qui elle-même est déterminée par une autre, et celle-ci encore par une autre, etc.

C. Q. F. D.

Scolie : On démontrerait de la même manière qu'il n'y a dans l'âme humaine aucune faculté absolue de comprendre, de désirer, d'aimer, etc. D'où il suit que ces facultés et toutes celles du même genre, ou bien, sont purement fictives, ou ne représentent autre chose que des êtres métaphysiques ou universels que nous avons l'habitude de former à l'aide des choses particulières. Ainsi donc, l'entendement et la volonté ont avec telle ou telle idée, telle ou telle volition, le même rapport que la *pierréité* avec telle ou telle pierre, l'homme avec Pierre ou Paul. Maintenant, pourquoi les hommes sont-ils jaloux d'être libres ? c'est ce que nous avons expliqué dans l'appendice de la première partie. Mais, avant d'aller plus loin, il faut noter ici que par volonté j'entends la faculté d'affirmer ou de nier, et non le désir ; j'entends, dis-je, la faculté par laquelle l'âme affirme ou nie ce qui est vrai ou ce qui est faux, et non celle de ressentir le désir ou l'aversion. Or comme nous avons démontré que ces facultés sont des notions universelles qui ne se distinguent pas des actes particuliers à l'aide desquels nous les formons, la question est maintenant de savoir si les volitions elles-mêmes ont quelque réalité indépendante des idées que nous avons des choses. La question, dis-je, est de savoir s'il y a dans l'âme une autre affirmation ou une autre négation au-delà de celle que l'idée enveloppe en tant qu'idée ; et sur ce point, voyez la Proposition suivante ainsi que la Définition 3, partie 2, afin de ne pas prendre la pensée pour une sorte de peinture des choses. Car je n'entends point par idée les images qui se forment dans le fond de l'œil ou, si l'on veut, au centre du cerveau, mais les concepts de la pensée.

Proposition 49

Il n'y a dans l'âme aucune autre volition, c'est-à-dire aucune autre affirmation ou négation, que celle que l'idée, en tant qu'idée, enveloppe.

Démonstration : Il n'y a dans l'âme (par la Proposition précédente) aucune faculté absolue de vouloir ou de ne pas vouloir, mais seulement des volitions particulières, comme telle ou telle affirmation, telle ou telle négation. Supposons donc une certaine volition particulière, par exemple, ce mode de la pensée par lequel l'âme affirme que les trois angles d'un triangle sont égaux à deux droits. Cette affirmation enveloppe le concept ou l'idée du triangle, c'est-à-dire ne peut être conçue sans l'idée du triangle ; car c'est même chose de dire : A doit envelopper B, ou bien : A ne peut pas être conçu sans B. Maintenant (d'après l'Axiome 3, partie 2) cette affirmation ne peut exister sans l'idée du triangle. Elle ne peut donc ni être conçue, ni exister sans cette idée. De même, l'idée du triangle doit envelopper cette même affirmation, que les trois angles du triangle sont égaux à deux droits ; de sorte que, réciproquement, elle ne peut ni exister, ni être conçue sans elle : par conséquent (en vertu de la Définition 2, partie 2) cette affirmation se rapporte à l'essence de l'idée du triangle, et n'est absolument rien autre chose. Or, ce que nous disons de cette volition (que nous avons prise comme toute autre), il faut le dire aussi de toute volition quelconque, savoir qu'elle n'est rien de distinct de l'idée.

C. Q. F. D.

Corollaire : La volonté et l'entendement sont une seule et même chose.

Démonstration : La volonté et l'entendement ne sont rien de distinct des volitions et des idées particulières elles-mêmes (par la Proposition 48 et son Scolie). Or (par la Proposition précédente) une volition et une idée, c'est une seule et même chose ; par conséquent aussi la volonté et l'entendement.

C. Q. F. D.

Scolie : Par la proposition qu'on vient de lire, nous avons renversé l'explication que l'on donne communément de la cause de l'erreur. Nous avons montré plus haut que l'erreur consiste uniquement dans la privation de connaissance qu'enveloppent les idées mutilées et confuses. C'est pourquoi une idée fausse en tant que fausse n'enveloppe pas la certitude. Aussi, quand nous disons qu'un homme acquiesce à l'erreur ou qu'il y croit sans mélange de doute, nous ne disons pas pour cela qu'il est certain, mais seulement qu'il acquiesce à l'erreur ou qu'il n'en doute pas, aucune cause ne jetant son imagination dans l'incertitude. Du reste on peut sur ce point consulter le Scolie de la Proposition 44, partie 2. Ainsi donc, nous ne dirons jamais d'un homme qu'il est certain, si grande que puisse être son erreur ; nous entendons en effet, par certitude, quelque chose de positif (voyez la Proposition 43, partie 2, et son Scolie) et non une simple privation de doute ; or l'erreur, c'est pour nous la privation de certitude. Mais nous devons encore, pour que l'explication de la proposition précédente soit plus complète, ajouter ici quelques remarques. Nous devons aussi répondre aux objections qu'on peut élever contre notre doctrine. Enfin, pour écarter tout scrupule, il ne sera pas hors de propos de faire connaître quelques-unes des suites utiles que cette doctrine doit avoir ; je dis quelques-unes, car le plus grand nombre se comprendra beaucoup mieux par ce que nous dirons dans la 5 e partie.

En commençant mon premier point, j'avertis le lecteur de distinguer soigneusement entre une idée ou un concept de l'âme et les images des choses, telles que les forme notre imagination. Il est nécessaire en outre de faire distinction entre les idées et les mots par lesquels nous exprimons les réalités. Car les images, les mots et les idées, voilà trois choses que plusieurs confondent totalement, ou qu'ils ne distinguent pas avec assez de soin ou du moins assez de précaution, et c'est pour cela qu'ils ont complètement ignoré cette théorie de la volonté, si nécessaire à connaître pourtant, soit pour la vérité de la spéculation, soit pour la sagesse de la pratique. Lorsqu'en effet on pense que les idées consistent en images formées dans notre âme par la rencontre des objets corporels, toutes les idées de ces choses dont il est impossible de se représenter une image ne paraissent plus de véritables idées, mais de pures fictions, ouvrage de notre libre volonté. On ne considère ces idées que comme des figures muettes tracées sur un tableau, et la préoccupation produite par ce préjugé empêche de voir que toute idée, en tant qu'idée, enveloppe l'affirmation ou la négation.

De plus ceux qui confondent les mots avec l'idée, ou avec l'affirmation que l'idée enveloppe, croient qu'ils peuvent opposer leur volonté à leurs pensées, quand ils n'opposent à leur pensée que des affirmations ou des négations purement verbales.

On se dépouillera aisément de ces préjugés si l'on fait attention à la nature de la pensée qui n'enveloppe nullement le concept de l'étendue ; et alors on comprendra clairement qu'une idée (en tant qu'elle est un mode de la pensée) ne consiste ni dans l'image d'une chose, ni dans des mots. Car ce qui constitue l'essence des mots et des images, ce sont des mouvements corporels, qui n'enveloppent nullement le concept de la pensée.

Mais ces quelques observations peuvent suffire sur ces objets, et je passe aux objections que j'ai annoncées : la première vient de ce qu'on tient pour constant que la volonté s'étend plus loin que l'entendement, et que c'est pour cette raison qu'elle ne s'accorde pas avec lui. Et ce qui fait penser que la volonté s'étend plus loin que l'entendement, c'est qu'on est assuré, dit-on, par l'observation de soi-même, que l'homme n'a pas besoin, pour porter des jugements sur une infinité de choses qu'il ne perçoit pas, d'une puissance de juger, c'est-à-dire d'affirmer ou de nier, plus grande que celle qu'il possède actuellement, au lieu qu'il lui faudrait une plus grande puissance de percevoir. La volonté est donc distinguée de l'entendement, parce que celui-ci est fini, celle-là, au contraire, infinie. On peut nous objecter, en second lieu, que s'il est une chose que l'expérience semble nous enseigner clairement, c'est que nous pouvons suspendre notre jugement, et ne point adhérer aux choses que nous percevons ; aussi on ne dira jamais qu'une personne se trompe en tant qu'elle perçoit un certain objet, mais en tant seulement qu'elle y donne son assentiment ou l'y refuse. Par exemple, celui qui se représente un cheval ailé ne prétend pas pour cela qu'un cheval ailé existe réellement ; en d'autres termes, il ne se trompe que si, au moment qu'il se représente un cheval ailé, il lui attribue la réalité. Il paraît donc que rien au monde ne résulte plus clairement de l'expérience que la liberté de notre volonté, c'est-à-dire de notre faculté de juger, laquelle est conséquemment différente de la faculté de concevoir. La troisième objection qu'on nous peut faire, c'est qu'une affirmation ne paraît pas contenir plus de réalité qu'une autre affirmation quelconque ; en d'autres termes, il ne semble pas que nous ayons besoin d'un pouvoir plus grand pour assurer qu'un chose vraie est vraie, que pour affirmer la vérité d'une chose fausse ; tandis qu'au contraire nous comprenons qu'une idée a plus de réalité ou de perfection qu'une autre idée ; à mesure en effet que les objets sont plus relevés, leurs idées sont plus parfaites ; d'où résulte encore une différence entre l'entendement et la volonté. On nous demandera enfin, et c'est à la fois une question et une objection, ce qui arrivera, supposé que l'homme n'agisse point en vertu de la liberté et de sa volonté, dans le cas de l'équilibre absolu de l'âne de Buridan ? Périra-t-il de faim et de soif ? Si nous l'accordons, on nous dira que l'être dont nous parlons n'est point un homme, mais un âne, ou la statue d'un homme ; si nous le nions, voilà l'homme qui se détermine soi-même et a par conséquent le pouvoir de se mettre en mouvement et de faire ce qui lui plaît.

On pourrait nous adresser d'autres objections encore ; mais n'étant point tenu de débattre ici tous les songes que chacun peut faire sur ce sujet, je me bornerai à répondre aux quatre difficultés qui précèdent, et cela le plus brièvement possible. A la première objection, je réponds que j'accorde volontiers que la volonté s'étend plus loin que l'entendement, si par entendement l'on veut parler seulement des idées claires et distinctes ; mais je nie que notre volonté soit plus étendue que nos perceptions ou notre faculté de concevoir, et je ne vois point du tout pourquoi l'on dirait de la faculté de concevoir qu'elle est infinie plutôt qu'on ne le dit de la faculté de sentir ; de même en effet que nous pouvons, avec la même faculté de vouloir, affirmer une infinité de choses (l'une après l'autre, bien entendu, car nous pouvons en affirmer à la fois un nombre infini), ainsi, avec la même faculté de sentir, nous pouvons sentir ou percevoir une infinité de corps (bien entendu toujours, l'un après l'autre). Que si l'on soutient qu'il y a une infinité de choses que nous ne pouvons percevoir, je dirai à mon tour que nous ne pouvons atteindre ces mêmes choses par aucune pensée, et conséquemment par aucun acte de volonté. Mais, dit-on, si Dieu voulait faire que nous en eussions la perception, il devrait nous donner une plus grande faculté de percevoir, et non pas une plus grande faculté de vouloir que celle qu'il nous a donnée. Cela revient à dire que si Dieu voulait nous faire connaître une infinité d'êtres que nous ne connaissons pas actuellement, il serait nécessaire qu'il nous donnât un entendement plus grand, mais non pas une idée de l'être plus générale, pour embrasser cette infinité d'êtres ; car nous avons montré que la volonté est un être universel ou une idée par laquelle nous expliquons toutes les volitions particulières, c'est-à-dire ce qui leur est commun. Or, nos contradicteurs se persuadant que cette idée universelle, commune à toutes les volitions, est une faculté, il n'est point surprenant qu'ils soutiennent que cette faculté s'étend à l'infini au-delà des limites de l'entendement, puisque l'universel se dit également d'un seul individu, de plusieurs, d'une infinité.

Ma réponse à la seconde objection, c'est que je nie que nous ayons le libre pouvoir de suspendre notre jugement. Quand nous disons en effet qu'une personne suspend son jugement, nous ne disons rien autre chose sinon qu'elle ne perçoit pas d'une façon adéquate l'objet de son intuition. La suspension du jugement, c'est donc réellement un acte de perception, et non de libre volonté. Pour éclaircir ce point, concevez un enfant qui se représente un cheval et ne perçoit rien de plus. Cet acte d'imagination enveloppant l'existence du cheval (par le Corollaire de la Proposition 17, partie 2), et l'enfant ne percevant rien qui marque la non-existence de ce cheval, il apercevra nécessairement ce cheval comme présent, et ne pourra concevoir aucun doute, sur sa réelle existence, lien qu'il n'en soit pas certain.

Il nous arrive chaque jour quelque chose d'analogue dans les songes, et je ne crois pas que personne se puisse persuader qu'il possède, tandis qu'il rêve, le libre pouvoir de suspendre son jugement sur les objets de ses songes, et de faire qu'il ne rêve point en effet ce qu'il rêve ; et toutefois, pendant les songes, on suspend quelquefois son jugement, par exemple quand il arrive de rêver qu'on rêve. Ainsi donc j'accorde que personne ne se trompe en tant qu'il perçoit, c'est-à-dire que les représentations de l'âme, considérées en elles-mêmes, n'enveloppent aucune erreur (voir le Scolie de la Proposition 17, part, 2) ; mais je nie qu'il soit possible de percevoir sans affirmer. Percevoir un cheval ailé, qu'est-ce autre chose en effet qu'affirmer de ce cheval qu'il a des ailes ? Car enfin si l'âme ne percevait rien de plus que ce cheval ailé, elle le verrait comme présent, sans avoir aucune raison de douter de son existence, ni aucune puissance de refuser son assentiment ; et les choses ne peuvent se passer autrement, à moins que cette représentation d'un cheval ailé ne soit associée à une idée qui exprime qu'un tel cheval n'existe pas ; en d'autres termes, à moins que l'âme ne comprenne que l'idée qu'elle se forme d'un cheval ailé est une idée inadéquate ; et alors elle devra nécessairement nier l'existence de ce cheval ailé, ou la mettre en doute.

Par les réflexions qu'on vient de lire je crois avoir répondu d'avance à la troisième objection. Qu'est-ce en effet que la volonté ? Quelque chose d'universel qui convient en effet à toutes les idées particulières et ne représente rien de plus que ce qui leur est commun, savoir l'affirmation, d'où il résulte que l'essence adéquate de la volonté, ainsi considérée d'une manière abstraite, doit se retrouver dans chaque idée particulière et s'y retrouver toujours la même ; mais cela n'est vrai que sous ce point de vue, et cela cesse d'être vrai quand on considère la volonté connue constituant l'essence de telle ou telle idée ; car alors les affirmations particulières diffèrent l'une de l'autre tout autant que les idées : par exemple, l'affirmation enveloppée dans l'idée du cercle diffère de celle qui est enveloppée dans l'idée du triangle, exactement comme ces deux idées diffèrent entre elles. Enfin, je nie absolument que nous ayons besoin d'une puissance de penser égale, pour affirmer que ce qui est vrai est vrai, et pour affirmer que ce qui est faux est vrai ; car ces deux affirmations, si vous les rapportez à l'âme, ont le même rapport l'une avec l'autre que l'être avec le non être, puisque ce qui constitue l'essence de l'erreur dans les idées n'est rien de positif (voyez la Proposition 35, partie 2, avec son Scolie, et le Scolie de la Proposition 47, partie 2). Et c'est bien ici le lieu de remarquer combien il est aisé de se tromper, quand on confond les universaux avec les choses particulières, les êtres de raison et les choses abstraites avec les réalités.

Enfin, quant à la quatrième objection, j'ai à dire que j'accorde parfaitement qu'un homme, placé dans cet équilibre absolu qu'on suppose (c'est-à-dire qui, n'ayant d'autre appétit que la faim et la soif, ne perçoit que deux objets, la nourriture et la boisson, également éloignés de lui) ; j'accorde, dis-je, que cet homme périra de faim et de soif. On me demandera sans doute quel cas il faut faire d'un tel homme et si ce n'est pas plutôt un âne qu'un homme. Je répondrai que je ne sais pas non plus, et véritablement je ne le sais pas, quel cas il faut faire d'un homme qui se pend, d'un enfant, d'un idiot, d'un fou, etc.

Il ne me reste plus qu'à montrer combien la connaissance de cette théorie de l'âme humaine doit être utile pour la pratique de la vie. Il suffit pour cela des quelques observations que voici : 1° suivant cette théorie, nous n'agissons que par la volonté de Dieu, nous participons de la nature divine, et cette participation est d'autant plus grande que nos actions sont plus parfaites et que nous comprenons Dieu davantage ; or, une telle doctrine, outre qu'elle porte dans l'esprit une tranquillité parfaite, a cet avantage encore qu'elle nous apprend en quoi consiste notre souveraine félicité, savoir, dans la connaissance de Dieu, laquelle ne nous porte à accomplir d'autres actions que celles que nous conseillent l'amour et la piété. Par où il est aisé de comprendre combien s'abusent sur le véritable prix de la vertu ceux qui, ne voyant en elle que le plus haut degré de l'esclavage, attendent de Dieu de grandes récompenses pour salaire de leurs actions les plus excellentes ; comme si la vertu et l'esclavage en Dieu n'étaient pas la félicité même et la souveraine liberté. 2° Notre système enseigne aussi comment il faut se comporter à l'égard des choses de la fortune, je veux dire de celles qui ne sont pas en notre pouvoir, en d'autres termes, qui ne résultent pas de notre nature ; il nous apprend à attendre et à supporter d'une âme égale l'une et l'autre fortune ; toutes choses en effet résultent de l'éternel décret de Dieu avec une absolue nécessité, comme il résulte de l'essence d'un triangle que ses trois angles soient égaux en somme à deux droits. 3° Un autre point de vue sous lequel notre système est encore utile à la vie sociale, c'est qu'il apprend à être exempt de haine et de mépris, à n'avoir pour personne ni moquerie, ni envie, ni colère. Il apprend aussi à chacun à se contenter de ce qu'il a et à venir au secours des autres, non par une vaine pitié de femme par préférence, par superstition, mais par l'ordre seul de la raison, et en gardant l'exacte mesure que le temps et la chose même prescrivent. 4° Voici enfin un dernier avantage de notre système, et qui se rapporte à la société politique ; nous faisons profession de croire que l'objet du gouvernement n'est pas de rendre les citoyens esclaves, mais de leur faire accomplir librement les actions qui sont les meilleures.

Je ne pousserai pas plus loin ce que j'avais dessein d'exposer dans ce scholie, et je termine ici ma seconde partie. Je crois y avoir expliqué avec assez d'étendue et, autant que la difficulté de la matière le comporte, avec assez de clarté, la nature de l'âme humaine et ses propriétés : je crois y avoir donnée des principes d'où l'on peut tirer un grand nombre de belles conséquences, utiles à la vie, nécessaires à la science, et c'est ce qui sera établi, du moins en partie, par la suite de ce traité.

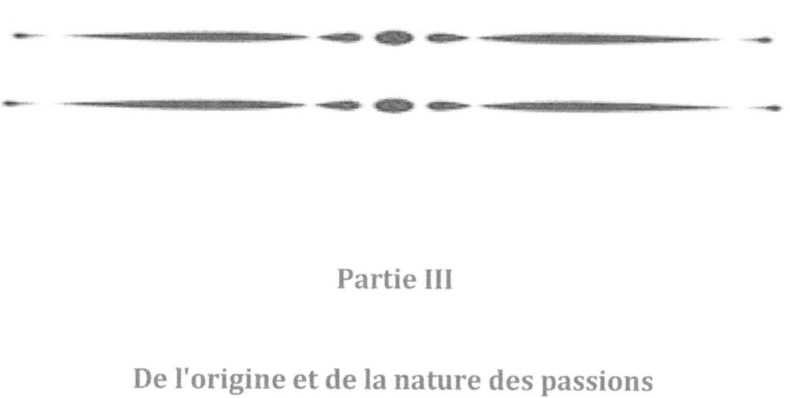

Partie III

De l'origine et de la nature des passions

Préface

Quand on lit la plupart des philosophes qui ont traité des passions et de la conduite des hommes, on dirait qu'il n'a pas été question pour eux de choses naturelles, réglées par les lois générales de l'univers, mais de choses placées hors du domaine de la nature. Ils ont l'air de considérer l'homme dans la nature comme un empire dans un autre empire. A les en croire, l'homme trouble l'ordre de l'univers bien plus qu'il n'en fait partie ; il a sur ses actions un pouvoir absolu et ses déterminations ne relèvent que de lui-même. S'il s'agit d'expliquer l'impuissance et l'inconstance de l'homme, ils n'en trouvent point la cause dans la puissance de la nature universelle, mais dans je ne sais quel vice de la nature humaine ; de là ces plaintes sur notre condition, ces moqueries, ces mépris, et plus souvent encore cette haine contre les hommes ; de là vient aussi que le plus habile ou le plus éloquent à confondre l'impuissance de l'âme humaine passe pour un homme divin. Ce n'est pas à dire que des auteurs éminents (dont j'avoue que les travaux et la sagacité m'ont été très utiles) n'aient écrit un grand nombre de belles choses sur la manière de bien vivre, et n'aient donné aux hommes des conseils pleins de prudence ; mais personne que je sache n'a déterminé la véritable nature des passions, le pouvoir qu'elles ont sur l'âme et celui dont l'âme dispose à son tour pour les modérer. Je sais que l'illustre Descartes, bien qu'il ait cru que l'âme a sur ses actions une puissance absolue, s'est attaché à expliquer les passions humaines par leurs causes premières, et à montrer la voie par où l'âme peut arriver à un empire absolu sur ses passions ; mais, à mon avis du moins, ce grand esprit n'a réussi à autre chose qu'à montrer son extrême pénétration, et je me réserve de prouver cela quand il en sera temps.

Je reviens à ceux qui aiment mieux prendre en haine ou en dérision les passions et les actions des hommes que de les comprendre. Pour ceux-là, sans doute, c'est une chose très surprenante que j'entreprenne de traiter des vices et des folies des hommes à la manière des géomètres, et que je veuille exposer, suivant une méthode rigoureuse et dans un ordre raisonnable, des choses contraires à la raison, des choses qu'ils déclarent à grands cris vaines, absurdes, dignes d'horreur. Mais qu'y faire ? cette méthode est la mienne. Rien n'arrive, selon moi, dans l'univers qu'on puisse attribuer à un vice de la nature. Car la nature est toujours la même ; partout elle est une, partout elle a même vertu et même puissance ; en d'autres termes, les lois et les règles de la nature, suivant lesquelles toutes choses naissent et se transforment, sont partout et toujours les mêmes, et en conséquence, on doit expliquer toutes choses, quelles qu'elles soient, par une seule et même méthode, je veux dire par les règles universelles de la nature.

Il suit de là que les passions, telles que la haine, la colère, l'envie, et autres de cette espèce, considérées en elles-mêmes, résultent de la nature des choses tout aussi nécessairement que les autres passions ; et par conséquent, elles ont des causes déterminées qui servent à les expliquer ; elles ont des propriétés déterminées tout aussi dignes d'être connues que les propriétés de telle ou telle autre chose dont la connaissance a le privilège exclusif de nous charmer.

Je vais donc traiter de la nature des passions, de leur force, de la puissance dont l'âme dispose à leur égard, suivant la même méthode que j'ai précédemment appliquée à la connaissance de Dieu et de l'âme, et j'analyserai les actions et les appétits des hommes, comme s'il était question de lignes, de plans et de solides.

Définitions

I. J'appelle cause adéquate celle dont l'effet peut être clairement et distinctement expliqué par elle seule, et cause inadéquate ou partielle celle dont l'effet ne peut par elle seule être conçu.

II. Quand quelque chose arrive, en nous ou hors de nous, dont nous sommes la cause adéquate, c'est-à-dire (par la Définition précédente) quand quelque chose, en nous ou hors de nous, résulte de notre nature et se peut concevoir par elle clairement et distinctement, j'appelle cela agir. Quand, au contraire, quelque chose arrive en nous ou résulte de notre nature, dont nous ne sommes point cause, si ce n'est partiellement, j'appelle cela pâtir.

III. J'entends par *passions (affectus)* ces affections de corps *(affectiones)* qui augmentent ou diminuent, favorisent ou empêchent sa puissance d'agir, et j'entends aussi en même temps les idées de ces affections.

C'est pourquoi, si nous pouvons être cause adéquate de quelqu'une de ces affections, passion (affectus) exprime alors une action ; partout ailleurs, c'est une passion véritable.

Postulats

I. Le Corps humain peut être affecté de plusieurs modifications par lesquelles sa puissance d'agir est augmentée ou diminuée, et aussi d'autres modifications qui ne rendent sa puissance d'agir ni plus grand, ni plus petite.

Ce Postulat ou Axiome est fondé sur le Postulat 1 et les Lemme 5 et 6, qu'on peut voir après la Proposition 13 de la partie 2.

II. Le corps humain peut souffrir plusieurs changements et retenir néanmoins les impressions ou traces des choses (voir à ce sujet le Postulat 5, partie 2), et par suite leurs images (pour la définition desquelles, voyez le Scolie de la Proposition 17, partie 2).

Proposition 1

Notre âme fait certaines actions et souffre certaines passions ; savoir : en tant qu'elle a des idées adéquates, elle fait certaines actions ; et en tant qu'elle a des idées inadéquates, elle souffre certaines passions.

Démonstration : Les idées d'une âme quelconque sont, les unes adéquates, les autres mutilées et confuses (par le Scolie de la Proposition 40, partie 2). Or, les idées qui sont adéquates dans une certaine âme, sont adéquates en Dieu, en tant qu'il constitue l'essence de cette âme (par le Corollaire de la Proposition 11, partie 2) ; et quant à celles qui, dans l'âme, sont inadéquates, elles sont, comme les autres, adéquates en Dieu (par le même Corollaire), non pas, il est vrai, en tant seulement qu'il contient l'essence de cette âme, mais en tant qu'il contient aussi en même temps les autres âmes de l'univers.

Maintenant, une idée quelconque étant donnée, quelque effet doit nécessairement s'ensuivre (par la Proposition 36, partie 1) ; et cet effet, Dieu en est la cause adéquate (voyez la Définition 1, part. 3), non pas en tant qu'infini, mais en tant qu'affecté de l'idée donnée (voyez la Proposition 9, partie 2). Or, ce même effet dont Dieu est la cause, en tant qu'affecté d'une idée qui est adéquate en une certaine âme, cette âme en est aussi cause adéquate (par le Corollaire de la Proposition 11, partie 2). Donc notre âme, en tant qu'elle a des idées adéquates, doit (par la Définition 2, partie 3) nécessairement opérer quelque action. Et c'est là le premier point qu'il fallait démontrer. De plus, tout effet qui suit nécessairement d'une idée qui est adéquate en Dieu, en tant qu'il contient en soi non pas seulement l'âme d'un seul l'homme, mais avec elle en même temps les autres âmes de l'univers, tout est de cette espèce, dis-je, l'âme de cet homme n'en est pas la cause adéquate (par le même Corollaire de la Proposition 11, part. 2), mais seulement la cause partielle ; et en conséquence (par la Définition 2, partie 3), l'âme, en tant qu'elle a des idées inadéquates, est nécessairement affectée de quelque passion ; c'est le second point que nous voulions établir. Donc enfin, etc.

C. Q. F. D.

Corollaire : Il suit de là que l'âme est sujette à d'autant plus de passions qu'elle a plus d'idées inadéquates ; et au contraire, qu'elle produit d'autant plus d'actions qu'elle a plus d'idées adéquates.

Proposition 2

Ni le corps ne peut déterminer l'âme à la pensée, ni l'âme le corps au mouvement et au repos, ou a quoi que ce puisse être.

Démonstration : Tous les modes de la pensée ont pour cause Dieu, en tant que chose pensante, et non en tant qu'il se développe par un autre attribut (par la Proposition 6, partie 2) ; par conséquent, ce qui détermine l'âme a la pensée, c'est un mode de la pensée, et non un mode de l'étendue ; en d'autres termes (par la Définition 1, partie 2), ce n'est pas le corps. Voilà le premier point. De plus, le mouvement et le repos du corps doivent provenir d'un autre corps qui lui-même est déterminé par un autre corps au mouvement et au repos ; et, en un mot, tout ce qui se produit dans un corps a dû provenir de Dieu, en tant qu'affecté d'un certain mode de l'étendue, et non d'un certain mode de la pensée (en vertu de la même Proposition 6, part. 2) ; en d'autres termes, tout cela ne peut provenir de l'âme, qui (par la Proposition 11, partie 2) est un mode de la pensée. Voilà le second point. Donc, ni le corps, etc.

C. Q. F. D.

Scolie : Cela se conçoit plus clairement encore par ce qui a été dit dans le scholie de la Proposition 7, part. 2, savoir, que l'âme et le corps sont une seule et même chose, qui est conçue tantôt sous l'attribut de la pensée, tantôt sous celui de l'étendue. D'où il arrive que l'ordre, l'enchaînement des choses, est parfaitement un, soit que l'on considère la nature sous tel attribut ou sous tel autre, et partant, que l'ordre des actions et des passions de notre corps et l'ordre des actions et des passions de l'âme sont simultanés de leur nature. C'est ce qui résulte aussi d'une façon évidente de la démonstration de la Proposition 7, partie 2.

Mais, quelle que soit la force de ces preuves, et bien qu'il ne reste véritablement aucune raison de douter encore, j'ai peine à croire que les hommes puissent être amenés à peser avec calme mes démonstrations, à moins que je ne les confirme par l'expérience ; tant est grande chez eux cette conviction, que c'est par la seule volonté de l'âme que le corps est mis tantôt en mouvement, tantôt en repos, et qu'il exécute enfin un grand nombre d'opérations qui s'accomplissent au gré de l'âme et sont l'ouvrage de la pensée. Personne, en effet, n'a déterminé encore ce dont le corps est capable ; en d'autres termes, personne n'a encore appris de l'expérience ce que le corps peut faire et ce qu'il ne peut pas faire, par les seules lois de la nature corporelle et sans recevoir de l'âme aucune détermination. Et il ne faut point s'étonner de cela, puisque personne encore n'a connu assez profondément l'économie du corps humain pour être en état d'en expliquer toutes les fonctions ; et je ne parle même pas ici de ces merveilles qu'on observe dans les animaux et qui surpassent de beaucoup la sagacité des hommes, ni de ces actions des somnambules qu'ils n'oseraient répéter durant la veille : toutes choses qui montrent assez que le corps humain, par les seules lois de la nature, est capable d'une foule d'opérations qui sont pour l'âme jointe à ce corps un objet d'étonnement.

Ajoutez encore que personne ne sait comment et par quels moyens l'âme meut le corps, ni combien de degrés de mouvement elle lui peut communiquer, ni enfin avec quelle rapidité elle est capable de le mouvoir. D'où il suit que, quand les hommes disent que telle ou telle action du corps vient de l'âme et de l'empire qu'elle a sur les organes, ils ne savent vraiment ce qu'ils disent, et ne font autre chose que confesser en termes flatteurs pour leur vanité qu'ils ignorent la véritable cause de cette action et en sont réduits à l'admirer.

Mais, diront-ils, que nous sachions ou que nous ignorions par quels moyens l'âme meut le corps, nous savons du moins par expérience que si l'âme humaine n'était pas disposée à penser, le corps resterait dans l'inertie. Notre propre expérience nous apprend encore qu'un grand nombre d'actions, comme parler et se taire, sont entièrement au pouvoir de l'âme, et par conséquent nous devons croire qu'elles dépendent de sa volonté. Je répondrai en demandant à mon tour, premièrement, si nous ne savons pas par expérience que l'âme est incapable de penser quand le corps est dans l'inertie ; car enfin, aussitôt que le corps est endormi, l'âme ne tombe-t-elle pas dans le sommeil ? et conserve-t-elle le pouvoir de penser qu'elle avait durant la veille ? Ce n'est pas tout ; je crois qu'il n'est personne qui n'ait éprouvé que l'âme n'est pas toujours également propre à penser à un même objet ; mais à mesure que le corps est mieux disposé à ce que l'image de telle ou telle chose soit excitée en lui, l'âme est plus propre à en faire l'objet de sa contemplation. On répondra sans doute qu'il est impossible de déduire des seules lois de la nature corporelle les causes des édifices, des peintures et de tous les ouvrages de l'art humain, et que le corps humain, s'il n'était déterminé et guidé par l'âme, serait incapable, par exemple, de construire un temple. Mais j'ai déjà montré que ceux qui parlent ainsi ne savent pas ce dont le corps est capable, ni ce qui peut se déduire de la seule considération de sa nature ; et l'expérience leur fait bien voir que beaucoup d'opérations s'accomplissent par les seules lois de la nature, qu'ils auraient jugées impossibles sans la direction de l'âme, comme les actions que font les somnambules en dormant et dont ils sont tout étonnés quand ils se réveillent. J'ajoute enfin que le mécanisme du corps humain est fait avec un art qui surpasse infiniment l'industrie humaine ; et, sans vouloir ici faire usage de cette proposition que j'ai démontrée plus haut, savoir, que de la nature considérée sous un attribut quelconque il résulte une infinité de choses, je passe immédiatement à la seconde objection qu'on m'adresse.

Certes, j'accorderai volontiers que les choses humaines en iraient bien mieux, s'il était également au pouvoir de l'homme et de se taire et de parler ; mais l'expérience est là pour nous enseigner, malheureusement trop bien, qu'il n'y a rien que l'homme gouverne moins que sa langue, et que la chose dont il est le moins capable, c'est de modérer ses appétits ; d'où il arrive que la plupart se persuadent que nous ne sommes libres qu'à l'égard des choses que nous désirons faiblement, par la raison que l'appétit qui nous porte vers ces choses peut aisément être comprimé par le souvenir d'un autre objet que notre mémoire nous rappelle fréquemment ; et ils croient au contraire que nous ne sommes point libres à l'égard des choses que nous désirons avec force et que le souvenir d'un autre objet ne peut nous faire cesser d'aimer.

Mais il est indubitable que rien n'empêcherait ces personnes de croire que nos actions sont toujours libres, si elles ne savaient pas par expérience qu'il nous arrive souvent de faire telle action dont nous nous repentons ensuite, et souvent aussi, quand nous sommes agités par des passions contraires, de voir le meilleur et de faire le pire. C'est ainsi que l'enfant s'imagine qu'il désire librement le lait qui le nourrit ; s'il s'irrite, il se croit libre de chercher la vengeance ; s'il a peur, libre de s'enfuir. C'est encore ainsi que l'homme ivre est persuadé qu'il prononce en pleine liberté d'esprit ces mêmes paroles qu'il voudrait bien retirer ensuite, quand il est redevenu lui-même ; que l'homme en délire, le bavard, l'enfant et autres personnes de cette espèce sont convaincues qu'elles parlent d'après une libre décision de leur âme, tandis qu'il est certain qu'elles ne peuvent contenir l'élan de leur parole. Ainsi donc, l'expérience et la raison sont d'accord pour établir que les hommes ne se croient libres qu'à cause qu'ils ont conscience de leurs actions et ne l'ont pas des causes qui les déterminent, et que les décisions de l'âme ne sont rien autre chose que ses appétits, lesquels varient par suite des dispositions variables du corps. Chacun, en effet, se conduit en toutes choses suivant la passion dont il est affecté : ceux qui sont livrés au conflit de plusieurs passions contraires ne savent trop ce qu'ils veulent ; et enfin, si nous ne sommes agités d'aucune passion, la moindre impulsion nous pousse çà et là en des directions diverses. Or, il résulte clairement de tous ces faits que la décision de l'âme et l'appétit ou détermination du corps sont choses naturellement simultanées, ou, pour mieux dire, sont une seule et même chose, que nous appelons décision quand nous la considérons sous le point de vue de la pensée et l'expliquons par cet attribut, et détermination quand nous la considérons sous le point de vue de l'étendue et l'expliquons par les lois du mouvement et du repos ; mais tout cela deviendra plus clair encore par la suite de ce traité.

Ce que je veux surtout qu'on remarque ici avec une attention particulière, c'est que nous ne pouvons rien faire par la décision de l'âme qu'à l'aide de la mémoire. Par exemple, nous ne pouvons prononcer une parole qu'à condition de nous en souvenir. Or, il ne dépend évidemment pas du libre pouvoir de l'âme de se souvenir d'une chose ou de l'oublier. Aussi pense-t-on que cela seulement est au pouvoir de notre âme, savoir, de nous taire ou de parler à volonté sur une chose que la mémoire nous rappelle. Mais, en vérité, quand nous rêvons que nous parlons, ne croyons-nous pas que nous prononçons certaines paroles en vertu d'une libre décision de l'âme ? et cependant nous ne parlons effectivement pas ; ou, si nous parlons, c'est par un mouvement spontané de notre corps. Nous rêvons aussi quelquefois que nous tenons certaines choses cachées en vertu d'une décision semblable à celle qui nous fait taire ces choses durant la veille. Enfin nous croyons en songe faire librement des actions qu'éveillés nous n'oserions pas accomplir ; et puisqu'il en est ainsi, je voudrais bien savoir s'il faut admettre dans l'âme deux espèces de décisions, savoir, les décisions fantastiques et les décisions libres. Que si on ne veut pas extravaguer à ce point, il faut nécessairement accorder que cette décision de l'âme que nous croyons libre n'est véritablement pas distinguée de l'imagination ou de la mémoire, qu'elle n'est au fond que l'affirmation que toute idée, en tant qu'idée, enveloppe nécessairement (voir la Proposition 49, partie 2). Par conséquent, ces décisions de l'âme naissent en elle avec la même nécessité que les idées des choses qui existent actuellement. Et tout ce que je puis dire à ceux qui croient qu'ils peuvent parler, se taire, en un mot, agir, en vertu d'une libre décision de l'âme, c'est qu'ils rêvent les yeux ouverts.

Proposition 3

Les actions de l'âme ne proviennent que des idées adéquates, ses passions que des idées inadéquates.

Démonstration : Ce qu'il y a de fondamental et de constitutif dans l'essence de l'âme, ce n'est autre chose que l'idée du corps pris comme existant en acte (par les Proposition 11 et 13, partie 2), laquelle idée se compose de plusieurs autres idées (par la Proposition 15, partie 2), les unes adéquates (par le Corollaire de la Proposition 29, partie 2), les autres inadéquates. Ainsi donc, tout ce qui suit de la nature de l'âme et dont l'âme est la cause prochaine, tout ce qui, en conséquence, doit être conçu par elle, tout cela, dis-je, doit nécessairement suivre d'une idée adéquate ou d'une idée inadéquate. Or, en tant que l'âme a des idées adéquates, elle pâtit (par la Proposition 1, partie 3) ; donc les actions de l'âme ne suivent que des idées adéquates, et, par conséquent, l'âme ne pâtit qu'en tant qu'elle a des idées inadéquates.

C. Q. F. D.

Scolie : Nous voyons par là que les passions ne se rapportent à l'âme qu'en tant qu'elle a en soi quelque chose qui enveloppe une négation, en d'autres termes, qu'en tant qu'elle est une partie de la nature, laquelle, prise en soi et indépendamment des autres parties, ne peut se concevoir clairement et distinctement ; et par cette raison, je pourrais montrer que les passions ont avec les choses particulières le même rapport qu'avec l'âme, et ne se peuvent concevoir d'aucune autre manière ; mais mon objet est de traiter seulement de l'âme humaine.

Proposition 4

Aucune chose ne peut être détruite que par une cause extérieure.

Démonstration : Cette proposition est évidente par elle-même ; car la définition d'une chose quelconque contient l'affirmation et non la négation de l'essence de cette chose ; en d'autres termes, elle pose son essence, elle ne la détruit pas. Donc, tant que l'on considérera seulement la chose, abstraction faite de toute cause extérieure, on ne pourra rien trouver en elle qui soit capable de la détruire.

C. Q. F. D.

Proposition 5

Deux choses sont de nature contraire ou ne peuvent exister en un même sujet, quand l'une peut détruire l'autre.

Démonstration : Car si ces deux choses pouvaient se convenir ou exister ensemble dans un même sujet, il pourrait donc y avoir en un sujet quelque chose qui fût capable de le détruire, ce qui est absurde (par la Proposition précédente). Donc, etc.

C. Q. F. D.

Proposition 6

Toute chose, autant qu'il est en elle, s'efforce de persévérer dans son être.

Démonstration : En effet, les choses particulières sont des modes qui expriment les attributs de Dieu d'une certaine façon déterminée (par le Corollaire de la Proposition 25, partie 1), c'est-à-dire (par la Proposition 34, partie 1) des choses qui expriment d'une certaine façon déterminée la puissance divine par qui Dieu est et agit. De plus, aucune chose n'a en soi rien qui la puisse détruire, rien qui supprime son existence (par la Proposition 4, partie 3) ; au contraire, elle est opposée à tout ce qui peut détruire son existence (par la Proposition précédente), et par conséquent, elle s'efforce, autant qu'il est en elle, de persévérer dans son être.

C. Q. F. D.

Proposition 7

L'effort par lequel toute chose tend à persévérer dans son être n'est rien de plus que l'essence actuelle de cette chose.

Démonstration : L'essence d'un être quelconque étant donnée, il en résulte nécessairement certaines choses (par la Proposition 36, partie 1) ; et tout être ne peut rien de plus que ce qui suit nécessairement de sa nature déterminée (par la Proposition 29, partie 1). Par conséquent, la puissance d'une chose quelconque, ou l'effort par lequel elle agit ou tend à agir, seule ou avec d'autres choses, en d'autres termes (par la Proposition 6, partie 3), la puissance d'une chose, ou l'effort par lequel elle tend à persévérer dans son être, n'est rien de plus que l'essence donnée ou actuelle de cette chose.

C. Q. F. D.

Proposition 8

L'effort par lequel toute chose tend à persévérer dans son être n'enveloppe aucun temps fini, mais un temps indéfini.

Démonstration : Si, en effet, il enveloppait un temps limité, qui déterminât la durée de la chose, il s'ensuivrait de cette puissance même par laquelle la chose existe, qu'après un certain temps elle ne pourrait plus exister et devrait être détruite. Or, cela est absurde (par la Proposition 4, partie 3) ; donc l'effort par lequel une chose existe n'enveloppe aucun temps déterminé ; mais, au contraire, puisque cette chose (en vertu de cette même Proposition), si elle n'est détruite par aucune cause extérieure, devra, par cette même puissance qui la fait être, toujours continuer d'être, il s'ensuit que l'effort dont nous parlons enveloppe un temps indéfini.

C. Q. F. D.

Proposition 9

L'âme, soit en tant qu'elle a des idées claires et distinctes, soit en tant qu'elle en a de confuses, s'efforce de persévérer indéfiniment dans son être, et a conscience de cet effort.

Démonstration : L'essence de l'âme est constituée par des idées adéquates et inadéquates (comme nous l'avons montré dans la Proposition 3, partie 3), et conséquemment (par la Proposition 7, partie 3) elle tend à persévérer dans son être en tant qu'elle contient celles-ci aussi bien qu'en tant qu'elle contient celles-là ; et elle y tend pour une durée indéfinie (par la Proposition 8, partie 3). Or, l'âme (par la Proposition 23, partie 2) ayant, par les idées des affections du corps, conscience d'elle-même, il s'ensuit que l'âme (par la Proposition 7, partie 3) a conscience de son effort.

C. Q. F. D.

Scolie : Cet effort, quand il se rapporte exclusivement à l'âme, s'appelle volonté ; mais quand il se rapporte à l'âme et au corps tout ensemble, il se nomme appétit. L'appétit n'est donc que l'essence même de l'homme, de laquelle découlent nécessairement toutes les modifications qui servent à sa conservation, de telle sorte que l'homme est déterminé à les produire. De plus, entre l'appétit et le désir il n'y a aucune différence, si ce n'est que le désir se rapporte la plupart du temps à l'homme, en tant qu'il a conscience de son appétit ; et c'est pourquoi on le peut définir de la sorte : *Le désir, c'est l'appétit avec conscience de lui-même.* Il résulte de tout cela que ce qui fonde l'effort, le vouloir, l'appétit, le désir, ce n'est pas qu'on ait jugé qu'une chose est bonne ; mais, au contraire, on juge qu'une chose est bonne par cela même qu'on y tend par l'effort, le vouloir, l'appétit le désir.

Proposition 10

Une idée qui exclut l'existence de notre corps ne se peut rencontrer dans notre âme ; elle lui est contraire.

Démonstration : Tout ce qui peut détruire notre corps ne se peut rencontrer en lui (par la Proposition 5, partie 3) ; par conséquent l'idée d'une telle chose ne se peut non plus rencontrer en Dieu, en tant qu'il a l'idée de notre corps (par le Corollaire de la Proposition 9, partie 2), ou en d'autres termes(par les Proposition 11 et 13, partie 2), l'idée de cette chose ne se peut rencontrer dans notre âme ; au contraire, puisque (par les Proposition 11 et 13, partie 2) ce qu'il y a de fondamental et de constitutif dans l'essence de l'âme, c'est l'idée du corps pris comme existant en acte, il s'ensuit que l'affirmation de l'existence du corps est ce qu'il y a dans l'âme de fondamental et de principal (par la Proposition 7, partie 3), et par conséquent, une idée qui contient la négation de l'existence de notre corps est contraire à notre âme.

C. Q. F. D.

Si quelque chose augmente ou diminue, favorise ou empêche la puissance d'agir de notre corps, l'idée de cette chose augmente ou diminue, favorise ou empêche la puissance de penser de notre âme.

Démonstration : Cette proposition résulte évidemment de la Proposition 7, partie 2, et aussi de la Proposition 14, même partie.

Scolie : Nous voyons que l'âme peut souffrir un grand nombre de changements, et passer tour à tour d'une certaine Perfection à une perfection plus grande ou plus petite ; et ce sont ces diverses passions qui nous expliquent ce que c'est que joie et que tristesse. J'entendrai donc *par joie,* dans toute la suite de ce traité, une *passion par laquelle l'âme passe à une perfection plus grande ;* par tris *tesse,* au contraire, une *passion par laquelle l'âme passe à une moindre perfection.* En outre, *l'affection de la joie, quand on la rapporte à la fois au corps et à l'âme,* je la nomme *chatouillement ou hilarité ;* et *l'affection de la tristesse, douleur ou mélancolie.* Mais il faut remarquer que le chatouillement et la douleur se rapportent à l'homme en tant qu'une de ses parties est affectée plus vivement que les autres ; lorsque au contraire toutes les parties sont également affectées, c'est l'hilarité et la mélancolie. Quant à la nature du désir, je l'ai expliquée dans le Scolie de la Proposition 9, partie 3 ; et j'avertis qu'après ces trois passions, la joie, la tristesse et le désir, je ne reconnais aucune autre passion primitive ; et je me réserve de prouver par la suite que toutes les passions naissent de ces trois passions élémentaires. Mais, avant d'aller plus loin, je dois expliquer ici avec plus de clarté la Proposition 10, partie 3, afin qu'on comprenne plus aisément comment une idée est contraire à une autre idée.

Dans le Scolie de la Proposition 17, partie 2, on a montré que l'idée qui constitue l'essence de l'âme enveloppe l'existence du corps, tant que le corps existe. De plus, des principes établis dans le corollaire de la Proposition 8, partie 2, et dans le Scolie de cette Proposition, il résulte que l'existence présente de notre âme, dépend de ce seul point, savoir, que l'âme enveloppe l'existence actuelle du corps. Enfin, nous avons également montré que cette puissance de l'âme par laquelle elle imagine les choses et se les rappelle, dépend encore de ce seul point (voyez les Proposition 17 et 18, partie 2, avec le Scolie) que l'âme enveloppe l'existence actuelle du corps. Or, il suit de tout cela que l'existence présente de l'âme et sa puissance d'imaginer sont détruites aussitôt que l'âme cesse d'affirmer l'existence présente du corps. Or, la cause qui fait que l'âme cesse d'affirmer l'existence présente du corps, ce ne peut être l'âme elle-même (par la Proposition 4, partie 3), et ce ne peut être non plus la cessation de l'existence du corps. Car (par la Proposition 6. partie 2) la cause qui fait que l'âme affirme l'existence du corps, ce n'est pas que le corps commence actuellement d'exister ; et conséquemment, par la même raison, l'âme ne cessera pas d'affirmer l'existence du corps, par cela seul que le corps cessera d'exister actuellement ; la véritable cause (par la Proposition 8, partie 2), c'est une idée qui exclut l'existence de notre corps, et par suite de notre âme, idée qui, en conséquence, est contraire à celle qui constitue l'essence de notre âme.

Proposition 12

L'âme s'efforce, autant qu'il est en elle, d'imaginer les choses qui augmentent ou favorisent ; la puissance d'agir du corps.

Démonstration : Tant que le corps humain est affecté d'une modification qui enveloppe la nature de quelque corps étranger, l'âme humaine aperçoit ce corps étranger comme présent (par la Proposition 17, part. 2) ; et en conséquence, tant que l'âme humaine aperçoit quelque corps étranger comme présent, ou en d'autres termes (par le Scolie de la même Proposition), tant qu'elle l'imagine, le corps humain est affecté d'une modification qui exprime la nature de ce corps étranger. Or, il suit de là que, tant que l'âme imagine des choses qui augmentent ou favorisent la puissance d'agir de notre corps, notre corps est affecté de modifications qui augmentent ou favorisent sa puissance d'agir (voyez le Postulat 1, partie 3) ; et par conséquent (en vertu de la Proposition 11, partie 3), la puissance de penser de l'âme est augmentée ou favorisée ; et partant (en vertu de la Proposition 6 ou Proposition 9, partie 3), l'âme s'efforce, autant qu'il est en elle, d'imaginer ces sortes de choses.

C. Q. F. D.

Proposition 13

Quand l'âme imagine des choses qui diminuent la puissance d'agir du corps, elle s'efforce, autant qu'il est en elle, de rappeler d'autres choses qui excluent l'existence des premières.

Démonstration : Tant que l'âme imagine des choses qui diminuent ou empêchent la puissance d'agir du corps, la puissance de l'âme et du corps est diminuée ou empêchée (comme nous l'avons démontré dans la précédente Proposition), et toutefois, l'âme continue d'imaginer ces choses jusqu'à ce qu'elle en imagine d'autres qui excluent l'existence des premières (par la Proposition 17, partie 2) ; en d'autres termes (comme nous l'avons montré tout à l'heure), la puissance de l'âme et du corps sera diminuée ou empêchée jusqu'à ce que l'âme imagine ces choses nouvelles dont on a parlé ; et par conséquent elle devra (par la Proposition 9, partie 3) s'efforcer, autant qu'il est en elle, de les imaginer ou de les rappeler.

C. Q. F. D.

Corollaire : Il suit de là que l'âme répugne à imaginer les choses qui diminuent ou empêchent sa puissance et celle du corps.

Scolie : Nous concevons aussi très clairement par ce qui précède en quoi consistent l'amour et la haine. *L'amour* n'est autre chose que la joie, *accompagnée de l'idée d'une cause extérieure* ; et la *haine* n'est autre chose que la *tristesse, accompagnée de l'idée d'une cause extérieure.* Nous voyons également que celui qui aime s'efforce nécessairement de se rendre présente et de conserver la chose qu'il aime ; et au contraire, celui qui hait s'efforce d'écarter et de détruire la chose qu'il hait. Mais tout cela sera plus amplement développé dans la suite.

Proposition 14

Si l'âme a été une fois affectée tout ensemble de deux passions, aussitôt que dans la suite elle sera affectée de l'une d'elles, elle sera aussi affectée de l'autre.

Démonstration : Si le corps humain a été une fois modifié par deux autres corps, dès que l'âme viendra par la suite à imaginer l'un d'entre eux, aussitôt elle se souviendra de l'autre (par la Proposition 18, partie 2). Or, les représentations de l'âme marquent plutôt les affections de notre corps que la nature des corps étrangers (par le Corollaire 2 de la Proposition 16, partie 2). Si donc le corps et par suite l'âme (voyez la Définition 3, partie 3) a été une fois affectée de deux passions tout ensemble, dès qu'elle sera par la suite affectée de l'une d'elles, elle le sera également de l'autre.

C. Q. F. D.

Proposition 15

Une chose quelconque peut causer dans l'âme, par accident, la joie, la tristesse ou le désir.

Démonstration : Supposons que l'âme soit affectée à la fois de deux passions, l'une qui n'augmente ni ne diminue sa puissance d'agir, l'autre qui l'augmente ou bien qui la diminue (voyez le Postulat 1, partie 3). Il suit évidemment de la précédente proposition qu'aussitôt que l'âme viendra dans la suite à être affectée de la première de ces deux passions par la cause réelle qui la produit, passion qui *(par hypothèse)* n'augmente ni ne diminue sa puissance d'agir, elle sera en même temps affectée de la seconde, laquelle augmente ou bien diminue sa puissance d'agir ; en d'autres termes (par le Scolie de la Proposition 11, partie 3), elle sera affectée de tristesse ou de joie ; de façon que cette cause dont nous parlons produira dans l'âme, non par soi, mais par accident, la joie ou la tristesse. On démontrerait de la même façon qu'elle pourrait produire aussi par accident le désir.

C. Q. F. D.

Corollaire : Par cela seul qu'au moment où notre âme était affectée de joie ou de tristesse nous avons vu un certain objet, qui n'est point du reste la cause efficiente de ces passions, nous pouvons aimer cet objet ou le prendre en haine.

Démonstration : Cela suffit en effet (par la Proposition 14, partie 3) pour que notre âme, venant ensuite à imaginer cet objet, soit affectée de joie ou de tristesse, en d'autres termes (par le Scolie de la Proposition 11, partie 3), pour que la puissance de l'âme et du corps soit augmenter ou diminuée, etc., et conséquemment (par la Proposition 12, partie 3) pour que l'âme désire imaginer ce même objet, ou (par le Corollaire de la Proposition 13, partie 3) répugne à le faire, c'est-à-dire (par le Scolie de la Proposition 13, partie 3) aime ou haïsse cet objet.

C. Q. F. D.

Scolie : Nous comprenons par ce qui précède comment il peut arriver que nous aimions ou que nous haïssions certains objets sans aucune cause qui nous soit connue, mais seulement par l'effet de la sympathie, comme on dit, ou de l'antipathie. A ce même ordre de faits il faut rapporter la joie ou la tristesse dont nous sommes affectés à l'occasion de certains objets, parce qu'ils ont quelque ressemblance avec ceux qui d'habitude nous affectent de ces mêmes passions, comme je le montrerai dans la proposition qui va suivre. Quelques auteurs, je le sais, ceux-là mêmes qui ont introduit les premiers ces noms de sympathie et d'antipathie, ont voulu représenter par là certaines qualités occultes des choses ; quant à moi, je crois qu'il est permis d'entendre par ces mots des qualités connues et qui sont même très manifestes.

Par cela seul que nous imaginons qu'une certaine chose est semblable par quelque endroit à un objet qui d'ordinaire nous affecte de joie ou de tristesse, bien que le point de ressemblance ne soit pas la cause efficiente de ces passions, nous aimons pourtant cette chose ou nous la haïssons.

Démonstration : Ce qu'il y a de semblable entre la chose et l'objet dont il s'agit, l'âme l'a aperçu dans cet objet même *(par hypothèse) sous* l'impression de la joie ou de la tristesse ; et en conséquence (par la Proposition 14, partie 3), quand l'âme imaginera cela dans un autre objet, elle sera aussitôt affectée, soit de joie, soit de tristesse, et c'est ainsi que la chose en question deviendra par accident (en vertu de la Proposition 15, partie 3), cause efficiente de joie ou de tristesse ; par conséquent (en vertu du précédent Corollaire), nous aimerons ou nous haïrons cette chose, bien que ce par où elle est semblable à l'objet qui nous a affecté ne soit pas cause efficiente de cette affection.

C. Q. F. D.

Quand une chose nous affecte habituellement d'une impression de tristesse, si nous venons à imaginer qu'elle a quelque ressemblance avec un objet qui nous affecte habituellement d'une impression de joie de même force, nous aurons de la haine pour cette chose et en même temps de l'amour.

Démonstration : Cette chose est en effet par elle-même une cause de tristesse *(d'après l'hypothèse)*, et (en vertu du Scolie de la Proposition 13, partie 3) en tant que nous l'imaginons sous l'impression de la tristesse, nous la prenons en haine ; or, en tant que nous l'imaginons en outre comme semblable à un objet qui nous affecte habituellement d'une grande impression de joie, nous l'aimons avec une ardeur proportionnée au sentiment qu'elle nous cause ; conséquemment (en vertu de la Proposition précédente) nous aurons pour elle de la haine et en même temps de l'amour.

C. Q. F. D.

Scolie : *Cet état de l'âme, né de deux passions contraires,* c'est ce qu'on nomme *fluctuation ;* elle est à la passion ce que le doute est à l'imagination (voyez le Scolie de la Proposition 11, partie 2), et de la fluctuation au doute il n'y a de différence que du plus au moins. Mais il faut remarquer ici que dans la proposition précédente j'ai déduit ces fluctuations de deux causes, l'une qui opère par elle-même, et l'autre par accident ; or, si j'ai procédé de la sorte, c'est seulement pour faciliter ma déduction ; ce n'est point du tout que je veuille nier que ces fluctuations n'aient pour la plupart leur origine dans un objet qui est à la fois cause efficiente de deux affections contraires. Le corps humain, en effet (par le Postulat 1, partie 2), se compose de plusieurs individus de nature diverse, et conséquemment (par l'Axiome 1, posé après le Lemme 3, qu'on peut voir après la Proposition 13, partie 2) peut être affecté par un seul et même corps étranger de plusieurs façons différentes ; et d'un autre côté, comme une seule et même chose peut être affectée d'un grand nombre de façons, elle pourra donc affecter d'un grand nombre de façons différentes une seule et même partie du corps. Par où il est aisé de concevoir qu'un seul et même objet puisse être la cause d'un grand nombre d'affections contraires.

L'homme peut être affecté d'une impression de joie et de tristesse par l'image d'une chose passée ou future, comme par celle d'une chose présente.

Démonstration : Tant que l'homme est affecté par l'image d'une certaine chose, il la voit comme présente, alors même qu'elle n'existerait pas (par la Proposition 17, partie 2 avec son Corollaire), et il ne l'imagine comme passée ou comme future qu'en tant que son image est jointe à celle d'un temps écoulé ou à venir (voyez le Scolie de la Proposition 44, partie 2). Ainsi donc, l'image d'une chose, prise en soi, est toujours la même, qu'elle se rapporte au passé et à l'avenir, ou bien au présent ; en d'autres termes (par le Corollaire 2 de la Proposition 16, partie 2), l'état ou l'affection du corps sont les mêmes, que l'image se rapporte au passé et à l'avenir ou bien au présent ; et par conséquent la passion de la joie et de la tristesse est la même, que l'image se rapporte au passé et à l'avenir, ou bien au présent.

C. Q. F. D.

Scolie I : J'appelle ici une chose, passée ou future, en tant que nous en avons été affectés ou que nous le serons. Par exemple, en tant que nous avons vu ou que nous verrons cette chose, elle a réparé nos forces ou elle les réparera, elle nous a blessés ou nous blessera, etc. En effet, en tant que nous l'imaginons de la sorte nous affirmons son existence ; en d'autres termes, le corps n'est affecté d'aucune passion qui exclue l'existence de la chose qui l'affecte ; et en conséquence (par la Proposition 17, partie 2), le corps est affecté par l'image de cette chose comme si la chose elle-même était présente. Or, comme il arrive presque toujours que les hommes qui ont beaucoup d'expérience éprouvent une certaine fluctuation chaque fois qu'ils aperçoivent une chose comme future ou comme passée, et sont dans une grande incertitude sur ce qui pourra advenir (voyez le Scolie de la Proposition 44, partie 2), il en résulte que les affections nées de semblables images n'ont aucune persistance, mais au contraire sont troublées par les images d'objets différents, jusqu'à ce que l'on obtienne la certitude touchant ce qui doit arriver.

Scolie II : Ce qui précède nous fait comprendre ce que c'est qu'espérance, crainte, sécurité, désespoir, contentement et remords. *L'espérance* n'est autre chose qu'une *joie mal assurée, née de l'image d'une chose future ou passée dont l'arrivée est pour nous incertaine ; la crainte, une tristesse mal assurée, née aussi de l'image d'une chose douteuse.* Maintenant, retranchez le doute de ces affections, l'espérance et la crainte deviennent la *sécurité* et le *désespoir,* c'est-à-dire la joie *ou la tristesse nées de l'image d'une chose qui nous a inspiré crainte ou espérance.* Quant au *contentement,* c'est la *joie née de l'image d'une chose passée qui avait été pour nous un sujet de doute.* Enfin, le *remords,* c'est la *tristesse opposée au contentement.*

Proposition 19

Celui qui se représente la destruction de ce qu'il aime est saisi de tristesse ; s'il s'en représente la conservation, il éprouve de la joie.

Démonstration : L'âme s'efforce, autant qu'il est en elle, d'imaginer ce qui augmente ou favorise la puissance d'agir du corps (par la Proposition 12, partie 3), en d'autres termes (par le Scolie de la même Proposition), ce qu'elle aime. Or, l'imagination est favorisée par tout ce qui implique l'existence de son objet, et empêchée par tout ce qui l'exclut (par la Proposition 17, part. 2) Donc, les images des choses qui impliquent l'existence de l'objet aimé favorisent l'effort de l'âme pour imaginer cet objet ; en d'autres termes (par le Scolie de la Proposition 11, partie 3), elles réjouissent l'âme. Au contraire, les images des choses qui excluent l'existence de l'objet aimé empêchent cet effort de l'âme, c'est-à-dire (par le même Scolie) l'attristent. Par conséquent, celui qui se représente la destruction de ce qu'il aime sera saisi de tristesse, etc.

C. Q. F. D.

Proposition 20

Celui qui se représente la destruction de ce qu'il hait sera saisi de joie.

Démonstration : L'âme (par la Proposition 13, partie 3) s'efforce d'imaginer tout ce qui exclut l'existence des choses capables de diminuer ou d'empêcher la puissance d'action du corps ; en d'autres termes (par le Scolie de la même Proposition), elle s'efforce d'imaginer tout ce qui exclut l'existence des choses qu'elle hait ; par conséquent, l'image d'une chose qui exclut l'existence d'un objet détesté favorise cet effort de l'âme, c'est-à-dire (par le Scolie de la Proposition 11, part. 3) la réjouit. Par conséquent, celui qui se représente la destruction de ce qu'il hait devra se réjouir.

C. Q. F. D.

Proposition 21

Celui qui se représente l'objet aimé comme saisi de tristesse ou de joie éprouve ces mêmes affections ; et chacune d'elles sera plus ou moins grande dans celui qui aime suivant qu'elle est plus ou moins grande dans l'objet aimé.

Démonstration : Les images des choses qui impliquent l'existence de l'objet aimé favorisent (comme nous l'avons démontré dans la Proposition 19, partie 3) l'effort que fait l'âme pour se représenter cet objet aimé. Or, la joie exprime l'existence de celui qui l'éprouve, et d'autant plus qu'elle même est plus grande ; car la joie est (par le Scolie de la Proposition 11, part. 3) le passage à une plus grande perfection. Donc, l'image de la joie dans l'objet aient favorise l'effort de l'âme de celui qui aime ; en d'autres termes (par le Scolie de la Proposition 11, part. 3), elle le réjouit, et avec d'autant plus de force que la joie est plus grande dans l'objet aimé. Voilà le premier point. En second lieu, tout être, en tant qu'il est saisi de tristesse, tend à la destruction de son être, avec d'autant plus de force que sa tristesse est plus grande (par le même Scolie de la Proposition 11, partie 3) ; et, en conséquence (par la Proposition 19, part. 3), celui qui se représente l'objet aimé dans la tristesse éprouvera aussi cette affection, et avec d'autant plus de force qu'elle sera plus grande dans l'objet aimé.

C. Q. F. D.

Proposition 22

Si nous nous représentons une personne comme causant de la joie à l'objet aimé, nous éprouverons pour elle de l'amour ; si nous nous la figurons, au contraire, comme causant de la tristesse à l'objet aimé, nous éprouverons pour elle de la haine.

Démonstration : Celui cause de la joie ou de la tristesse à ce que nous aimons nous cause à nous-mêmes ces mêmes passions chaque fois que nous nous représentons l'objet aimé comme affecté de cette joie ou de cette tristesse (par la précédente Proposition). Voilà donc en nous la, joie ou la tristesse accompagnée, par hypothèse, de l'idée d'une cause extérieure. Donc (par le Scolie de la Proposition 13, partie 3), si nous nous figurons qu'une personne cause de la tristesse ou de la joie à ce que nous aimons, nous aurons pour elle de la haine ou de l'amour.

C. Q. F. D.

Scolie : La Proposition 21 nous explique en quoi consiste la *commisération*, que nous pouvons définir la *tristesse née de la misère d'autrui.* De quel nom faut-il appeler la joie née du bonheur d'autrui ? c'est ce que j'ignore. Quant à *l'amour que nous sentons pour qui fait du bien à autrui* nous l'appellerons *penchant favorable,* et *indignation* la *haine que nous sentons pour qui fait du mal à autrui.*

Il est bon de remarquer que nous éprouvons de la commisération, non seulement pour ce que nous aimons (comme il a été démontré dans la Proposition 21), mais aussi pour des objets qui ne nous ont encore inspiré aucune affection, pourvu que nous les jugions semblables à nous (comme je le prouverai tout à l'heure) ; et par suite, nous aurons un penchant favorable pour qui fait du hier à son semblable et de l'indignation pour qui lui fait du mal.

Proposition 23

Celui qui se représente l'objet qu'il hait dans la tristesse en sera réjoui ; dans la joie, il en sera contristé ; et chacune de ces affections sera en lui plus ou moins forte, suivant que l'affection contraire le sera plus ou moins dans l'objet odieux.

Démonstration : L'objet odieux, en tant qu'il est dans la tristesse, tend à la destruction de son être, et y tend d'autant plus que la tristesse est plus forte (par le Scolie de la Proposition 11 partie 3). Celui donc qui se représente l'objet odieux dans la tristesse devra (par la propos. 20, partie 3) en être réjoui, et avec d'autant plus de force qu'il se figure cette tristesse plus grande. Voilà le premier point. De plus, la joie exprime l'existence de celui qui l'éprouve (par le même Scolie de la Proposition 11, partie 3), et avec d'autant plus de force qu'elle est plus grande. Lors donc qu'on se représente l'objet odieux dans la joie, l'effort de l'âme est empêché par cette image (en vertu de la Proposition 13, partie 3) ; en d'autres termes (par le Scolie de la Proposition 11, partie 3), l'âme est saisie de tristesse, etc.

C. Q. F. D.

Scolie : Cette joie ne peut jamais être solide et pure de tout trouble intérieur ; car (comme je le ferai voir bientôt dans la Proposition 27) notre âme, en tant qu'elle se représente un être qui lui est semblable plongé dans la tristesse, en doit être contristée ; et le contraire arrive, si elle se représente cet être dans la joie. Mais nous ne faisons ici attention qu'à la haine qu'un objet inspire.

Proposition 24

Si nous nous représentons une personne comme causant de la joie à un objet que nous haïssons nous haïrons aussi cette personne. Si, au contraire, nous nous la représentons comme causant de la tristesse à l'objet odieux, nous aurons pour elle de l'amour.

Démonstration : Cette proposition se démontre de la même manière que la Proposition 22, partie 3, à laquelle nous renvoyons.

Scolie : Cette sorte de passions et celles qui ressemblent à la haine se rapportant à *l'envie*, qui, par conséquent, n'est autre chose que *la haine* elle-même, *en tant qu'elle dispose l'homme à se réjouir du malheur d'autrui et à s'attrister de son bonheur.*

Proposition 25

Tout ce que nous nous représentons comme causant de la joie à nous-mêmes ou à ce que nous aimons, nous nous efforçons de l'affirmer, et nous-mêmes et de ce que nous aimons ; et nous nous efforçons, au contraire, d'en nier tout ce que nous nous représentons comme causant de la tristesse à ce que nous aimons ou à nous-mêmes.

Démonstration : Ce qui nous paraît causer de la joie on de la tristesse à l'objet aimé nous cause de la joie ou de la tristesse (par la Proposition 21, Partie 3). Or, notre âme (par la Proposition 12, partie 3) s'efforce, autant qu'il est en elle, d'imaginer ce qui nous cause de la joie, en d'autres termes (par la Proposition 17, partie 2 et son Corollaire), de l'apercevoir comme présent, et au contraire (par la Proposition 13, partie 3), elle s'efforce d'exclure l'existence de ce qui nous cause de la tristesse. Donc, nous nous efforçons d'affirmer, et de nous-mêmes et de l'objet aimé, tout ce que l'imagination nous représente comme une cause de joie pour nous ou pour l'objet aimé ; et au contraire, etc.

C. Q. F. D.

Proposition 26

Nous nous efforçons d'affirmer de l'objet que nous avons en haine tout ce que nous imaginons lui devoir causer de la tristesse, et d'en nier tout ce que nous imaginons lui devoir causer de la joie.

Démonstration : Cette Proposition suit de la Proposition 23, comme la précédente suit de la Proposition 21, partie 3.

Scolie : Nous voyons par ce qui précède qu'il arrive aisément qu'un homme pense de soi ou de ce qu'il aime plus de bien qu'il ne faut, et au contraire, moins de bien qu'il ne faut de ce qu'il hait. Quand cette pensée regarde la personne même qui pense de soi plus de bien qu'il ne faut, c'est l'orgueil, sorte de délire où l'homme, rêvant les yeux ouverts, se croit capable de toutes les perfections que son imagination lui peut représenter, et les aperçoit dès lors comme des choses réelles, et s'exalte à les contempler, tant qu'il est incapable de se représenter ce qui en exclut l'existence et détermine en certaines limites sa puissance d'agir. *L'orgueil,* c'est donc la joie *qui provient de ce que l'homme pense de soi plus de bien qu'il ne faut.* Maintenant, *la joie qui provient de ce que l'homme pense d'autrui plus de bien qu'il ne faut,* c'est *l'estime ;* et celle enfin *qui provient de ce que l'homme pense d'autrui moins de bien qu'il ne faut,* c'est le *mépris.*

Proposition 27

Par cela seul que nous nous représentons un objet qui nous est semblable comme affecté d'une certaine passion, bien que cet objet ne nous en ait jamais fait éprouver aucune autre, nous ressentons une passion semblable a la sienne.

Démonstration : Les images des choses, ce sont les affections du corps humain dont les idées nous représentent les corps extérieurs comme nous étant présents (par le Scolie de la Proposition 17, partie 2), en d'autres termes (par la Proposition 16, partie 2), dont les idées enveloppent à la fois la nature de notre corps et la nature présente du corps extérieur. Si donc la nature du corps extérieur est semblable à la nature de notre corps, alors l'idée du corps extérieur que nous imaginons enveloppera une affection de notre corps, semblable à l'affection du corps extérieur, et en conséquence, si nous nous représentons un objet qui nous est semblable comme affecté d'une certaine passion, cette représentation exprimera une affection semblable de notre corps ; et par suite, de cela seul que nous nous représenterons un objet qui nous est semblable comme affecté d'une certaine passion, nous éprouverons une passion semblable à la sienne. Que si nous haïssons cet objet qui nous est semblable, en tant que nous le haïssons, nous serons affectés (par la Proposition 23, partie 3) d'une passion contraire à la sienne, et non pas semblable.

C. Q. F. D.

Scolie : Cette communication d'affection, relativement à la tristesse, se nomme *commisération* (voyez ci-dessus le Scolie de la Proposition 22, partie 3) ; mais relativement au désir, c'est *l'émulation*, laquelle n'est donc que le *désir d'une chose produit en nous, parce que nous nous représentons nos semblables animés du même désir.*

Corollaire I : Si nous nous représentons une personne, pour qui d'ailleurs nous n'éprouvons aucune passion, comme causant de la joie à un de nos semblables, nous aimerons cette personne ; si au contraire nous nous la représentons comme lui causant de la tristesse, nous la haïrons.

Démonstration : Cette Proposition se démontre par la précédente, comme la Proposition 22, partie 3, par la Proposition 21.

Corollaire II : Nous ne pouvons haïr un objet qui nous inspire de la commisération, par cela seul que le spectacle de sa misère nous met dans la tristesse.

Démonstration : Si, en effet, cela suffisait pour nous inspirer de la haine contre lui, il arriverait alors (par la Proposition 23, partie 2) que nous nous réjouirions de sa tristesse, ce qui est contre l'hypothèse.

Corollaire III : Chaque fois qu'un objet nous inspire de la commisération, nous nous efforçons, autant qu'il est en nous, de le délivrer de sa misère.

Démonstration : Toute chose qui cause de la tristesse à un objet dont nous avons pitié nous inspire une tristesse semblable (par la Proposition précédente), et alors nous nous efforçons (par la Proposition 13, partie 3) de nous rappeler tout ce qui supprime l'existence de cette choses c'est-à-dire ce qui la détruit ; en d'autres termes (par la Proposition 9, partie 3), nous désirons sa destruction, nous sommes déterminés à la détruire, et partant nous nous efforçons de délivrer de sa misère l'objet dont nous avons pitié.

C. Q. F. D.

Scolie : Cette volonté, ou cet appétit de faire le bien, qui naît de la commisération que nous ressentons pour l'objet à qui nous voulons faire du bien, s'appelle *bienveillance,* laquelle n'est donc que le *désir né de la commisération.* Du reste, pour ce qui est de l'amour ou de la haine que nous ressentons pour celui qui fait du bien ou du mal à nos semblables, voyez le Scolie de la Proposition 22, partie 3.

Proposition 28

Toute chose qu'on se représente comme conduisant à la joie, on fait effort pour qu'elle arrive ; si au contraire, elle doit être un obstacle à la joie et mener à la tristesse, on fait effort pour l'écarter ou la détruire.

Démonstration : Toute chose que nous imaginons comme conduisant à la joie, nous faisons effort pour l'imaginer ; autant qu'il nous est possible (par la Proposition 12, part. 3), en d'autres termes (par la

Proposition 17, part. 2) pour l'apercevoir autant que possible comme présente, c'est-à-dire existant en acte. Or, l'effort de l'âme ou sa puissance de penser est égale et simultanée à l'effort du corps ou à sa puissance d'agir (comme il suit clairement du Corollaire de la Proposition 7 et du Corollaire de la propos. 11, partie 2.). Nous faisons donc effort d'une manière absolue pour que cette chose existe, ou (ce qui est la même chose, par le Scolie de la Proposition 9, partie 3) nous le désirons et nous y tendons, ce qu'il fallait en premier lieu démontrer. En outre, si nous venons à imaginer la destruction d'une chose que nous croyons être une cause de tristesse, c'est-à-dire (par le Scolie de la Proposition 13, partie 3) que nous haïssons, nous en serons réjouis (par la Proposition 20, part. 3), et nous ferons effort pour la détruire *(par la première partie de cette Démonstration)* ou bien (par la Proposition 13, partie 3) pour l'éloigner de nous de telle façon que nous ne l'apercevions plus comme présente ; et c'est le second point qu'il fallait démontrer. Donc, toute chose qu'on se représente, etc.

C. Q. F. D.

Proposition 29

Nous nous efforçons de faire toutes les choses que nous imaginons que les hommes [183] verront avec joie, et nous avons de l'aversion pour celles qu'ils verront avec aversion.

Démonstration : Par cela seul que nous imaginons que les hommes aiment une chose ou la haïssent ; nous l'aimons ou nous la haïssons (par la Proposition 27, partie 3) ; ce qui revient à dire (par le Scolie de la Proposition 13, partie 3) que la présence de cette chose nous réjouit ou nous attriste ; et en conséquence (par la Proposition précédente) nous nous efforçons de faire toutes les choses qu'aiment les hommes ou que nous nous imaginons qu'ils verront avec joie, etc.

C. Q. F. D.

Scolie : Cet effort pour faire certaines choses ou pour ne les point faire, par le seul motif de plaire aux hommes, se nomme ambition, surtout quand on s'efforce de plaire au vulgaire avec un tel excès d'ardeur qu'on fait certaines choses, ou qu'on s'en abstient à son détriment ou à celui d'autrui ; autrement, on lui donne ordinairement le nom d'humanité. Quant à la joie qui provient de ce que nous imaginons qu'une action a été faite par autrui dans le but de nous plaire, je la nomme louange ; et la tristesse qui nous donne de l'aversion pour les actions d'autrui, je la nomme blâme.

Proposition 30

Celui qui imagine qu'une chose qu'il a faite donne aux autres de la joie ressent aussi de la joie, unie à l'idée de soi-même, comme cause de cette joie ; en d'autres termes, il se regarde soi-même avec joie ; si au contraire il imagine que son action donne aux autres de la tristesse, il se regarde soi-même avec tristesse.

Démonstration : Celui qui croit causer de la joie ou de la tristesse aux autres éprouve par cela même (en vertu de la Proposition 27, partie 3) de la joie ou de la tristesse. Or, l'homme ayant conscience de soi-même par les affections qui le déterminent à agir (en vertu des Proposition 19 et 23, partie 3), il s'ensuit donc que celui qui imagine qu'une chose qu'il a faite donne aux autres de la joie éprouvera une joie unie à la conscience de soi-même comme cause, en d'autres termes, se regardera soi-même avec joie ; et il en sera de même dans le cas de la tristesse.

C. Q. F. D.

Scolie : L'amour n'étant autre chose (par le Scolie de la Proposition 13, partie 3) que la joie, accompagnée de l'idée d'une cause extérieure, et la haine, que la tristesse également accompagnée de l'idée d'une cause extérieure, la joie et la tristesse dont on vient de parler seront donc une sorte d'amour et de haine ; mais comme l'amour et la haine se rapportent aux objets extérieurs, il faudra donner d'autres noms à ce genre de passions. Ainsi, la joie accompagnée de l'idée d'une cause extérieure, nous l'appellerons vanité, et la tristesse correspondante, honte ; entendez par là la joie et la tristesse quand elles proviennent de ce qu'un homme se croit loué ou blâmé. Je nommerai aussi la joie, accompagnée de l'idée d'une cause étrangère, paix intérieure et la tristesse correspondante, repentir. Voici maintenant ce qui peut arriver. Comme la joie qu'on s'imagine procurer aux autres peut être une joie purement fantastique (par le Corollaire de la Proposition 17, partie 2), et comme aussi (par la Proposition 25, partie 3), chacun s'efforce d'imaginer de soi-même tout ce qu'il représente comme une cause de joie, il peut arriver aisément qu'un vaniteux soit orgueilleux et s'imagine qu'il est agréable à tous, tandis qu'il leur est insupportable.

Proposition 31

Si nous venons à imaginer qu'une personne aime, désire ou hait quelque objet que nous-mêmes nous aimons, désirons ou haïssons, nous l'en aimerons, etc., d'une façon d'autant plus ferme ; si nous pensons au contraire qu'elle a de l'aversion pour un objet que nous aimons, ou réciproquement, nous éprouverons une fluctuation intérieure.

Démonstration : Par cela seul que nous imaginons qu'une personne aime tel ou tel objet, nous l'aimons aussi (par la Proposition 27, partie 3). Or, déjà sans cela on suppose que nous aimons cet objet ; voilà donc un nouveau motif qui s'ajoute à notre amour et en redouble la force ; et par conséquent, ce que nous aimons déjà, nous aimerons davantage. En second lieu, par cela seul que nous imaginons qu'une personne a de l'aversion pour tel ou tel objet, nous le prenons aussi en aversion. Si donc on suppose qu'en même temps nous avons pour cet objet de l'amour, il suit que nous aurons tout à la fois pour lui de la haine et de l'amour, ce qui revient à dire (voyez le Scolie de la Proposition 17, partie 3) que nous éprouverons une fluctuation intérieure.

C. Q. F. D.

Corollaire : Il suit de là et de la Proposition 28 que chacun fait effort, autant qu'il peut, pour que les autres aiment ce qu'il aime, et haïssent ce qu'il hait ; de là ces vers d'un poète :

Nous nous aimons ; que nos espérances soient communes ainsi que nos craintes. Il n'y a qu'un cœur d'airain qui puisse aimer ce qu'un autre dédaigne [184] .

Scolie : Cet effort qu'ont fait pour que les autres approuvent nos sentiments d'amour ou de haine, c'est proprement l'ambition (voyez le Scolie de la Proposition 29, partie 3). D'où l'on voit que tout homme désire naturellement que les autres vivent à son gré ; et comme tous le désirent également, ils se font également obstacle ; et comme aussi tous veulent être loués ou aimés de tous, ils se prennent mutuellement en haine.

Proposition 32

Si nous imaginons qu'une personne se complaise dans la possession d'un objet dont seule elle peut jouir, nous ferons effort pour qu'elle ne le possède plus.

Démonstration : Par cela seul que nous imaginons qu'une personne est heureuse de la possession d'un certain objet, nous aimons cet objet (par la Proposition 27, partie 3, et son Corollaire 1) et désirons en jouir. Or, *(par hypothèse),* c'est un obstacle à notre désir, que cette personne possède l'objet qu'elle aime. Donc (par la Proposition 28, partie 3) nous ferons effort pour qu'elle ne le possède plus.

C. Q. F. D.

Scolie : Nous voyons, par ce qui précède, que la nature humaine est ainsi faite qu'elle réunit presque toujours à la pitié pour ceux qui souffrent l'envie pour ceux qui sont heureux, et que notre haine à l'égard de ceux-ci est d'autant plus forte (par la Proposition précédente) que nous aimons davantage ce que nous voyons en leur possession. Nous devons aussi comprendre que cette même propriété de la nature humaine qui fait les hommes miséricordieux met en leur âme l'envie et l'ambition. Consultez maintenant l'expérience ; elle vous donnera les mêmes leçons, surtout si vous regardez aux premiers âges de la vie. Ainsi les enfants, dont le corps est continuellement en équilibre, pour ainsi dire, rient et pleurent par cela seul qu'ils voient rire et pleurer ; ce qu'ils voient faire aux autres, ils désirent incontinent l'imiter ; tout ce qu'ils croient agréable aux autres, ils le convoitent pour eux-mêmes ; tant il est vrai que les images des choses, comme nous l'avons dit, ce sont les affections mêmes du corps humain, ou les modifications dont il est affecté par les causes extérieures, et qui le déterminent à agir de telle ou telle façon.

Proposition 33

Quand nous aimons un objet qui nous est semblable, nous faisons effort, autant que nous pouvons, pour qu'il nous aime à son tour.

Démonstration : Un objet que nous aimons, nous nous efforçons de l'imaginer de préférence à tout le reste (par la Proposition 12, partie 3). Si donc cet objet nous est semblable, nous nous efforcerons de lui causer de la joie de préférence à tous les autres (par la Proposition 29, partie 3) ; en d'autres termes, nous ferons effort, autant que possible, pour que l'objet aimé éprouve un sentiment de joie accompagné de l'idée de nous-mêmes, ce qui revient à dire (par le Scolie de la Proposition 13, partie 3), pour qu'il nous aime à son tour.

C. Q. F. D.

Proposition 34

A mesure que nous imaginerons une passion plus grande de l'objet aimé à notre égard, nous nous glorifierons davantage.

Démonstration : Nous faisons effort, autant qu'il est en nous (par la Proposition précédente), pour que l'objet aimé nous aime à son tour, ou autrement (par le Scolie de la Proposition 13, partie 3) pour que l'objet aimé éprouve un sentiment de joie, uni à l'idée de nous-mêmes. Par conséquent, à mesure que nous imaginons dans l'objet aimé une joie plus grande dont nous sommes la cause, cet effort est favorisé avec plus d'énergie ; en d'autres termes (par la Proposition 11, partie 3, et son Scolie), nous éprouvons plus de joie. Or, quand nous nous réjouissons de la joie que nous avons causée à un de nos semblables, nous nous regardons nous-mêmes avec une joie nouvelle (par la Proposition 30, partie 3). Donc, à mesure que nous imaginerons une passion plus grande de l'objet aimé à notre égard, plus grande sera la joie que nous aurons à nous regarder nous-mêmes, ce qui revient à dire (par le Scolie de la Proposition 30, partie 3) que nous nous glorifierons davantage.

C. Q. F. D.

Proposition 35

Si nous venons à imaginer que l'objet aimé se joigne à un autre par un lien d'amitié égal à celui qui jusqu'alors nous l'enchaînait sans partage, ou plus fort encore, nous éprouverons de la haine pour l'objet aimé et de l'envie pour notre rival.

Démonstration : A mesure que nous imaginons l'objet aimé comme animé pour nous d'une passion plus grande, nous nous glorifions davantage (par la Proposition précédente) ; ce qui revient à dire (par le Scolie de la Proposition 30, partie 3) que nous en éprouvons d'autant plus de joie ; par conséquent (en vertu de la Proposition 28, partie 3) nous faisons effort, autant qu'il est en nous, pour imaginer que le lien qui nous unit à l'objet aimé est le plus étroit possible ; et cet effort ou cet appétit est alimenté par l'idée qu'un autre éprouve pour cet objet le même désir (par la Proposition 31 [185], partie 3). Or, on suppose ici que cet effort ou appétit est empêché par l'idée de l'objet aimé lui-même, en ce qu'elle est jointe à l'image de celui qu'il nous donne pour rival. Donc, par cela seul (en vertu du Scolie de la Proposition 11, partie 3), nous éprouverons un sentiment de tristesse joint à l'idée de la chose aimée comme cause d'une part, et de l'autre, à l'image de notre rival ; en d'autres termes (par le Scolie de la Proposition 13, partie 3) nous éprouverons de la haine pour l'objet aimé et en même temps pour notre rival (par le Corollaire de la Proposition 15, partie 3), lequel nous inspirera également de l'envie, en tant qu'il est heureux par l'objet aimé (en vertu de la Proposition 23, partie 3).

C. Q. F. D.

Scolie : Cette haine pour l'objet aimé, jointe à l'envie, se nomme jalousie, laquelle est donc la fluctuation intérieure, née de l'amour et tout ensemble de la haine, accompagnés de l'idée de l'objet que nous envions. Cette même haine pour l'objet aimé sera plus grande en raison de la joie que procurait au jaloux l'amour réciproque de l'objet aimé, et en raison aussi de la nature du sentiment que le jaloux avait éprouvé jusqu'alors pour son rival. En effet, s'il avait pour lui de la haine, il en concevra aussi pour l'objet aimé, par cela seul qu'il procure de la joie à celui qu'il hait (par la Proposition 24, partie 3), et par cela aussi qu'il est forcé de joindre l'image de l'objet aimé à l'image de celui qu'il hait (par le Corollaire de la Proposition 15, partie 3). C'est ce qui se rencontre le plus souvent dans l'amour qu'inspirent les femmes ; car celui qui se représente que la femme qu'il aime se prostitue à un autre est saisi de tristesse, non parce que son appétit trouve un obstacle ; mais parce qu'il est forcé de joindre à l'image de l'objet aimé celle des parties honteuses et des excréments de son rival, il conçoit de l'aversion pour l'objet aimé ; joignez à cela que le jaloux n'est pas reçu de l'objet aimé du même visage que d'habitude, nouvelle cause de tristesse pour l'amant, comme je le montrerai tout à l'heure.

Proposition 36

Celui qui se souvient d'un objet qui une fois l'a charmé désire le posséder encore, et avec les mêmes circonstances.

Démonstration : Tout ce qu'un homme voit en même temps qu'un objet qui l'a charmé est pour lui accidentellement une cause de joie (par la Proposition 15, partie 3), et par conséquent (en vertu de la Proposition 28, partie 3) il désirera posséder tout cela en même temps que l'objet qui l'a charmé ; en d'autres termes, il désirera posséder cet objet avec les mêmes circonstances où il en a joui pour la première fois.

C. Q. F. D.

Corollaire : Si donc l'amant s'aperçoit de l'absence d'une de ces circonstances, il en sera attristé.

Démonstration : En effet, en tant qu'il reconnaît le défaut de quelque circonstance, il imagine quelque chose qui exclut l'existence de l'objet qui l'a charmé ; et comme l'amour lui fait désirer cet objet ou cette circonstance (par la Proposition précédente), en tant qu'il imagine qu'elle lui manque, il est attristé (par la Proposition 19, partie 3).

C. Q. F. D.

Scolie : Cette tristesse, en tant qu'elle se rapporte à l'absence de ce que nous aimons, se nomme regret.

Proposition 37

Le désir qui naît de la tristesse ou de la joie, de la haine ou de l'amour, est d'autant plus grand que la passion qui l'inspire est plus grande.

Démonstration : La tristesse diminue ou empêche (par le Scolie de la Proposition 11, partie 3) la puissance d'action de l'homme, c'est-à-dire (par la Proposition 7, partie 3) l'effort de l'homme pour persévérer dans son être ; et en conséquence (par la Proposition 5, partie 3) elle est contraire à cet effort ; et dès lors, tout l'effort d'un homme saisi de tristesse, c'est d'écarter de soi cette passion. Or (par la Définition de la tristesse), plus la tristesse est grande, plus est grande aussi nécessairement la partie de la puissance d'action de l'homme à laquelle elle est opposée. Donc, plus la tristesse est grande, plus grande sera la puissance d'action déployée par l'homme pour écarter de soi cette passion ; c'est-à-dire (par le Scolie de la Proposition 9, partie 3), plus grand sera le désir ou l'appétit qui le poussera à éloigner la tristesse. De plus, comme la joie (par le même Scolie de la Proposition 9, partie 3) augmente ou favorise la puissance d'action de l'homme, on démontrerait aisément par la même voie qu'un homme saisi de joie ne désire rien autre chose que de la conserver, et cela d'un désir d'autant plus grand que la joie qui l'anime est plus grande. Enfin, comme la haine et l'amour sont des passions liées à la joie et à la tristesse, il s'ensuit par la même démonstration que l'effort, l'appétit ou le désir qui naît de la haine ou de l'amour croit en raison de cette haine et de cet amour mêmes.

C. Q. F. D.

Proposition 38

Celui qui commence de prendre en haine l'objet aimé, de façon que son amour en soit bientôt complètement éteint, s'il vient d'avoir contre lui un motif de haine, il ressentira une haine plus grande que s'il ne l'eût jamais aimé ; et, plus grand a été l'amour, plus grande sera la haine.

Démonstration : Dans l'âme de celui qui prend en haine l'objet jusqu'alors aimé, il y a plus d'appétits dont le développement est empêché, que s'il ne l'eût jamais aimé. Car l'amour est un sentiment de joie (par le Scolie de la Proposition 13, partie 3) que l'homme, autant qu'il est en lui, s'efforce de conserver (par la Proposition 28, partie 3) ; et cela (par le Scolie déjà cité) en contemplant l'objet aimé comme présent, et lui procurant de la joie autant qu'il est possible (par la Proposition 21, partie 3) ; et cet effort est d'autant plus grand (par la Proposition précédente), ainsi que cet autre effort que nous faisons (voyez la Proposition 33, partie 3) pour que l'objet aimé nous aime à son tour, que l'amour est plus grand lui-même. Or, tous ces efforts seront empêchés par la haine qui nous anime contre l'objet aimé, (par le Corollaire de la Proposition 13, et par la Proposition 23, partie 3) ; Donc l'amant (par le Scolie de la Proposition 11, partie 3) sera par cette

81

raison saisi de tristesse, et cette tristesse sera d'autant plus grande que plus grand était l'amour ; en d'autres termes, outre la tristesse qui a produit notre haine pour l'objet aimé, il y en a une autre qui naît de l'amour qu'il nous a inspiré ; de telle façon que nous regarderons l'objet aimé avec une tristesse plus grande, ou, en d'autres termes (par le Scolie de la Proposition 13 partie 3), que nous éprouverons pour lui plus de haine que si nous ne l'eussions jamais aimé ; et plus grand aura été notre amour, plus grande sera la haine.

C. Q. F. D.

Proposition 39

Celui qui a quelque objet en haine s'efforcera de lui faire de mal, à moins qu'il ne craigne de sa part un mal plus grand ; et, au contraire, celui qui aime quelque objet s'efforcera de lui faire du bien, sous la même condition.

Démonstration : Avoir un objet en haine, c'est (par le Scolie de la Proposition 13, partie 3) se le représenter comme une cause de tristesse, et en conséquence (par la Proposition 28, part. 3) celui qui a un objet en haine s'efforcera de l'écarter ou de le détruire. Mais s'il redoute pour soi quelque chose de plus triste, ou, ce qui est la même chose, un plus grand mal, et s'il croit pouvoir l'éviter en s'abstenant de faire a l'objet de sa haine le mal qu'il lui préparait, il désirera (par la même Proposition 28, partie 3) s'en abstenir en effet ; et cela (par la Proposition 37, partie 3), d'un effort plus grand que celui qui le portait à faire du mal à ce qu'il déteste ; de façon que cet effort prévaudra, comme nous voulons le démontrer. La seconde partie de la démonstration procède de la même manière. Donc, celui qui a quelque objet en haine, etc.

C. Q. F. D.

Scolie : Par bien, j'entends ici tout genre de joie et tout ce qui peut y conduire, particulièrement ce qui satisfait un désir quel qu'il soit ; par mal, tout genre de tristesse, et particulièrement ce qui prive un désir de son objet. Nous avons en effet montré plus haut (dans le Scolie de la Proposition 9, partie 3) que nous ne désirons aucune chose par cette raison que nous la jugeons bonne, mais au contraire que nous appelons bonne la chose que nous désirons ; et en conséquence, la chose qui nous inspire de l'aversion, nous l'appelons mauvaise ; de façon que chacun juge suivant ses passions de ce qui est bien ou mal, de ce qui est meilleur ou pire, de ce qu'il y a de plus excellent ou de plus méprisable. Ainsi, pour l'avare, le plus grand bien, c'est l'abondance d'argent, et le plus grand mal c'en est la privation. L'ambitieux ne désire rien à l'égal de la gloire, et ne redoute rien à l'égal de la honte. Rien de plus doux à l'envieux que le malheur d'autrui, ni de plus incommode que son bonheur ; et c'est ainsi que chacun juge d'après ses passions telle chose bonne ou mauvaise, utile ou inutile. Cette passion qui met l'homme dans une telle disposition qu'il ne veut pas ce qu'il veut, ou qu'il veut ce qu'il ne veut pas, se nomme crainte ; et la crainte n'est donc que cette *passion qui dispose l'homme à éviter un plus grand mal qu'il prévoit par un mal plus petit (voyez la Proposition 28, partie 3).* Si le mal que l'on craint c'est la honte, alors la crainte se nomme pudeur. Enfin, si le désir d'éviter un mal à venir est empêché par la crainte d'un autre mal, de telle façon que l'âme ne sache plus ce qu'elle préfère, alors la crainte se nomme consternation, surtout si l'un des deux maux qu'on redoute est entre les plus grands qu'on puisse appréhender.

Proposition 40

Celui qui imagine qu'il est haï par un autre et ne croit lui avoir donné aucun sujet de haine, le hait à son tour.

Démonstration : Celui qui imagine une personne animée par la haine ressent aussi de la haine (par la Proposition 27, partie 3) ; en d'autres termes (par le Scolie de la Proposition 13, partie 3), il éprouve une tristesse accompagnée de l'idée d'une cause extérieure. Or (*par hypothèse*) il n'imagine ici aucune autre cause de tristesse que la personne même qui le hait ; en conséquence, par cela qu'il imagine qu'il est haï par elle, il éprouve une tristesse accompagnée de l'idée de la personne qui le hait ; en d'autres termes (par le même Scolie déjà cité), il la hait à son tour.

Scolie : Que s'il vient à imaginer qu'il ait donné à celui qui le hait un juste sujet de haine, il éprouvera de la honte (par la Proposition 30 et son Scolie). Mais cela arrive rarement (par la Proposition 25, partie 3). J'ajoute que cette haine réciproque peut aussi venir de ce que la haine est suivie (par la Proposition 39, partie 3) d'un effort pour faire du mal à celui qui en est l'objet. D'où il résulte que celui qui se croit haï par un autre se le représente comme une cause de mal ou de tristesse, et partant est saisi d'un sentiment de tristesse ou de crainte accompagné de l'idée de celui qui le hait ; en d'autres termes, il le hait à son tour, ainsi qu'on l'a démontré plus haut.

Corollaire I : Celui qui se représente l'objet aime comme ayant pour lui de la haine est combattu entre la haine et l'amour. Car en tant qu'il croit que l'objet aimé a pour lui de la haine, il est déterminé à le haïr à son tour (par la Proposition précédente). Mais *(par hypothèse)* il aime cependant celui qui le hait. Il est donc combattu entre la haine et l'amour.

Corollaire II : Celui qui imagine qu'une personne pour laquelle il n'a encore ressenti aucune espèce de passion a été poussée par la haine à lui causer un certain mal s'efforcera incontinent de lui causer ce même mal.

Démonstration : En effet, celui qui imagine qu'une certaine personne a pour lui de la Laine la haïra à son tour (par la Proposition précédente), et s'efforcera (par la Proposition 26, partie 3) de se rappeler et de tourner contre cette personne (par la Proposition 39, partie 3) tout ce qui peut lui être une cause du tristesse. Or *(par hypothèse),* ce qu'elle imagine tout d'abord, c'est le mal qu'on a voulu lui faire ; ce sera donc ce même mal qu'elle s'efforcera de rendre à qui le lui destinait.

C. Q. F. D.

Scolie : L'effort que nous faisons pour causer du mal à l'objet de notre haine se nomme colère ; celui que nous faisons pour rendre le mal qu'on nous a causé, c'est la vengeance.

Proposition 41

Celui qui imagine qu'il est aimé d'une certaine personne, et croit ne lui avoir donné aucun sujet d'amour (ce qui peut arriver, en vertu du Corollaire de la Proposition 15 et de la Proposition 16, partie 3), aimera à son tour cette personne.

Démonstration : Cette proposition se démontre par la même voie que la précédente. (Voyez aussi le Scolie de celle-ci.)

Scolie : Que si celui dont nous parlons croit avoir donné à la personne qui l'aime un juste sujet d'amour, il se glorifiera (par la Proposition 30 et son Scolie, partie 3) ; et c'est là ce qui arrive le plus fréquemment (par la Proposition 25, partie 3), le cas contraire étant celui où l'on se croit l'objet de la haine d'autrui (voyez le Scolie de la précédente Proposition). Or, cet amour réciproque et l'effort qui en est la suite (par la Proposition 39, partie 3) pour faire du bien qui nous aime et veut ainsi nous faire du bien se nomme reconnaissance ou gratitude ; d'où l'on voit que les hommes sont beaucoup plus disposés à se venger d'autrui qu'à lui faire du bien.

Corollaire II : Celui qui croit être aimé d'une personne qu'il déteste sera combattu entre la haine et l'amour. Cela se démontre par la même voie que le premier Corollaire de la Proposition précédente.

Scolie : Si la haine domine, il s'efforcera de faire du mal à l'objet dont il est aimé ; et c'est là la passion qu'on nomme cruauté, surtout quand on croit que celui qui aime n'a donné à l'autre aucun des sujets ordinaires de haine.

Proposition 42

Celui qui a fait du bien à autrui, soit par amour, soit par espoir de la gloire qu'il en pourra tirer, sera attristé si son bienfait est reçu avec ingratitude.

Démonstration : Celui qui aime un de ses semblables fait effort, autant qu'il est en lui, pour en être aimé à son tour (par la Proposition 33, partie 3). Celui donc qui fait du bien à une personne agit de la sorte par le désir qui l'anime d'en être aimé, c'est-à-dire (en vertu de la Proposition 34, partie 3) par un espoir de gloire ou de joie (en vertu du Scolie de la Proposition 30, partie 3) ; et par conséquent (en vertu de la Proposition 12, partie 3), il fait effort, autant qu'il est en lui, pour se représenter cette cause de gloire comme existant actuellement. Or *(par hypothèse)*, ce qu'il se représente exclut précisément cette cause. Par cela même il sera donc attristé (par la Proposition 19, partie 3).

C. Q. F. D.

Proposition 43

La haine s'augmente quand elle est réciproque ; elle peut être détruite par l'amour.

Démonstration : Celui qui se représente l'objet de sa haine comme le haïssant à son tour en conçoit par cela seul une nouvelle haine (par la Proposition 40, partie 3), la première continuant de subsister *(par hypothèse)*. Mais s'il se représente au contraire l'objet de sa haine comme ressentant pour lui de l'amour, il se regardera lui-même avec joie (par la Proposition 30, partie 3) et s'efforcera de plaire à l'autre (par la Proposition 29, partie 3), ce qui revient à dire (par la Proposition 40, partie 3) qu'il s'efforcera de ne pas le prendre en haine, et de ne lui causer aucune tristesse ; or, cet effort sera plus grand ou plus petit en raison du sentiment dont il provient ; et conséquemment, s'il est plus grand que l'effort qui naît de la haine, et tend à causer de la tristesse à l'objet détesté (par la Proposition 26, partie 3), il prévaudra et détruira la haine dans l'âme qui la ressentait.

C. Q. F. D.

Proposition 44

La haine qui est complètement vaincue par l'amour devient l'amour devient de l'amour ; et cet amour est plus grand que s'il n'eût pas été précédé par la haine.

Démonstration : Elle procède de la même manière que celle de la Proposition 38, partie 3. Celui en effet qui commence à aimer l'objet qu'il haïssait, c'est-à-dire l'objet qu'il apercevait habituellement avec tristesse, se réjouit, par cela seul qu'il aime ; et, à cette joie que l'amour enveloppe (voyez la Définition de l'amour dans le Scolie de la Proposition 13, partie 3), s'en joint une autre, celle qui résulte de ce que l'effort pour écarter la tristesse, effort que la haine enveloppe toujours (comme on l'a montré dans la Proposition 37, partie 3), vient à être favorisé, l'idée de celui qu'on haïssait se joignant en même temps à notre joie, comme cause de cette joie même.

C. Q. F. D.

Scolie : Quoique les choses se passent de cette façon, personne cependant ne s'efforcera de prendre un objet en haine, c'est-à-dire d'éprouver de la tristesse, pour jouir ensuite d'une joie plus grande ; personne, en d'autres termes, ne désirera qu'on lui cause un dommage, dans l'espoir d'en être dédommagé, ni d'être malade, dans l'espoir de la guérison. Car chacun s'efforce toujours, autant qu'il est en lui, de conserver son être et d'écarter de lui la tristesse. Que si l'on pouvait concevoir le contraire, je veux dire qu'un homme vînt à désirer de prendre un objet en haine, afin de l'aimer ensuite davantage, il s'ensuivrait qu'il désirerait donc toujours de le haïr ; car plus la haine serait grande, plus grand serait l'amour ; et par conséquent il désirerait toujours que la haine devînt de plus en plus grande : et, à ce compte, un homme s'efforcerait d'être de plus en plus malade, afin de jouir ensuite d'une joie plus grande à son rétablissement, et en conséquence, il s'efforcerait toujours d'être malade, ce qui est absurde (par la Proposition 6, partie 3).

Proposition 45

Nous ressentirons de la haine pour un de nos semblables, s'il en a lui-même pour un autre que nous aimons.

Démonstration : L'objet qu'on aime, en effet, hait à son tour celui qui le hait (en vertu de la Proposition 40, partie 3) ; et par conséquent l'amant, en songeant qu'une personne a de la haine pour l'objet aimé, imaginera par cela même l'objet aimé comme saisi de haine, et partant, de tristesse (par le Scolie de la Proposition 13, partie 3) ; l'amant sera donc attristé (par la Proposition 21, partie 3), et se représentera en même temps l'idée de celui qui hait l'objet aimé, comme étant la cause de sa propre tristesse, ce qui revient à dire (par le Scolie de la Proposition 13, partie 3) qu'il le haïra.

C. Q. F. D.

Proposition 46

Si nous avons été affectés d'une impression de tristesse ou de joie par une personne d'une autre classe ou d'une autre nation que la nôtre, et si l'idée de cette personne, sous le nom commun de sa classe ou de sa nation, accompagne notre tristesse ou notre joie comme étant la cause même qui la produit, nous éprouverons de la haine ou de l'amour non seulement pour cette personne, mais encore pour toutes celles de sa classe ou de sa nation.

Démonstration : La démonstration de cette proposition suit évidemment de la Proposition 16, partie 3.

Proposition 47

La joie qui provient de ce que nous imaginons que l'objet détesté est détruit ou altéré de quelque façon n'est jamais sans mélange de tristesse.

Démonstration : Cela est évident par la Proposition 27, partie 3, car en tant que nous imaginons qu'un objet qui nous est semblable est dans la tristesse, nous sommes nous-mêmes contristés.

Scolie : Cette proposition se peut aussi démontrer par le Corollaire de la Proposition 17, partie 2. Chaque fois, en effet, que nous nous souvenons d'une chose, quoiqu'elle n'existe pas actuellement, nous la considérons comme présente, et le corps est affecté de la même façon que si elle était présente en effet. C'est pourquoi, tant qu'il garde mémoire d'une chose qu'il hait, l'homme est déterminé à la considérer avec tristesse ; et l'image de la chose continuant de subsister, cette détermination est empêchée mais non détruite par le souvenir des autres choses qui excluent l'existence de celle-là ; or, en tant qu'elle est empêchée, l'homme se réjouit ; et de là vient que la joie qui nous est causée par le malheur d'un objet détesté se répète aussi souvent que nous nous souvenons de lui. Car, comme on l'a déjà dit, lorsque l'image de l'objet détesté vient à être excitée, comme elle en enveloppe l'existence, elle détermine l'homme à considérer cet objet avec la même tristesse qu'il avait coutume de ressentir quand elle existait réellement. Mais comme il arrive aussi que l'homme joint à l'image de l'objet détesté d'autres images qui excluent l'existence de celle-là, cette détermination à la tristesse est empêchée au même instant, et l'homme se réjouit ; et cela autant de fois que le phénomène reparaît. On peut expliquer de la même manière pourquoi les hommes se réjouissent chaque fois qu'ils se rappellent les maux passés, et pourquoi aussi ils aiment à raconter les périls dont ils sont délivrés. Car, dès qu'ils se représentent quelque péril, ils l'aperçoivent aussitôt comme un péril à venir, et sont ainsi déterminés à le redouter ; mais cette détermination venant à être empêchée par l'idée de la délivrance, qu'ils ont jointe à celle du péril quand ils en ont été délivrés, la sécurité arrive à sa suite, et ils sont de nouveau réjouis.

Proposition 48

L'amour et la haine que j'ai pour Pierre, par exemple, disparaîtront, si a la tristesse qui enveloppe cette haine et à la joie qui enveloppe cet amour se joint l'idée d'une cause autre que Pierre ; et cette haine ou cet amour doivent diminuer en tant que j'imagine que Pierre n'a pas été seul cause de ma tristesse ou de ma joie.

Démonstration : Cela résulte évidemment de la seule définition de l'amour et de la haine (voyez le Scolie de la Proposition 13, partie 3). Car la joie ou la tristesse ne deviennent amour ou haine à l'égard de Pierre, qu'à cette condition que Pierre soit considéré comme cause de cette tristesse ou de cette joie. Par conséquent, ôtez cette condition, ou totalement ou en partie, et la passion dont Pierre était l'objet disparaît ou est diminuée par cela même.

C. Q. F. D.

Proposition 49

Une même cause doit nous faire éprouver pour un être que nous croyons libre plus d'amour ou plus de haine que pour un être nécessité.

Démonstration : Un être que nous croyons libre doit être perçu par soi et indépendamment de toute autre chose (en Vertu de la Définition 7, partie 1). Si donc nous imaginons qu'un tel être nous est une cause de joie ou de tristesse, par cela même (en vertu du Scolie de la propos. 13, partie 3), nous l'aimerons ou nous le haïrons, et cela (en vertu de la Proposition précédente), du plus grand amour ou de la plus grande haine qui puisse provenir de l'impression reçue. Si au contraire nous imaginons l'être qui est la cause de cette impression comme nécessité, alors (par la Définition 7, partie 1) nous croirons qu'il n'en est pas tout seul la cause, mais avec lui beaucoup d'autres êtres, et conséquemment (par la Proposition précédente) nous éprouverons pour lui moins de haine ou d'amour.

C. Q. F. D.

Scolie : Il suit de là que les hommes, dans la persuasion où ils sont de leur liberté, doivent ressentir les uns pour les autres plus d'amour et plus de haine que pour les autres êtres. Joignez à cela la communication des affections, dont il est parlé Proposition 27, 34, 40 et 43, partie 3.

Proposition 50

Une chose quelconque peut être, par accident, une cause d'espérance et de crainte.

Démonstration : Cette proposition se démontre par la même voie que la Proposition 15, partie 3, à laquelle nous renvoyons, ainsi qu'au Scolie de la Proposition 18, partie 3.

Scolie : Les choses qui sont, par accident, des causes d'espérance ou de crainte, on les nomme bons ou mauvais présages. Ces présages, en tant qu'ils sont pour nous des causes d'espérance ou de crainte, le sont en même temps de joie ou de tristesse (Par les Définition de l'espérance et de la crainte, qu'on trouve au Scolie 2 de la Proposition 18, partie 3), et en conséquence (par le corollaire de la propos. 15, partie 3) nous avons pour eux de l'amour et de la haine, et nous faisons effort (par la Proposition 28, partie 3) soit pour les employer comme moyens d'atteindre l'objet de nos espérances, soit pour les écarter comme des obstacles et des causes de crainte. En outre, il suit de la Proposition 25, partie 3, que la constitution naturelle de l'homme est telle qu'il croit facilement ce qu'il espère et difficilement ce qu'il appréhende, et que nos sentiments, à cet égard, sont toujours en deçà ou au-delà de ce qui est juste. Telle est l'origine de ces superstitions qui en tout lieu tourmentent les humains.

Du reste, je ne crois pas qu'il soit nécessaire d'expliquer ici les fluctuations qui proviennent de l'espérance et de la crainte, puisqu'il résulte de la seule définition de ces passions que l'espérance ne va pas sans la crainte, ni la crainte sans l'espérance (comme nous l'expliquerons plus amplement en son lieu) ; et comme il arrive, en outre, que nous avons toujours de l'amour ou de la haine pour un objet, en tant que nous l'espérons ou le redoutons, il s'ensuit que tout ce que nous avons dit sur l'amour et la haine, chacun peut aisément l'appliquer à l'espérance et à la crainte.

Proposition 51

Différents hommes peuvent être affectés de façon différente par un seul et même objet, et le même homme peut aussi être affecté par un seul et même objet de façon différente dans des temps différents.

Démonstration : Le corps humain est affecté de plusieurs façons par les corps extérieurs (en vertu du Postulat 3, partie 2). Deux hommes peuvent donc, dans le même temps, être affectés de différentes façons, et, conséquemment (par l'Axiome 1, posé après le Lemme 3, qui est après la Proposition 13, partie 2), ils peuvent être affectés de façons différentes par un seul et même objet. De plus (par le même Postulat), le corps humain peut être affecté tantôt de telle façon, tantôt de telle autre, et conséquemment (par le même Axiome) il peut être affecté par un seul et même objet de façon différente dans des temps différents.

87

C. Q. F. D.

Scolie : Nous voyons donc qu'il se peut faire qu'un homme haïsse ce qu'un autre aime, ou ne craigne point ce qu'un autre redoute ; et aussi qu'un seul et même homme aime ce qu'autrefois il détestait, et qu'il ose aujourd'hui ce que la crainte l'avait empêché de faire hier, etc. En outre, chacun jugeant selon ses passions de ce qui est bien ou mal, meilleur ou pire (voyez le Scolie de la Proposition 39, partie 3) il s'ensuit que les hommes peuvent différer dans leurs jugements autant que dans leurs passions ; [186] d'où il arrive que lorsque nous comparons les hommes, nous les distinguons par la seule différence des passions, et nous donnons à ceux-ci le nom d'intrépides, à ceux-là, le nom de timides, et à d'autres, d'autres noms. Par exemple, j'appellerai, quant à moi, intrépide celui qui méprise un mal que je suis accoutumé à craindre ; et si je remarque en outre que le désir qu'il éprouve de faire du mal à ce qu'il hait, et du bien à ce qu'il aime, n'est point empêché par la crainte d'un mal qui, d'ordinaire, me retient, je l'appellerai audacieux : celui-là, au contraire, me paraîtra timide, qui redoute un mal que je suis accoutumé à braver ; et si je remarque en outre que son désir est empêché par la crainte d'un mal qui ne peut, moi, me retenir, je dirai qu'il est pusillanime. Et chacun jugera, comme moi, suivant ses sentiments particuliers.

Enfin, la nature humaine étant ainsi faite et nos jugements inconstants à ce point ; si l'on ajoute que l'homme ne juge souvent des choses que par ses passions, et que souvent aussi les objets qu'il se représente commune des causes de joie ou de tristesse, et qu'il s'efforce en conséquence d'attirer à lui ou d'en éloigner (par la Proposition 28, partie 3). sont des objets tout imaginaires (pour ne point parler ici de tout ce qui a été expliqué dans la seconde partie touchant l'incertitude des choses), il est aisé de concevoir que l'homme est souvent pour beaucoup dans la cause de sa tristesse comme de sa joie ; en d'autres termes, que sa tristesse et sa joie sont souvent accompagnées de l'idée de soi-même comme cause ; d'où l'on peut comprendre ce que c'est que repentir et paix intérieure. *Le repentir est une tristesse accompagnée de l'idée de soi-même ; et la paix intérieure, une joie accompagnée de l'idée de soi-même ; toujours à titre de cause ;* et ces passions ont une très grande force, parce que les hommes croient être libres (voyez la Proposition 49, partie 3).

Proposition 52

Tout objet que nous avons déjà vu avec d'autres objets, ou en qui nous n'imaginons rien qui ne soit commun à plusieurs, nous ne le contemplerons pas aussi longtemps que celui en qui nous imaginons quelque chose de singulier.

Démonstration : En même temps que nous nous représentons un objet que nous avons déjà vu avec d'autres objets, nous nous rappelons ceux-ci (par la Proposition 18, partie 2, et son Scolie), et de cette façon, de la contemplation du premier objet nous allons aussitôt à celle des autres. Il en est de même d'un objet en qui nous n'imaginons rien qui ne soit commun à plusieurs. Car, par hypothèse, nous n'apercevons rien en lui que nous n'ayons déjà vu dans les autres. Au contraire, quand on suppose que nous imaginons en un certain objet quelque chose que nous n'avons point vu auparavant, c'est comme si l'on disait que l'âme, tant qu'elle contemple cet objet, n'a en elle-même aucun autre objet qui la puisse faire aller de la contemplation du premier à une autre contemplation ; et en conséquence, elle est déterminée à contempler ce premier objet d'une manière exclusive. Donc, tout objet, etc.

C. Q. F. D.

Scolie : Cette affection de l'âme, savoir, la représentation d'une chose singulière, en tant qu'elle est dans l'âme, à l'exclusion de toute autre représentation, se nomme admiration ; quand elle est excitée en nous par un objet que nous redoutons, on la nomme consternation ; parce qu'alors cette affection attache notre âme avec une telle force qu'elle est incapable de penser à d'autres objets, qui cependant pourraient la délivrer du mal qu'elle craint. Quand l'objet de notre admiration c'est la prudence de quelque personne, ou son industrie, ou choses semblables, on donne à ce sentiment le nom de vénération, parce qu'il nous détermine à considérer la personne que nous admirons comme très supérieure à nous. D'autres fois il prend le nom d'horreur, si c'est la colère ou la haine d'un homme qui excite notre admiration. Enfin, quand il nous arrive d'admirer la prudence ou l'industrie d'une personne aimée, l'amour alors s'en augmente (par la Proposition 12, partie 3) ; et cet amour, accompagné d'admiration ou de vénération, nous l'appelons dévotion. On peut concevoir de la même façon que la haine, l'espérance, la sécurité, et d'autres affections encore, se trouvent unies à l'admiration ; et par conséquent il nous serait aisé de déduire de cette analyse un nombre de passions plus grand qu'il n'y a de mots reçus pour les exprimer, ce qui fait bien voir que les noms des passions ont été formés d'après l'usage vulgaire bien plus que d'après une analyse approfondie.

A l'admiration s'oppose le mépris, dont la cause est pourtant le plus souvent que nous sommes déterminés, quand nous voyons quelqu'un admirer, aimer, craindre un certain objet, ou quand cet objet nous paraît au premier aspect semblable à ceux que nous admirons, que nous aimons, que nous craignons, nous sommes, dis-je, déterminés à l'admirer, à l'aimer, à le craindre. Mais s'il arrive que la présence de cet objet ou qu'un examen plus attentif nous force de reconnaître en lui l'absence de tout ce qui pouvait exciter notre admiration, notre amour, notre crainte, l'âme alors se trouve déterminée par la présence même de cet objet à penser beaucoup plus aux qualités qu'il ne possède pas qu'à celles qu'il possède ; tandis qu'elle est accoutumée, à l'aspect d'un objet présent, à remarquer surtout les qualités qui sont en lui. De même que la dévotion provient de l'admiration qu'on a pour un objet aimé, la dérision a sa source dans le mépris d'une personne qu'on hait ou qu'on redoute ; et le dédain naît du mépris de la sottise, comme la vénération naît de l'admiration de la prudence. Enfin l'on peut concevoir l'union de l'amour, de l'espérance, de la gloire et des autres passions avec le mépris, et en déduire une foule de passions nouvelles qui n'ont pas reçu de l'usage des noms particuliers.

Proposition 53

Quand l'âme se contemple soi-même et avec soi sa puissance d'action, elle se réjouit ; et d'autant plus qu'elle se représente plus distinctement et soi-même et sa puissance d'action.

Démonstration : L'homme ne se connaît soi-même que par les affections de son corps et les idées de ces affections (en vertu des Proposition 19 et 23, partie 2). Quand donc il arrive que l'âme se peut contempler soi-même, par cela même on suppose qu'elle passe à une perfection plus grande, c'est-à-dire (par le Scolie de la Proposition 2, partie 3) qu'elle éprouve de la joie, et une joie d'autant plus grande qu'elle peut se représenter plus distinctement et soi-même et sa puissance d'action.

C. Q. F. D.

Corollaire : Plus l'homme s'imagine qu'il est l'objet des louanges d'autrui, plus cette joie est alimentée dans son âme. Plus, en effet, il se représente soi-même de la sorte, plus grande il imagine la joie que les autres éprouvent à cause de lui, et à laquelle il joint l'idée de lui-même (par le Scolie de la Proposition 29, partie 3 [187]), et conséquemment (par la Proposition 27, partie 3), plus grande sera la joie qu'il éprouvera, et cette joie sera accompagnée de l'idée de lui-même.

C. Q. F. D.

Proposition 54

L'âme ne s'efforce d'imaginer que les choses qui affirment ou posent sa puissance d'agir.

Démonstration : L'effort de l'âme ou sa puissance, c'est l'essence même de l'âme (par la Proposition 7, partie 3). Or, l'essence de l'âme n'affirme que ce que l'âme est et ce qu'elle peut, et non pas ce qu'elle n'est pas et ce qu'elle ne peut (cela est de soi évident). Par conséquent, l'âme ne s'efforce d'imaginer que les choses qui affirment ou qui posent sa puissance d'action.

C. Q. F. D.

Proposition 55

Lorsque l'âme se représente sa propre impuissance, elle est par là même attristée.

Démonstration : L'essence de l'âme exprime seulement ce que l'âme est et ce qu'elle peut : en d'autres termes, il est de la nature de l'âme de se représenter seulement les choses qui alarment ou posent sa puissance d'action (par la Proposition précédente). Lors donc que nous disons que l'âme, en s'apercevant soi-même, se représente son impuissance, nous ne disons rien autre chose sinon que l'âme, quand elle s'efforce de se représenter quelque chose qui pose sa puissance d'agir, sent cet effort empêché ; en d'autres termes (par le Scolie de la Proposition 11, partie 3), elle est attristée.

C. Q. F. D.

Corollaire : Si l'on se représente qu'on est l'objet du blâme d'autrui, cette tristesse en est de plus en plus accrue ; ce qui se démontre de la même façon que le Corollaire de la Proposition 53, partie 3.

Scolie : Cette tristesse, accompagnée de l'idée de notre faiblesse, se nomme humilité ; et l'on appelle contentement de soi ou paix intérieure la joie qui provient pour nous de la contemplation de notre être. Or, comme cette joie se produit chaque fois que l'homme considère ses vertus, c'est-à-dire sa puissance d'agir, il arrive que chacun se plaît à raconter ses propres actions et à déployer les forces de son corps et de son âme, et c'est ce qui fait que les hommes sont souvent insupportables les uns pour les autres. De là vient aussi que l'envie est une passion naturelle aux hommes (voyez le Scolie de la Proposition 24 et le Scolie de la Proposition 32, partie 3), et qu'ils sont disposés à se réjouir de la faiblesse de leurs égaux ou à s'affliger de leur force. Chaque fois, en effet, qu'un homme se représente ses propres actions, il éprouve de la joie (par la Proposition 53, partie 3), et une joie d'autant plus grande qu'il y reconnaît plus de perfection et les imagine d'une façon plus distincte ; en d'autres termes (par ce qui a été dit dans le Scolie 1 de la Proposition 40, partie 2), il est d'autant plus joyeux qu'il distingue davantage ses propres actions de celles d'autrui et les peut mieux considérer comme des choses singulières. Par conséquent, le plaisir le plus grand que l'on puisse trouver dans la contemplation de soi-même c'est d'y considérer quelque qualité qui ne se rencontre pas dans le reste des hommes. Si donc ce qu'on affirme de soi-même se rapporte à l'idée universelle de l'homme ou de l'animal, la joie qu'on éprouve en sera beaucoup moins vive ; et l'on ressentira même de la tristesse si l'on se représente ses propres actions comme inférieures à celles d'autrui. Or, cette tristesse, on ne manquera pas de faire effort pour s'en délivrer (par le Proposition 28, partie 3), et le moyen d'y parvenir, ce sera d'expliquer les actions d'autrui de la manière la plus défavorable et de relever autant que possible les siennes propres. On voit donc que les hommes sont naturellement enclins à la haine et à l'envie ; et l'éducation fortifie encore ce penchant, car c'est l'habitude des parents d'exciter les enfants à la vertu par le seul aiguillon de l'honneur et de l'envie. On pourrait cependant objecter ici que nous admirons souvent les actions des autres hommes et les entourons de nos respects. Pour dissiper ce scrupule, j'ajouterai le Corollaire qui va suivre.

Corollaire : Personne ne conçoit d'envie pour la vertu, si ce n'est dans son égal.

Démonstration : L'envie, c'est la haine elle-même (voyez le Scolie de la Proposition 24, partie 3), c'est-à-dire (par le Scolie de la Proposition 13, partie 3) une tristesse ou une affection par laquelle (voyez le Scolie de la Proposition 11, partie 3) la puissance d'agir de l'homme se trouve empêchée. Or, l'homme ne s'efforce et ne désire d'accomplir d'autres actions que celles qui peuvent résulter de sa nature déterminée (par le Scolie de la Proposition 9, partie 3). En conséquence, personne ne désirera jamais affirmer de soi-même aucune puissance ou (ce qui est la même chose) aucune vertu qui soit étrangère à sa nature et propre à une nature différente ; et ainsi notre désir ne se trouvera point empêché, en d'autres termes (par le Scolie de la Proposition 11, partie 3) nous ne serons point attristés quand nous apercevrons quelque vertu en une personne qui ne nous ressemble pas, et nous n'éprouverons pour elle aucune envie. Il en arrivera tout autrement s'il s'agit d'un de nos égaux, puisque, par hypothèse, il y a dès lors entre lui et nous ressemblance de nature.

C. Q. F. D.

Scolie : Lors donc que nous avons dit, dans le Scolie de la Proposition 52, partie 3, que notre vénération pour un homme vient de ce que nous admirons sa prudence, sa force d'âme, etc., il est bien entendu (et cela résulte de la Proposition elle-même) que nous nous représentons alors ces vertus, non pas comme communes à l'espèce humaine, mais comme des qualités exclusivement propres à celui que nous vénérons ; et de là vient que nous ne les lui envions pas plus que nous ne faisons la hauteur aux arbres et la force aux lions.

Proposition 56

Autant il y a d'espèces d'objets qui nous affectent, autant il faut reconnaître d'espèces de joie, de tristesse et de désir, et en général de toutes les passions qui sont composées de celles-là, comme la fluctuation, par exemple, ou qui en dérivent, comme l'amour, la haine, l'espérance, la crainte, etc .

Démonstration : La joie et la tristesse, et conséquemment toutes les affections qui en sont composées ou qui en dérivent, sont des affections passives (par le Scolie de la Proposition 11, partie 3). Or, nous éprouvons nécessairement ce genre d'affection (par la Proposition 1, partie 3) en tant que nous avons des idées inadéquates ; et nous ne les éprouvons qu'en tant que nous avons de telles Idées (par la Proposition 3, partie 3) ; en d'autres termes (voyez le Scolie de la Proposition 40, partie 2), notre âme ne pâtit qu'en tant qu'elle imagine, ou en tant qu'elle est affectée (voyez la Proposition 17, partie 2, avec son Scolie) d'une passion qui enveloppe la nature de notre corps et celle d'un corps extérieur. Ainsi donc la nature de chacune de nos passions doit nécessairement être expliquée de telle façon qu'elle exprime la nature de l'objet dont nous sommes affectés. Par exemple, la joie qui provient de l'objet A doit exprimer la nature de ce même objet A ; et la joie qui provient de l'objet B, celle de ce même objet B ; et conséquemment ces deux sentiments de joie sont différents de leur nature, parce que les causes dont ils proviennent ont une nature différente. De même, un sentiment de tristesse qui provient d'un certain objet est différent, de sa nature, de la tristesse qui provient d'une autre cause : il faut concevoir qu'il en est de même pour l'amour, la haine, l'espérance, la crainte, la fluctuation, etc., d'où il suit qu'il y a nécessairement autant d'espèces de joie, de tristesse, d'amour, de haine, etc., qu'il y a d'espèces d'objets par lesquels nous sommes affectés.

Or, le désir étant l'essence ou la nature de chaque homme, en tant qu'il est déterminé par telle constitution donnée à agir de telle façon (voir le Scolie de la Proposition 9, partie 3), il s'en suit que chaque homme, suivant qu'il est affecté par les causes extérieures de telle ou telle espèce de joie, de tristesse, d'amour, de haine, etc. c'est-à-dire suivant que sa nature est constituée de telle ou telle façon, éprouve nécessairement tel ou tel désir ; et il est nécessaire aussi qu'il y ait entre la nature d'un désir et celle d'un autre désir autant de différence qu'entre les affections où chacun de ces désirs prend son origine. Donc,

91

autant il y a d'espaces de joies, de tristesse, d'amour, etc. ; et conséquemment (par ce qui vient d'être prouvé) autant il y a d'espèces d'objets qui nous affectent, et autant il y a d'espaces de désir.

C. Q. F. D.

Scolie : Entre les différentes espèces de passions, lesquelles doivent être en très grand nombre (d'après la Proposition précédente), il en est qui sont particulièrement célèbres, comme l'intempérance, l'ivrognerie, le libertinage, l'avarice, l'ambition. Toutes ces passions se résolvent dans les notions de l'amour et du désir, et ne sont autre chose que l'amour et le désir rapportés à leurs objets. Nous n'entendons, en effet, par l'intempérance, l'ivrognerie, le libertinage, l'avarice et l'ambition, rien autre chose qu'un amour ou un désir immodéré des festins, des boissons, des femmes, de la richesse et de la gloire. On remarquera que ces passions, en tant qu'on ne les distingue les unes des autres que par leurs objets, n'ont pas de contraires. Car la tempérance, la sobriété, la chasteté, qu'on oppose à l'intempérance, à l'ivrognerie, au libertinage, ne sont pas des passions ; elles marquent la puissance dont l'âme dispose pour modérer les passions.

Quant aux autres espèces de passion, je ne puis les expliquer ici (parce qu'elles sont aussi nombreuses que les objets qui les produisent), et je pourrais le faire que cela serait inutile. Car pour le but que je me propose en ce moment, qui est de déterminer la force des passions et celle dont l'âme dispose à leur égard, il suffit d'avoir une définition générale de chaque passion. Il suffit, dis-je, de comprendre les propriétés générales des passions et de l'âme pour déterminer quelle est la nature et le degré de la puissance que l'âme possède pour modérer et contenir les passions. Ainsi donc, bien qu'il y ait une grande différence entre tel et tel amour, telle et telle haine, tel et tel désir, par exemple, entre l'amour qu'on a pour ses enfants et celui qu'on a pour une épouse, il n'est point nécessaire à notre objet de connaître ces différences, et de pousser plus loin la recherche de la nature et de l'origine des passions.

Proposition 57

Toute passion d'un individu quelconque diffère de la passion d'un autre individu autant que l'essence du premier diffère de celle du second.

Démonstration : Cette proposition résulte évidemment de l'Axiome 1, qu'on peut voir après le Lemme 3, placé après le Scolie de la Proposition 13, partie 2. Cependant nous la démontrerons à l'aide des définitions des trois passions primitives.

Toutes les passions se rapportent au désir, à la joie et à la tristesse ; cela résulte des définitions données plus haut. Or, le désir est la nature même ou l'essence de chaque individu (voyez-en la déf. dans le Scolie de la Proposition 9, partie 3). Donc, le désir de chaque individu diffère de celui d'un autre individu autant que diffèrent leurs natures ou leurs essences. De plus, la joie, la tristesse sont des passions par lesquelles la puissance de chaque individu, c'est-à-dire son effort pour persévérer dans son être, est augmentée ou diminuée, favorisée ou empêchée (par la Proposition, 11, part, 3 et son Scolie) Or, cet effort pour persévérer dans son être, en tant qu'il se rapporte en même temps à l'âme et au corps, c'est pour nous l'appétit et le désir (par le Scolie de la Proposition, 9, partie 3). Donc la tristesse et la joie, c'est le désir même ou l'appétit, en tant qu'il est augmenté ou diminué, favorisé ou empêché par les causes extérieures, ce qui revient à dire (par le même Scolie) que c'est la nature même de chaque individu : d'où il suit que la joie ou la tristesse de chaque individu diffère de celle d'un autre, autant que la nature ou l'essence du premier diffère de celle du second. En conséquence, toute affection d'un individu quelconque diffère de celle d'un autre individu autant que, etc.

C. Q. F. D.

Scolie : Il suit de là que les passions des animaux que nous appelons privés de raison (car nous ne pouvons, connaissant l'origine de l'âme, refuser aux bêtes le sentiment) doivent différer des passions des hommes autant que leur nature diffère de la nature humaine. Le cheval et l'homme obéissent tous deux à l'appétit de la génération, mais chez celui-là, l'appétit est tout animal ; chez celui-ci, il a le caractère d'un penchant humain. De même, il doit y avoir de la différence entre les penchants et les appétits des insectes, et ceux des poissons, des oiseaux. Ainsi donc, quoique chaque individu vive content de sa nature et y trouve son bonheur, cette vie, ce bonheur ne sont autre chose que l'idée ou l'âme de ce même individu, et c'est pourquoi il y a entre le bonheur de l'un et celui de l'autre autant de diversité qu'entre leurs essences. Enfin, il résulte aussi de la Proposition précédente que la différence n'est pas médiocre entre le bonheur que peut ressentir un ivrogne et celui qui est goûté par un philosophe, et c'est une remarque que j'ai tenu à faire ici en passant. Voilà ce que j'avais à dire des affections qui se rapportent à l'homme en tant qu'il pâtit. Il me reste à ajouter quelques mots sur celles qui se rapportent à l'homme en tant qu'il agit.

Proposition 58

Outre cette joie et ce désir qui sont des affections passives, il y a d'autres joies et d'autres désirs qui se rapportent à nous en tant que nous agissons.

Démonstration : Quand l'âme se conçoit elle-même et sa puissance d'action, elle se réjouit (par la Proposition 53, partie 3) : or l'âme se contemple nécessairement elle-même quand elle conçoit une idée vraie ou adéquate (par la Proposition 43, partie 2.). D'un autre côté, l'âme conçoit quelques idées adéquates (par le Scolie 2 de la Proposition 40, partie 2). Donc elle se réjouit en tant qu'elle conçoit des idées adéquates, c'est-à-dire (par la Proposition 1, partie 3) entant qu'elle agit. En outre, l'âme, en tant qu'elle a des idées soit claires et distinctes, soit confuses, fait effort pour persévérer dans son être (par la Proposition 9, part. 3) : or , cet effort pour nous, c'est le désir (par le Scolie de cette même Proposition). Donc le désir se rapporte aussi en nous, en tant que nous pensons, c'est-à-dire (par la Proposition 1, partie 3) en tant que nous agissons. C. Q. F. D.

Proposition 59

Entre toutes les passions qui se rapportent à l'âme, en tant qu'elle agit, il n'en est aucune qui ne se rapporte à la joie ou au désir.

Démonstration : Toutes les passions se rapportent au désir, à la joie ou à la tristesse ; les définitions que nous avons données plus haut l'établissent ; or, nous entendons par tristesse ce qui diminue ou empêche la puissance de penser de l'âme [188] (par la Proposition 11, partie 3, et son Scolie). Par conséquent, en tant que l'âme est attristée, sa puissance de penser, c'est-à-dire (par la Proposition 1, partie 3) d'agir, est diminuée ou empêchée ; par conséquent aucune affection de tristesse ne se peut rapporter à l'âme en tant qu'elle agit, mais seulement les affections de la joie et du désir, lesquelles (par la Proposition précédente) se rapportent à l'âme sous ce point de vue.

Scolie : Toutes les actions qui résultent de cet ordre d'affections qui se rapportent à l'âme en tant qu'elle pense, constituent la force d'âme. Il y a deux espèces de force d'âme, savoir : l'intrépidité et la générosité. J'entends par *intrépidité,* ce *désir qui porte chacun de nous à faire effort pour conserver son être en vertu des seuls commandements de la raison.* J'entends par *générosité,* ce *désir qui porte chacun de nous, en vertu des seuls commandements de la raison, à faire effort pour aider les autres hommes et se les attacher par les liens de l'amitié.* Ainsi donc, ces actions qui ne tendent qu'à l'intérêt particulier de l'agent, je les rapporte à l'intrépidité, et à la générosité celles qui tendent en outre à l'intérêt d'autrui. De cette façon, la tempérance,

93

la sobriété, la présence d'esprit dans le danger, etc., sont des espèces particulières d'intrépidité ; la modestie, la clémence, etc., sont des espèces, de générosité.

Il me semble maintenant que j'ai expliqué par ce qui précède les principales passions de l'âme, et ces fluctuations intérieures qui naissent des combinaisons diverses des trois passions primitives, le désir, la joie et la tristesse ; et je crois avoir ramené tous ces phénomènes à leurs premiers principes. On voit par là que nous sommes agités en mille façons par les causes extérieures ; et, comme les flots de la mer soulevés par des vents contraires, notre âme flotte entre les passions, dans l'ignorance de l'avenir et de sa destinée.

Du reste, comme je l'ai dit, je n'ai point voulu montrer toutes les complications possibles des passions humaines, mais seulement les plus importantes ; car en suivant la même voie que ci-dessus, il m'eût été facile de faire voir que l'amour se joint au repentir, au dédain, à la honte ; mais je crois qu'il est bien établi pour tout le monde, d'après ce qui précède, que les passions se peuvent combiner les unes avec les autres de tant de manières et qu'il en résulte des variétés si nombreuses qu'il est impossible d'en fixer le nombre. Or, il suffit à mon but d'avoir examiné seulement les principales passions ; et quant à analyser les autres, ce serait un objet de curiosité plutôt que d'utilité. Toutefois, j'ai une dernière remarque à faire au sujet de l'amour, qui est qu'il arrive souvent, quand nous jouissons d'un objet désiré, que le corps acquiert par cette jouissance une disposition nouvelle qui lui imprime de nouvelles déterminations, de telle sorte qu'il se forme en lui d'autres images des choses, et que par suite l'âme commence à imaginer d'une manière différente et à former d'autres désirs. Par exemple, quand nous imaginons un objet dont la saveur nous est habituellement agréable, nous désirons de jouir de cet objet, c'est-à-dire de le manger ; or, tandis que nous le mangeons, l'estomac se remplit et le corps se trouve disposé d'une nouvelle manière. Les choses en étant là, si l'image de ce mets présent à nos yeux vient à se représenter et avec elle le désir de manger, il arrivera que la nouvelle disposition de notre corps s'opposera à ce désir, et la présence de l'objet que nous aimons nous deviendra désagréable ; c'est là ce qu'on appelle le dégoût, l'ennui.

Du reste, j'ai négligé de marquer les affections extérieures qu'on observe dans le développement des passions, comme le tremblement des membres, la pâleur, les sanglots, le rire, etc., parce que ces affections se rapportent exclusivement au corps sans aucune relation à l'âme. Je termine par la définition des passions, et je vais, en conséquence, les ranger ici par ordre, en intercalant les observations convenables.

Définition 1

Le désir, c'est l'essence même de l'homme, en tant qu'elle est conçue comme déterminée à quelque action par une de ses affections quelconque.

Explication : Nous avons dit plus haut, dans le Scolie de la propos. 9, partie 3, que le désir, c'est l'appétit avec conscience de lui-même, et que l'appétit, c'est l'essence même de l'homme, en tant que déterminée aux actions qui servent à sa conservation. Mais nous avons eu soin d'avertir dans ce même Scolie que nous ne reconnaissions aucune différence entre l'appétit humain et le désir. Que l'homme, en effet, ait ou non conscience de son appétit, cet appétit reste une seule et même chose ; et c'est pour cela que je n'ai pas voulu, craignant de paraître tomber dans une tautologie, expliquer le désir par l'appétit ; je me suis appliqué, au contraire, à le définir de telle sorte que tous les efforts de la nature humaine que nous appelons appétit, volonté, désir, mouvement spontané, fussent compris ensemble dans une seule définition. J'aurais pu dire, en effet, que le désir, c'est l'essence même de l'homme en tant qu'on la conçoit comme déterminée à quelque action ; mais de cette définition il ne résulterait pas (par la Proposition 23, partie 2) que l'âme pût avoir conscience de son désir et de son appétit. C'est pourquoi, afin d'envelopper dans ma définition la cause de cette conscience que nous avons de nos désirs, il a été nécessaire (par la même Proposition) d'ajouter : en tant qu'elle est déterminée par une de ses affections quelconque, etc. En effet, par une affection de l'essence de l'homme, nous entendons un état quelconque de cette même essence, soit inné, soit conçu par son rapport au seul attribut de la pensée, ou par son rapport au seul attribut de l'étendue, soit enfin rapporté à la fois à l'un et l'autre de ces attributs. J'entendrai donc, par le mot désir, tous les efforts, mouvements, appétits, volitions qui varient avec les divers états d'un même homme, et souvent sont si opposés les uns aux autres que l'homme, tiré en mille sens divers, ne sait plus quelle direction il doit suivre.

Définition 2

La joie est le passage d'une moindre perfection à une perfection plus grande.

Définition 3

La tristesse est le passage d'une perfection plus grande à une moindre perfection.

Explication : Je dis que la joie est un passage à la perfection. En effet, elle n'est pas la perfection elle-même. Si l'homme, en effet, naissait avec cette perfection où il passe par la joie, il ne ressentirait aucune joie à la posséder ; et c'est ce qui est plus clair encore pour l'affection opposée, la tristesse. Car personne ne peut nier que la tristesse ne consiste dans le passage à une moindre perfection, et non dans cette perfection elle-même, puisqu'il est visiblement impossible que l'homme, de ce qu'il participe à une certaine perfection, en ressente de la tristesse. Et nous ne pouvons pas dire que la tristesse consiste dans la privation d'une perfection plus grande ; car une privation, ce n'est rien. Or, la passion de la tristesse étant une chose actuelle ne peut donc être que le passage actuel à une moindre perfection, en d'autres termes, un acte par lequel la puissance d'agir de l'homme est diminuée ou empêchée (voir le Scolie de la Proposition 11, partie 3). Du reste, j'omets ici les définitions de l'hilarité, du chatouillement, de la mélancolie et de la douleur, parce qu'elles se rapportent principalement au corps et ne sont que des espèces de joie et de tristesse.

Définition 4

L'admiration est cette façon d'imaginer un objet qui attache l'âme exclusivement par le caractère singulier de cette représentation qui ne ressemble à aucune autre (voyez Proposition 52 et son Scolie).

Explication : Nous avons montré, dans le Scolie de la Proposition 18, partie 2, par quelle cause l'âme va de la contemplation d'un certain objet à la pensée d'un autre objet, savoir, parce que les images de ces objets sont ainsi enchaînés l'une à l'autre et dans un tel ordre que celle-ci suit celle-là. Or cela ne peut arriver quand l'âme considère une image qui lui est nouvelle. Elle doit donc y rester attachée jusqu'à ce que d'autres causes la déterminent à de nouvelles pensées. On voit par là que la représentation d'une chose qui nous est nouvelle est de la même nature, quand on la considère en elle-même, que toutes les autres représentations ; et c'est pourquoi je ne compte pas l'admiration au nombre des passions, ne voyant aucune raison de l'y comprendre, puisque cette concentration de l'âme ne vient d'aucune cause positive, mais seulement de l'absence d'une cause qui détermine l'imagination à passer d'un objet à un autre. Je ne reconnais donc (comme j'en ai déjà averti au Scolie de la Proposition 11, partie 3) que trois affections primitives ou principales, qui sont la joie, la tristesse et le désir ; et si j'ai parlé de l'admiration, c'est que l'usage a donné à certaines passions qui dérivent des trois passions primitives des noms particuliers quand elles ont rapport aux objets que nous admirons. C'est aussi cette raison qui m'engage à joindre ici la définition du mépris.

Définition 5

Le mépris est cette façon d'imaginer qui touche l'âme à un si faible degré qu'elle est moins portée par la présence de l'objet qu'elle se représente à considérer ce qu'il n'a pas que ce qu'il a. (Voyez le Scolie de la Proposition 52, partie 3).

J'omets ici les définitions de la vénération et du dédain, parce qu'aucune passion, que je sache, n'emprunte son nom à celles-là.

Définition 6

L'amour est un sentiment de joie accompagné de l'idée de sa cause extérieure.

Explication : Cette définition marque assez clairement l'essence de l'amour ; celle des auteurs qui ont donné cette autre définition : *Aimer, c'est vouloir s'unir à l'objet aimé* , exprime une propriété de l'amour et non son essence ; et comme ces auteurs n'avaient pas assez approfondi l'essence de l'amour, ils n'ont pu avoir aucun concept clair de ses propriétés, ce qui a rendu leur définition obscure, au jugement de tout le monde. Mais il faut observer qu'en disant que c'est une propriété de l'amant de vouloir s'unir à l'objet aimé, je n'entends pas par ce vouloir un consentement de l'âme, une détermination délibérée, une libre décision enfin (car tout cela est fantastique, comme je l'ai démontré Proposition 68, part. 2) ; je n'entends pas non plus le désir de s'unir à l'objet aimé quand il est absent, ou de continuer à jouir de sa présence quand il est devant nous ; car l'amour peut se concevoir abstraction faite de ce désir. J'entends par ce vouloir la paix intérieure de l'amant en présence de l'objet aimé, laquelle ajoute à sa joie, ou du moins lui donne un aliment.

Définition 7

La haine, c'est la tristesse avec l'idée de sa cause extérieure.

Explication : Les remarques à faire sur la haine résultent assez clairement de celles qui précèdent sur l'amour. (Voyez en outre le Scolie de la Proposition 11, part, 3.).

Définition 8

L'inclination est un sentiment de joie accompagné de l'idée d'un objet qui est pour nous une cause accidentelle de joie.

Définition 9

L'aversion est un sentiment de tristesse accompagné de l'idée d'un objet qui est pour nous une cause accidentelle de tristesse. (Voyez sur ces deux passions le Scolie de la Proposition 15, partie 3.).

Définition 10

La dévotion, c'est l'amour d'un objet qu'on admire.

Explication : Nous avons montré dans la Propos 52, partie 3, que l'admiration naît de la nouveauté des choses. Si donc il nous arrive d'imaginer souvent un objet que nous admirons, nous cesserons de l'admirer. Ce qui fait voir que la passion de la dévotion dégénère aisément en simple amour.

Définition 11

La dérision est un sentiment de joie qui provient de ce que nous imaginons dans un objet détesté quelque chose qui nous inspire du mépris.

Explication : En tant que nous méprisons un objet détesté, nous en nions l'existence (voir le Scolie de la Proposition 52, partie 3), et partant nous éprouvons de la joie (par la Proposition 20, partie 3). Mais comme on suppose ici que l'objet de notre dérision est cependant aussi l'objet de notre haine, il s'ensuit que cette joie n'est pas une joie solide. (Voyez le Scolie de la Proposition 47, partie 3.).

Définition 12

L'espérance est une joie mal assurée qui provient de l'idée d'une chose future ou passée dont l'événement nous laisse quelque doute.

Définition 13

La crainte est une tristesse mal assurée qui provient de l'idée d'une chose future ou passée dont l'événement nous laisse quelque doute.

Explication : *Il suit de ces définitions qu'il n'y a pas d'espérance sans crainte, ni de crainte sans espérance En effet, celui dont le cœur est suspendu à l'espérance et qui doute que l'événement soit d'accord avec ses désirs, celui-là est supposé se représenter certaines choses qui excluent celle qu'il souhaite, et par cet endroit il doit être saisi de tristesse (par la Proposition 19, partie 3) ; par conséquent, au moment où il espère, il doit en même temps craindre. Au contraire, celui qui est dans la crainte, c'est-à-dire dans l'incertitude d'un événement qu'il déteste, doit aussi se représenter quelque chose qui en exclue l'existence ; et par suite (par la Proposition 20, part. 3), il éprouve de la joie : d'où il s'ensuit que par cet endroit il a de l'espérance.*

Définition 14

La sécurité est un sentiment de joie qui provient de l'idée d'une chose future ou passée sur laquelle toute cause d'incertitude est disparue.

Définition 15

Le désespoir est un sentiment de tristesse qui provient de l'idée d'une chose future ou passée sur laquelle toute cause d'incertitude est disparue.

Explication : La sécurité naît donc de l'espérance, et le désespoir de la crainte, dès que nous n'avons plus de cause d'incertitude sur l'objet désiré ou redouté ; et cela arrive quand l'imagination nous fait regarder une chose passée ou future comme présente, ou bien nous représente d'autres objets qui excluent l'existence de ceux qui nous causaient de l'incertitude. En effet, bien que nous ne puissions jamais (par le Corollaire de la Proposition 31, partie 2) être certains de l'avenir touchant les choses particulières, il peut arriver toutefois que nous n'en doutions nullement ; car autre chose est (nous l'avons montré au Scolie de la Proposition 49, partie 2) ne pas douter d'une chose et en avoir la certitude ; et il peut arriver, en conséquence, que nous éprouvions à imaginer une chose passée ou future le même sentiment de joie ou de tristesse que nous fait ressentir une chose présente, comme nous l'avons démontré dans la Proposition 18, part. 3, à laquelle on peut recourir ainsi qu'à son Scolie.

Définition 16

Le contentement est un sentiment de joie accompagné de l'idée d'une chose passée qui est arrivée contre notre espérance.

Définition 17

Le remords est un sentiment de tristesse accompagné de l'idée d'une chose passée qui est arrivée contre notre espérance.

Définition 18

La commisération est un sentiment de tristesse accompagné de l'idée d'un mal qui est survenu à un être que l'imagination nous représente comme semblable à nous. (Voyez le Scolie de la Proposition 22 et le Scolie de la Proposition 27, partie 3.).

Explication : Entre la commisération et la miséricorde, il ne semble pas qu'il y ait de différence, si ce n'est toutefois que la commisération marque plutôt le sentiment lui-même, et la miséricorde sa manifestation extérieure.

Définition 19

L'inclination est un sentiment d'amour pour une personne qui fait du bien à une autre.

Définition 20

L'indignation est un sentiment de haine pour une personne qui fait du mal à une autre.

Explication : Je sais que l'usage donne à ces mots un autre sens. Mais mon dessein est d'expliquer, non la signification des mots, mais la nature des choses, et il me suffit de désigner les passions de l'âme par des noms qui ne s'écartent pas complètement de la signification que l'usage leur a donnée ; que le lecteur en soit averti une fois pour toutes. Quant aux deux passions dont je viens de parler, j'en explique la cause dans le Corollaire 1 de la Proposition 27 et le Scolie de la Proposition 22, partie 3.

Définition 21

L'estime consiste à penser d'une personne plus de bien qu'il ne faut, à cause de l'amour qu'on a pour elle.

Définition 22

Le mépris consiste à penser d'une personne moins de bien qu'il ne faut, à cause de la haine qu'on a pour elle.

Explication : L'estime est donc un effet ou une propriété de l'amour, et le mépris a le même rapport avec la haine. On peut donc définir ainsi l'estime : *L'estime, c'est l'amour en tant qu'il dispose l'homme à penser* *de l'objet aimé plus de bien qu'il ne faut* ; et le mépris, au contraire, *c'est la haine en tant qu'elle dispose l'homme à penser de l'objet haï moins de bien qu'il ne faut.* (Voyez sur tout cela le Scolie de la Proposition 26, partie 3.).

Définition 23

L'envie, c'est la haine, en tant qu'elle dispose l'homme à s'attrister du bonheur d'autrui, et au contraire à se réjouir de son malheur.

Explication : A l'envie on oppose communément la miséricorde, laquelle peut donc se définir ainsi, en dépit de la signification du mot.

Définition 24

La miséricorde, c'est l'amour en tant qu'il dispose l'homme à se réjouir du bien d'autrui et à s'attrister de son malheur.

Explication : Voyez sur l'envie le Scolie de la Proposition 24, et le Scolie de la Proposition 32, partie 3. Les diverses affections de joie et de tristesse que je viens de définir sont toutes accompagnées de l'idée d'une chose extérieure, comme cause immédiate ou accidentelle. Je passe maintenant à des affections accompagnées de l'idée d'une chose intérieure comme cause.

Définition 25

La paix intérieure est un sentiment de joie qui provient de ce que l'homme contemple son être et sa puissance d'agir.

Définition 26

L 'humilité est un sentiment de tristesse qui provient de ce que l'homme contemple son impuissance et sa faiblesse .

Explication : La paix intérieure s'oppose à l'humilité, en tant qu'on la définit un sentiment de joie né de la contemplation de notre puissance d'agir ; mais en tant qu'on la définit d'une autre manière, savoir, un sentiment de joie accompagné de l'idée d'une action que nous croyons avoir faite par une libre décision de l'âme, elle s'oppose alors au repentir que nous définissons de la sorte :

Définition 27

Le repentir est un sentiment de tristesse accompagné de l'idée d'une action que nous croyons avoir accomplie par une libre décision de l'âme.

Explication : Nous avons montré les causes de ces deux dernières passions dans le Scolie de la Proposition 51, partie 3, et les Proposition 53, 54, 55, partie 3, et le Scolie de cette dernière. Quant à la liberté des décisions de l'âme, voyez le Scolie, de la Proposition 35, partie 2. Mais il faut en outre remarquer ici qu'il n'est nullement surprenant que la tristesse accompagne tous les actes qu'on a coutume d'appeler *mauvais* , et la joie tous ceux qu'on nomme *bons* . On conçoit en effet par ce qui précède que tout cela dépend surtout de l'éducation. Les parents, en blâmant certaines actions et réprimandant souvent leurs enfants pour les avoir commises, et au contraire en louant et en conseillant d'autres actions, ont si bien fait que la tristesse accompagne toujours celles-là et la joie toujours celles-ci. L'expérience confirme cette explication. La coutume et la religion ne sont pas les mêmes pour tous les hommes : ce qui est sacré pour les uns est profane pour les autres, et les choses honnêtes chez un peuple sont honteuses chez un autre peuple. Chacun se repent donc ou se glorifie d'une action suivant l'éducation qu'il a reçue.

Définition 28

L'orgueil consiste à penser de soi, par amour de soi-même, plus de bien qu'il ne faut.

Explication : L'orgueil diffère donc de l'estime, l'estime se rapportant à une personne étrangère, et l'orgueil à la personne même qui pense de soi plus de bien qu'il ne faut. Du reste, de même que l'estime est un effet ou une propriété de l'amour qu'on a pour autrui, l'orgueil est un effet de l'amour qu'on a pour soi-même. On peut donc définir l'orgueil : *l'amour de soi-même ou la paix intérieure, en tant qu'elle dispose l'homme à penser de soi plus de bien qu'il ne faut* (voyez le Scolie de la Proposition 26, partie 3). Cette passion n'a pas de contraire ; car personne, par haine de soi, ne pense de soi moins de bien qu'il ne faut. Bien plus, il n'arrive à personne, en pensant qu'elle ne peut faire telle ou telle chose, de penser de soi moins de bien qu'il ne faut. Car toutes les fois que l'homme s'imagine qu'il est incapable de faire une chose, il est nécessaire qu'il imagine cette chose, et cela même le dispose de telle façon qu'il est effectivement incapable de la chose qu'il imagine. Et en effet, tant qu'il s'imagine qu'il ne peut faire une certaine chose, il n'est point déterminé à agir, et conséquemment il est impossible qu'il fasse la chose en question. Et toutefois, si nous considérons les choses qui dépendent uniquement de l'opinion, il nous sera possible de concevoir comment il arrive qu'un homme pense de soi moins de bien qu'il ne faut. Un homme, en effet, qui contemple avec tristesse sa propre impuissance, peut s'imaginer qu'il est l'objet du mépris universel, tandis que personne ne songe à le mépriser. — Un autre sera disposé à penser de soi moins de bien qu'il ne faut, s'il vient à nier présentement de soi-même quelque chose qui a en même temps une relation avec un avenir incertain, par exemple, s'il considère qu'il lui est impossible de rien concevoir avec certitude, de former d'autres désirs et d'accomplir d'autres actes que des actes et des désirs mauvais et honteux, etc. Enfin, nous pouvons dire qu'un homme pense de soi moins de bien qu'il ne faut quand nous le voyons par une fausse honte ne pas oser de certaines choses que ses égaux n'hésitent pas à entreprendre. Nous pouvons donc opposer à l'orgueil la passion que je viens de décrire, et à laquelle je donnerai le nom d'abjection ; car, comme l'orgueil naît de la paix intérieure, de l'humilité naît l'abjection, et je la définis en conséquence.

Définition 29

L'abjection consiste à penser de soi moins de bien qu'il ne faut sous l'impression de la tristesse.

Explication : Nous opposons d'ordinaire l'humilité à l'orgueil ; c'est qu'alors nous avons plus d'égard aux effets de ces deux passions qu'à leur nature. Nous appelons orgueilleux, en effet, celui qui se glorifie à l'excès (voir le Scolie de la Proposition 30, part. 3), qui ne parle de soi que pour exalter sa vertu et des autres que pour dire leurs vices, qui veut être mis au-dessus de tous, enfin qui prend la démarche et étale la magnificence des personnes placées fort au-dessus de lui. Nous appelons humble, au contraire, celui qui rougit souvent, qui convient de ses défauts et célèbre les vertus des autres, qui se met au-dessous de tout le monde, celui enfin dont la démarche est modeste et la mise sans aucun ornement. Du reste, ces deux passions de l'abjection et de l'humilité sont extrêmement rares : car la nature humaine, considérée en elle-même, fait effort, en tant qu'il est en elle, contre de telles passions (voyez les Proposition 15 et 54, part, 3) ; et c'est pour cela que les hommes qui passent pour les plus humbles sont la plupart du temps les plus ambitieux et les plus envieux de tous.

Définition 30

La vanité est un sentiment de joie accompagné de l'idée d'une action que nous croyons l'objet des louanges d'autrui.

Définition 31

La honte est un sentiment de tristesse accompagné de l'idée d'une de nos actions que nous croyons l'objet du blâme d'autrui.

Explication : Voyez sur ces deux passions le Scolie de la Proposition 30, partie 3. Mais je dois faire remarquer ici une différence entre la honte et la pudeur : car la honte est un sentiment de tristesse qui suit l'action dont on a honte. La pudeur est cette crainte de la honte qui retient un homme et l'empêche de commettre une action honteuse. A la pudeur on oppose d'ordinaire l'impudence, qui n'est véritablement pas une passion, comme je le montrerai en son lieu ; mais, ainsi que j'en ai déjà prévenu le lecteur, les noms des passions marquent moins leur nature que leur usage.

J'ai épuisé la définition de toutes les passions qui naissent de la joie et de la tristesse. Je passe à celles que je rattache au désir.

Définition 32

Le regret, c'est le désir ou l'appétit de la possession d'une chose, lequel est entretenu par le souvenir de cette chose et en même temps empêché par le souvenir de choses différentes qui excluent l'existence de celle-là.

Explication : Quand nous nous souvenons d'un certain objet, nous sommes disposés par cela même, comme je l'ai déjà dit plusieurs fois, à éprouver en y pensant la même passion que s'il était présent. Mais cette disposition, cet effort sont le plus souvent empêchés pendant la veille par les images d'autres objets qui excluent l'existence de celui-là. Lors donc que nous venons à nous rappeler un objet qui nous a affectés d'une impression de tristesse, nous faisons effort par cela même pour éprouver, en le considérant comme présent, cette même impression qu'il nous a causée. C'est pourquoi le regret n'est véritablement autre chose que cette tristesse qu'on peut opposer à la joie qui naît de l'absence d'une chose détestée (voyez sur cette joie le Scolie de la Proposition 47, part. 3). Mais comme le mot regret semble se rapporter au désir, j'ai cru devoir l'y rattacher dans mes définitions.

Définition 33

L'émulation est le désir d'un certain objet, lequel se forme en nous quand nous imaginons ce même désir dans les autres.

Explication : Celui qui prend la fuite parce qu'il voit fuir les autres, ou qui éprouve de la crainte parce qu'il est témoin de la crainte d'autrui, celui qui en présence d'un homme dont la main se brûle retire vivement sa main et la serre contre lui-même, et donne à son corps le même mouvement que si sa main brûlait en effet, on dira de lui qu'il imite les passions d'une autre personne, et non qu'il en est l'émule. Ce n'est pas que l'on attribue l'imitation à une certaine cause et l'émulation à une cause différente : c'est seulement que l'usage a voulu qu'on réservât le nom d'émulation pour le cas où nous imitons ce qui est réputé honnête, utile ou agréable. Du reste, voyez sur la cause de l'émulation la Proposition 27, partie 3, avec son Scolie J'ai aussi expliqué dans la Proposition 32, part. 3, et dans son Scolie, pourquoi l'envie se joint le plus souvent à cette passion.

Définition 34

La reconnaissance ou gratitude est ce désir ou ce mouvement d'amour par lequel nous nous efforçons de faire du bien à celui qu'un même sentiment d'amour a porté à nous en faire. (Voyez la Proposition 39 et le Scolie de la Proposition 41, partie 3.).

Définition 35

La bienveillance est le désir de faire du bien à celui qui nous inspire de la pitié. (Voyez le Scolie de la Proposition 27, partie 3.).

Définition 36

La colère est le désir qui nous excite à faire du mal à celui que nous haïssons (Voyez le Scolie de la Proposition 39.).

Définition 37

La vengeance est ce désir qui nous excite par une haine réciproque à faire du mal à celui qui nous a causé quelque dommage. (Voyez le Corollaire 2 de la Proposition 40, partie 3, avec son Scolie.).

Définition 38

La cruauté ou férocité est ce désir qui nous porte à faire du mal à celui que nous aimons et qui nous inspire de la pitié.

Explication : A la cruauté on oppose la clémence, qui n'est point une affection passive de l'âme, mais la puissance par laquelle l'homme modère sa haine et sa vengeance.

Définition 39

La crainte est un désir d'éviter par un moindre mal un mal plus grand que nous redoutons. (Voyez le Scolie de la propos. 39, partie 3.).

Définition 40

L'audace est ce désir qui porte un homme à braver, pour accomplir une action, un danger redouté par ses égaux.

Définition 41

La pusillanimité consiste en ce que le désir d'un homme est surmonté en lui par la crainte d'un danger que ses égaux osent braver.

Explication : La pusillanimité n'est donc que la crainte d'un mal qui généralement n'est pas redouté. C'est pourquoi je ne rapporte pas cette passion au désir. J'ai pourtant voulu l'expliquer ici, parce qu'elle est opposée, en tant qu'on a égard au désir, à la passion de l'audace.

Définition 42

La consternation est la passion de celui chez qui le désir d'éviter un mal est empêché par l'étonnement où le jette le mal qu'il redoute.

Explication : La consternation est donc une espèce de pusillanimité. Mais comme la consternation naît d'une double crainte, on peut la définir plus convenablement : cette crainte qui enchaîne un homme stupéfait ou troublé à ce point qu'il ne peut écarter le mal qui le menace. Je dis stupéfait, en tant que son désir d'éviter le mal est empêché par l'étonnement. Je dis troublé, en tant que ce même désir est empêché en lui par la crainte d'un autre mal qui le tourmente au même degré ; ce qui fait qu'il ne sait lequel des deux il doit éviter. (Voyez sur ce point le Scolie de la Proposition 39 et le Scolie de la Proposition 52, partie 3. Voyez aussi sur la pusillanimité et l'audace le Scolie de la Proposition 51, partie 3.).

Définition 43

La politesse ou modestie est le désir de faire ce que plaît aux hommes et de ne pas faire ce qui leur déplaît.

Définition 44

L'ambition est un désir immodéré de gloire.

Explication : L'ambition est un désir qui entretient et fortifie toutes les passions (par les Proposition 27 et 31, partie 3), et c'est pour cela qu'il est difficile de dominer cette passion, car en tant que l'homme est sous l'empire d'une passion quelconque, il est aussi sous l'empire de celle-là. « C'est le privilège des plus nobles âmes, dit Cicéron [189] , d'être les plus sensibles à la gloire. Les philosophes eux-mêmes, qui écrivent des traités sur le mépris de la gloire, ne manquent pas d'y mettre leur nom », etc.

Définition 45

La luxure est un désir ou un amour immodéré de la table.

Définition 46

L'ivrognerie est un désir, un amour immodéré du plaisir de boire.

Définition 47

L'avarice est un désir, un amour immodéré des richesses.

Définition 48

Le libertinage est le désir, l'amour de l'union sexuelle.

Explication : Que ce désir soit modéré ou non, on a coutume de l'appeler libertinage. Ces cinq dernières passions n'ont pas de contraires (comme j'en ai averti dans le Scolie de la Proposition 56, partie 3). Car la modestie est une espèce d'ambition (voyez le Scolie de la Proposition 29, partie 3), et j'ai déjà fait observer que la tempérance, la sobriété et la chasteté marquent la puissance de l'âme, et non une affection passive. Et bien qu'il puisse arriver qu'un homme avare, ambitieux ou timide s'abstienne de tout excès dans le boire, le manger et dans l'union sexuelle, l'avarice, l'ambition et la crainte ne sont pas contraires pour cela à la luxure, à l'ivrognerie, au libertinage [190] . *Car l'avare désire le plus souvent se gorger de nourriture et de boisson,* *pourvu que ce soit aux dépens d'autrui. L'ambitieux, chaque fois qu'il espérera être sans témoin, ne gardera aucune mesure, et s'il vit avec des ivrognes et des voluptueux, par cela même qu'il est ambitieux, il sera d'autant plus enclin à ces deux vices. L'homme timide enfin fait souvent ce qu'il ne voudrait pas faire. Tout en jetant ses richesses à la mer pour éviter la mort, il n'en reste pas moins avare. Et de même le voluptueux n'en reste pas moins voluptueux, tout en éprouvant de la tristesse de ne pouvoir satisfaire son penchant. Ainsi donc, en général, ces passions ne regardent pas tant l'action même de se livrer au plaisir de manger, de boire, etc., que l'appétit ou l'amour que nous ressentons. On ne peut donc rien opposer à ces passions que la générosité et le courage, comme nous le montrerons par la suite.*

Je passe sous silence les définitions de la jalousie et autres fluctuations de l'âme, soit parce qu'elles naissent du mélange des passions déjà définies, soit parce qu'elles n'ont pas reçu de l'usage des noms particuliers ; ce qui prouve qu'il suffit pour la pratique de la vie de connaître ces passions en général. Du reste, il résulte clairement de la définition des passions que nous avons expliquées, qu'elles naissent toutes du désir, de la joie ou de la tristesse ; ou plutôt qu'elles ne sont que ces trois passions primitives, dont chacune reçoit de l'usage des noms divers suivant ses différentes relations et dénominations extrinsèques. Si donc on veut faire attention à la nature de ces trois passions primitives et à ce que nous avons déjà dit touchant la nature de l'âme, on pourra définir les passions, en tant qu'elles se rapportent à l'âme, de la manière suivante :

Définition générale des passions

Ce genre d'affection qu'on appelle passion de l'âme, c'est une idée confuse par laquelle l'âme affirme que le corps ou quelqu'une de ses parties a une puissance d'exister plus grande ou plus petite que celle qu'il avait auparavant, laquelle puissance étant donnée, l'âme est déterminée à penser à telle chose plutôt qu'à telle autre.

Explication : Je dis d'abord qu'une passion c'est une idée confuse ; car nous avons vu (Proposition 3, partie 3) que l'âme ne pâtit qu'en tant qu'elle a des idées inadéquates ou confuses. Je dis ensuite : par laquelle l'âme affirme que le corps ou quelqu'une de ses parties a une puissance d'exister plus grande ou plus petite que celle qu'il avait auparavant ; car toutes les idées que nous avons des corps marquent bien plutôt (par le Corollaire 2 de la Proposition 16, partie 2) la constitution actuelle de notre propre corps que celle des corps extérieurs, et l'idée qui constitue l'essence ou forme de telle ou telle passion doit exprimer la constitution de notre corps ou de quelqu'une de ses parties, en tant que sa puissance d'agir ou d'exister est augmentée ou diminuée, favorisée ou contrariée. Mais il est nécessaire de remarquer que quand je dis une puissance d'exister plus grande ou plus petite que celle qu'il avait auparavant, je n'entends pas dire que l'âme compare la constitution actuelle du corps avec la précédente, mais seulement que l'idée qui constitue l'essence de telle ou telle passion affirme du corps quelque chose qui enveloppe plus ou moins de réalité que le corps n'en avait auparavant. Or, comme l'essence de l'âme consiste (par les Proposition 11 et 13, part. 2) en ce qu'elle affirme l'existence actuelle de son corps, et que par perfection d'une chose nous entendons son essence même, il s'ensuit que l'âme passe a une perfection plus grande ou plus petite quand il lui arrive d'affirmer de son corps quelque chose qui enveloppe une réalité plus grande ou plus petite que celle qu'il avait auparavant. Lors donc que j'ai dit plus haut que la puissance de penser de l'âme était augmentée ou diminuée, je n'ai voulu dire autre chose sinon que l'âme se formait de son corps ou de quelqu'une de ses parties une idée qui enveloppait plus ou moins de vérité et de perfection qu'elle n'en affirmait précédemment ; car la supériorité des idées et la puissance actuelle de penser se mesurent sur la supériorité des objets pensés. Enfin, j'ai ajouté : laquelle puissance étant donnée, l'âme est déterminée à penser à telle chose plutôt qu'à telle autre, afin de ne pas exprimer seulement la nature de la joie et de la tristesse, laquelle est contenue dans la première partie de la définition, mais aussi celle du désir.

Partie IV

De l'esclavage de l'homme

ou

de la force des passions

Préface

Ce que j'appelle esclavage, c'est l'impuissance de l'homme à gouverner et à contenir ses passions. L'homme en effet, quand il est soumis à ses passions, ne se possède plus ; livré à la fortune, il en est dominé à ce point que tout en voyant le mieux il est souvent forcé de faire le pire [191] . J'ai dessein d'exposer dans cette quatrième partie la cause de cet esclavage, et de dire aussi ce qu'il y a de bon et ce qu'il y a de mauvais dans les passions. Mais avant d'entrer en matière, il convient de dire quelques mots sur la perfection et l'imperfection, ainsi que sur le bien et le mal.

Celui qui après avoir résolu de faire un certain ouvrage est parvenu à l'accomplir, à le parfaire, dira que son ouvrage est parfait, et quiconque connaît ou croit connaître l'intention de l'auteur et l'objet qu'il se proposait dira exactement comme lui. Par exemple, si une personne vient à voir quelque construction (et je la suppose inachevée) et qu'elle sache que l'intention de l'architecte a été de bâtir une maison, elle dira que cette maison est imparfaite ; elle l'appellera parfaite, au contraire, aussitôt qu'elle reconnaîtra que l'ouvrage a été conduit jusqu'au point où il remplit la destination qu'on lui voulait donner. Admettez maintenant que cette personne ait devant les yeux un ouvrage tel qu'elle n'en a jamais vu de semblable et qu'elle ne connaisse pas l'intention de l'ouvrier ; elle ne pourra dire si cet ouvrage est achevé ou inachevé, parfait ou imparfait. Voilà quelle a été, à ce qu'il semble, la première signification de ces mots.

Mais quand les hommes ont commencé à se former des idées universelles, à concevoir des types divers de maisons, d'édifices, de tours, etc., et à mettre certains types au-dessus des autres, il est arrivé que chacun a donné à un ouvrage le nom de parfait, quand il lui a paru conforme à l'idée universelle qu'il s'était formée, et celui d'imparfait, au contraire, quand il ne lui a pas paru complètement conforme à l'exemplaire qu'il avait conçu ; et cela, bien que cet ouvrage fût aux yeux de l'auteur parfaitement accompli. Telle est, à n'en pas douter, la raison qui explique pourquoi l'on donne communément le nom de parfaites ou d'imparfaites aux choses de la nature, lesquelles ne sont pourtant pas l'ouvrage de la main des hommes. Car les hommes ont coutume de se former des idées universelles tant des choses de la nature que de celles de l'art, et ces idées deviennent pour eux comme les modèles des choses. Or, comme ils sont persuadés d'ailleurs que la nature ne fait rien que pour une certaine fin, ils s'imaginent qu'elle contemple ces modèles et les imite dans ses ouvrages. C'est pourquoi, quand ils voient un être se former dans la nature, qui ne cadre pas avec l'exemplaire idéal qu'ils ont conçu d'un être semblable, ils croient que la nature a été en défaut, qu'elle a manqué son ouvrage, qu'elle l'a laissé imparfait.

Nous voyons donc que l'habitude où sont les hommes de donner aux choses le nom de parfaites ou d'imparfaites est fondée sur un préjugé plutôt que sur une vraie connaissance de la nature. Nous avons montré, en effet, dans l'appendice de la première partie, que la nature n'agit jamais pour une fin. Cet être éternel et infini que nous nommons Dieu ou nature agit comme il existe, avec une égale nécessité. La nécessité qui le fait être est la même qui le fait agir (Proposition 16, part. 1). La raison donc ou la cause par laquelle il agit, et par laquelle il existe, est donc une seule et même raison, une seule et même cause. Or, comme il n'existe pas à cause d'une certaine fin, ce n'est pas non plus pour une fin qu'il agit. Il est lui-même le principe de l'action comme il est celui de l'existence, et n'a rien à voir avec aucune fin. Cette espèce de cause, qu'on appelle finale, n'est rien autre chose que l'appétit humain, en tant qu'on le considère comme le principe ou la cause principale d'une certaine chose. Par exemple, quand nous disons que la cause finale d'une maison c'est de se loger, nous n'entendons rien de plus par là sinon que l'homme, s'étant représenté les avantages de la vie domestique, a eu le désir de bâtir une maison. Ainsi donc cette cause finale n'est rien de plus que le désir particulier qu'on vient de dire, lequel est vraiment la cause efficiente de la maison ; et cette cause est pour les hommes la cause première, parce qu'ils sont dans une ignorance commune des causes de leurs appétits. Ils ont bien conscience, en effet, comme je l'ai souvent répété, de leurs actions et de leurs désirs, mais ils ne connaissent pas les causes qui les déterminent à désirer telle ou telle chose.

Quant à cette pensée du vulgaire, que la nature est quelquefois en défaut, qu'elle manque son ouvrage et produit des choses imparfaites, je la mets au nombre de ces chimères dont j'ai traité dans l'appendice de la première partie. Ainsi donc la perfection et l'imperfection ne sont véritablement que des façons de penser, des notions que nous sommes accoutumés à nous faire en comparant les uns aux autres les individus d'une même espèce ou d'un même genre, et c'est pour cela que j'ai dit plus haut (Définition 6, part. 2) que réalités et perfection étaient pour moi la même chose. Nous sommes habitués en effet à rapporter tous les individus de la nature à un seul genre, auquel on donne le nom de généralissime, savoir, la notion de l'être qui embrasse d'une manière absolue tous les individus de la nature. Quand donc nous rapportons les individus de la nature à ce genre unique, et qu'en les comparant les uns aux autres nous reconnaissons que ceux-ci ont plus d'entité ou de réalité que ceux-là, nous disons qu'ils ont plus de perfection ; et quand nous attribuons à certains individus quelque chose qui implique une négation, comme une limite, un terme, une certaine impuissance, etc., nous les appelons imparfaits, par cette seule raison qu'ils n'affectent pas notre âme de la même manière que ceux que nous nommons parfaits ; et ce n'est point à dire pour cela qu'il leur manque quelque chose qui soit compris dans leur nature, ou que la nature ait manqué son ouvrage. Rien en effet ne convient à la nature d'une chose que ce qui résulte nécessairement de la nature de sa cause efficiente, et tout ce qui résulte nécessairement de la nature d'une cause efficiente se produit nécessairement.

Le bien et le mal ne marquent non plus rien de positif dans les choses considérées en elles-mêmes, et ne sont autre chose que des façons de penser, ou des notions que nous formons par la comparaison des choses. Une seule et même chose en effet peut en même temps être bonne ou mauvaise ou même indifférente. La musique, par exemple, est bonne pour un mélancolique qui se lamente sur ses maux ; pour un sourd, elle n'est ni bonne ni mauvaise. Mais, bien qu'il en soit ainsi, ces mots de bien et de mal, nous devons les conserver. Désirant en effet nous former de l'homme une idée qui soit comme un modèle que nous puissions contempler, nous conserverons à ces mots le sens que nous venons de dire. J'entendrai donc par bien, dans la suite de ce traité, tout ce qui est pour nous un moyen certain d'approcher de plus en plus du modèle que nous nous formons de la nature humaine ; par mal, au contraire, ce qui nous empêche de l'atteindre. Et nous dirons que les hommes sont plus ou moins parfaits, plus ou moins imparfaits suivant qu'ils se rapprochent ou s'éloignent plus ou moins de ce même modèle.

Il est important de remarquer ici que quand je dis qu'une chose passe d'une moindre perfection à une perfection plus grande, ou réciproquement, je n'entends pas qu'elle passe d'une certaine essence, d'une certaine forme, à une autre (supposez, en effet, qu'un cheval devienne un homme ou un insecte : dans les deux cas, il est également détruit) ; j'entends par là que nous concevons la puissance d'agir de cette chose, en tant qu'elle est comprise dans sa nature, comme augmentée ou diminuée. Ainsi donc, en général, j'entendrai par perfection d'une chose sa réalité ; en d'autres termes, son essence en tant que cette chose existe et agit d'une manière déterminée. Car on ne peut pas dire d'une chose qu'elle soit plus parfaite qu'une autre parce qu'elle persévère pendant plus longtemps dans l'existence. La durée des choses, en effet, ne peut se déterminer d'après leur essence ; l'essence des choses n'enveloppe aucune durée fixe et déterminée ; mais chaque chose, qu'elle soit plus parfaite ou qu'elle le soit moins, tend à persévérer dans l'être avec la même force par laquelle elle a commencé d'exister ; de façon que sous ce point de vue toutes choses sont égales.

Définitions

I. J'entendrai par *bien* ce que nous savons certainement nous être utile.

II. Par *mal,* j'entendrai ce que nous savons certainement faire obstacle à ce que nous possédions un certain bien.

Sur ces deux points, voyez la fin de la préface qui précède.

III. J'appelle les choses particulières *contingentes,* en tant que nous ne trouvons rien en elles, à ne considérer que leur essence, qui pose nécessairement leur existence ou qui nécessairement l'exclue.

IV. Ces mêmes choses particulières, je les appelle *possibles,* en tant que nous ignorons, à ne regarder que les causes qui les doivent produire, si ces causes sont déterminées à les produire.

Dans le Scolie 1 de la Proposition 33, part. 1, je n'ai fait aucune différence entre le possible et le contingent, parce qu'il n'était pas nécessaire en cet endroit de les distinguer soigneusement.

V. J'entendrai, dans ce qui va suivre, par passions contraires, celles qui poussent l'homme en divers sens, quoiqu'elles soient du même genre ; par exemple, la prodigalité et l'avarice, qui sont deux espèces d'amour, et ne diffèrent point par leur nature, mais seulement par accident.

VI. J'ai expliqué, dans les Scholies 1 et 2 de la Proposition 18, part. 3, auxquels je renvoie, ce que j'entendrai par une passion pour une chose future, présente ou passée.

Mais il convient de remarquer, en outre, que nous sommes aussi incapables de nous représenter distinctement les distances de temps que celles de lieu, passé une certaine limite : en d'autres termes, de même que des objets éloignés de nous de plus de deux cents pieds, c'est-à-dire dont la distance, par rapport au lieu où nous sommes, excède celle que nous nous représentons distinctement, nous semblent également éloignés, de façon que nous les imaginons d'ordinaire comme situés à la même place, ainsi, quand nous venons à nous représenter des objets dont l'existence dans le temps est séparée du moment présent par un intervalle plus long que ceux que nous sommes habitués à imaginer, nous nous représentons tous ces objets comme également éloignés du présent et nous les rapportons en quelque sorte à un seul moment du temps.

VII. La fin pour laquelle nous faisons une action, c'est pour moi l'appétit.

VIII. Vertu et puissance, à mes yeux, c'est tout un ; en d'autres termes (par la Proposition 7, part. 3), la vertu, c'est l'essence même ou la nature de l'homme, en tant qu'il a la puissance de faire certaines choses qui se peuvent concevoir par les seules lois de sa nature elle-même.

Axiome

Il n'existe dans la nature aucune chose particulière qui n'ait au-dessus d'elle une autre chose plus puissante et plus forte. De sorte que, une chose particulière étant donnée, une autre plus puissante est également donnée, laquelle peut détruire la première.

Proposition 1

Rien de ce qu'une idée fausse contient de positif n'est détruit par la présence du vrai, en tant que vrai.

Démonstration : L'erreur consiste dans la seule privation de connaissance qu'enveloppent les idées inadéquates (par la Proposition 35, part. 2), et il n'y a rien de positif dans ces idées qui les fasse appeler fausses (par la Proposition 33, part. 2). Tout au contraire, en tant qu'elles se rapportent à Dieu, elles sont vraies (par la Proposition 32, part. 2). Si donc ce qu'une idée fausse a de positif était détruit par la présence du vrai, en tant que vrai, il faudrait donc qu'une idée vraie se détruisît elle-même, ce qui est absurde (par la Proposition 4, part. 3). Donc, rien de ce qu'une idée fausse, etc.

C. Q. F. D.

Scolie : Cette proposition se conçoit plus clairement encore par le Corollaire 2 de la Proposition 16, part. 2. Car une image, c'est une idée qui marque la constitution présente du corps humain bien plus que la nature des corps extérieurs ; et cela, non pas d'une manière distincte, mais avec confusion. Voilà l'origine de l'erreur. Lorsque, par exemple, nous regardons le soleil, notre imagination nous dit qu'il est éloigné de nous de deux cents pieds environ ; et cette erreur persiste en nous tant que nous ignorons la véritable distance de la terre au soleil. Cette distance connue détruit l'erreur, mais elle ne détruit pas l'image que se forment nos sens, c'est-à-dire cette idée du soleil qui n'en exprime la nature que relativement à l'affection de notre corps ; de telle sorte que tout en connaissant fort bien la vraie distance qui nous sépare du soleil, nous continuons à l'imaginer près de nous. Ce n'est pas, en effet, ainsi que nous l'avons dit dans le Scolie de la Proposition 35, part. 2, parce que nous ignorons la vraie distance où nous sommes du soleil, que nous l'imaginons près de nous ; c'est parce que l'âme ne conçoit la grandeur du soleil qu'en tant que le corps en est affecté. Ainsi, quand les rayons du soleil, tombant sur la surface de l'eau, se réfléchissent vers nos yeux, nous nous représentons le soleil comme s'il était dans l'eau, bien que nous sachions le lieu véritable qu'il occupe. Et de même, toutes les autres images qui trompent notre âme, soit qu'elles marquent la constitution naturelle de notre corps, soit qu'elles indiquent l'augmentation ou la diminution de sa puissance d'agir, ne sont jamais contraires à la vérité, et ne S'évanouissent pas à sa présence. Du reste, s'il arrive, quand nous sommes sous l'empire d'une fausse crainte, que des nouvelles vraies que nous recevons la fassent évanouir, il arrive aussi, quand nous redoutons un mal qui doit certainement arriver, que de fausses nouvelles dissipent nos appréhensions. Et, par conséquent, ce n'est pas la présence du vrai, en tant que vrai, qui détruit les impressions de l'imagination ; ce sont des impressions plus fortes, qui, de leur nature, excluent l'existence des choses que l'imagination nous représentait, comme nous l'avons montré dans la Proposition 17, part. 2.

Proposition 2

Nous pâtissons en tant seulement que nous sommes une partie de la nature, laquelle partie ne se peut concevoir indépendamment des autres.

Démonstration : On dit que nous pâtissons, quand il survient en nous quelque chose dont nous ne sommes la cause que partiellement (par la Définition 2, part. 3), en d'autres termes (par la Définition 1, part. 3), quelque chose qui ne se peut déduire des seules lois de notre nature. Nous pâtissons donc en tant que nous sommes une partie de la nature, laquelle ne peut se concevoir indépendamment des autres.

La force, par laquelle l'homme persévère dans l'existence, est limitée, et la puissance des causes extérieures la surpasse infiniment.

Démonstration : Cela résulte évidemment de l'axiome qui précède. Car l'homme étant donné, quelque chose de plus puissant est aussi donné ; appelons-le A : A lui-même étant donné, quelque chose de plus puissant, B, est aussi donné, et de même à l'infini ; conséquemment, la puissance de l'homme est limitée par la puissance d'une autre chose, et elle est infiniment surpassée par la puissance des causes extérieures.

C. Q. F. D.

Il est impossible que l'homme ne soit pas une partie de la nature, et qu'il ne puisse souffrir d'autres changements que ceux qui se peuvent concevoir par sa seule nature et dont il est la cause adéquate.

Démonstration : La puissance par laquelle les choses particulières, et partant l'homme, conservent leur être, c'est la puissance même de Dieu ou de la nature (par le Corollaire de la Proposition 24, part. 2), non pas en tant qu'infinie, mais en tant qu'elle se peut expliquer par l'essence actuelle de l'homme (en vertu de la Proposition 7, part. 3). Ainsi donc, la puissance de l'homme, en tant qu'on l'explique par son essence actuelle, est une partie de la puissance infinie, c'est-à-dire (par la Proposition 34, part. 1) de l'essence de Dieu ou de la nature. Voilà le premier point. En second lieu, si l'homme ne pouvait souffrir d'autres changements que ceux qui se peuvent concevoir par la nature même de l'homme, il s'ensuivrait (par les Proposition 4 et 6, part. 3) qu'il ne pourrait périr et qu'il devrait exister toujours ; et cela devrait résulter d'une cause soit finie, soit infinie, c'est à savoir, ou bien de la seule puissance de l'homme qui serait capable d'écarter de soi tous les changements dont le principe est dans les causes extérieures, ou bien de la puissance infinie de la nature, qui dirigerait de telle façon toutes les choses particulières que l'homme ne pourrait souffrir d'autres changements que ceux qui servent à sa conservation. Or, la première supposition est absurde (par la Proposition précédente, dont la démonstration est universelle et se peut appliquer à toutes les choses particulières) ; si donc l'homme ne pouvait souffrir d'autres changements que ceux qui se peuvent concevoir par sa seule nature, et s'il était conséquemment nécessaire (comme on vient de le faire voir) qu'il existât toujours, cela devrait résulter de la puissance infinie de Dieu ; et par suite (en vertu de la Proposition 16, part. 1), de la nécessité de la nature divine, en tant qu'elle est affectée de l'idée d'un certain homme, devrait se déduire l'ordre de toute la nature, en tant qu'elle est conçue sous les attributs de l'étendue et de la pensée ; d'où il s'ensuivrait (par la Proposition 21, part. 2) que l'homme serait infini, ce qui est absurde *(par la première partie de cette Démonstration).* Il est donc impossible que l'homme n'éprouve d'autres changements que ceux dont il est la cause adéquate.

C. Q. F. D.

Corollaire : Il suit de là que l'homme est nécessairement toujours soumis aux passions, qu'il suit l'ordre commun de la nature et y obéit et s'y accommode, autant que la nature des choses l'exige.

La force et l'accroissement de telle ou telle passion et le degré où elle persévère dans l'existence ne se mesurent point par la puissance avec laquelle nous faisons effort pour persévérer dans l'existence, mais par le rapport de la puissance de telle ou telle cause extérieure avec notre puissance propre.

Démonstration : L'essence de telle ou telle passion ne se peut expliquer par notre essence seule (en vertu des Définition 1 et 2, part. 3) ; en d'autres termes (en vertu de la Proposition 7, part. 3), la puissance de cette passion ne se peut mesurer par la puissance avec laquelle nous faisons effort pour persévérer dans notre être ; mais (comme on le montre dans la Proposition 16, part. 2) elle se doit nécessairement mesurer par le rapport de la puissance de telle ou telle cause extérieure avec notre puissance propre.

C. Q. F. D.

Proposition 6

La force d'une passion ou d'une affection peut surpasser les autres actions ou la puissance de l'homme, de façon que cette affection s'attache obstinément à lui.

Démonstration : La force et l'accroissement des passions et le degré où elles persévèrent dans l'existence se mesurent par le rapport de la puissance des causes extérieures avec la nôtre (par la Proposition précédente), et par conséquent (en vertu de la Proposition 3, part 4) elles peuvent surpasser la puissance de l'homme, etc.

C. Q. F. D.

Proposition 7

Une passion ne peut être empêchée ou détruite que par une passion contraire et plus forte.

Démonstration : Une passion, en tant qu'elle se rapporte à l'âme, c'est une idée par laquelle l'âme affirme la force d'existence plus grande ou plus petite de son corps (en vertu de la Définition générale des passions qui se trouve à la fin de la partie 3). Lors donc que l'âme est agitée par quelque passion, le corps éprouve en même temps une affection qui augmente ou diminue sa puissance d'agir. Or cette affection du corps reçoit de sa cause (par la Proposition 5, part. 4) la force de persévérer dans son être et cette force ne peut donc (par la Proposition 6, part. 2) être empêchée ou détruite que par une cause corporelle, qui fasse éprouver au corps une affection contraire à la première (par la Proposition 5, part. 3), et plus forte (Par l'Axiome 1, part. 4) ; et par conséquent l'âme est affectée (par la Proposition 12, part. 2) de l'idée d'une affection contraire à la première, et plus forte ; en d'autres termes (par la Définition générale des passions), elle éprouve une passion contraire à la première et plus forte, qui exclut par conséquent ou détruit la première ; d'où il résulte finalement qu'une passion ne peut être empêchée ou détruite que par une passion contraire et plus forte.

C. Q. F. D.

Corollaire : Une passion, en tant qu'elle se rapporte à l'âme, ne peut être empêchée ou détruite que par l'idée d'une affection du corps contraire à celle que nous éprouvons et plus forte. En effet, la passion que nous éprouvons ne peut être empêchée ou détruite que par une passion plus forte et contraire (en vertu de la Proposition précédente) ; en d'autres termes (par la Définition générale des passions), que par l'idée d'une affection du corps plus forte que celle que nous éprouvons et contraire.

La connaissance du bien ou du mal n'est rien autre chose que la passion de la joie ou de la tristesse, en tant que nous en avons conscience.

Démonstration : Nous appelons bien ou mal ce qui est utile ou contraire à la conservation de notre être (par les Définition 1 et 2, part. 4) ; en d'autres termes (par la Proposition 7, part. 3), ce qui augmente ou diminue, empêche ou favorise notre puissance d'agir. Ainsi donc (par les Définitions de la joie et de la tristesse qu'on trouve dans le Scolie de la Proposition 11, part. 3), en tant que nous pensons qu'une certaine chose nous cause de la joie ou de la tristesse, nous l'appelons bonne ou mauvaise ; et conséquemment la connaissance du bien et du mal n'est rien autre chose que l'idée de la joie ou de la tristesse, laquelle suit nécessairement (par la Proposition 22, part. 2) de ces deux mêmes passions. Or cet idée est unie à la passion qu'elle représente de la même façon que l'âme est unie au corps (part la Proposition 21, part. 2) ; en d'autres termes (comme on l'a montré dans le Scolie de cette même Proposition), cette idée ne se distingue véritablement de cette passion, c'est-à-dire (par la Définition générale des passions) de l'idée de l'affection du corps qui lui correspond, que par le seul concept. Donc la connaissance du bien et du mal n'est rien autre chose que la passion elle-même, en tant que nous en avons conscience.

C. Q. F. D.

La passion dont on imagine la cause comme présente est plus forte que si on imaginait cette même cause comme absente.

Démonstration : Imaginer, c'est avoir une idée par laquelle l'âme aperçoit une chose comme présente (voyez la Définition de l'imagination dans le Scolie de la Proposition 17, part. 2) ; et cette idée cependant marque plutôt la constitution du corps humain que la nature de la chose extérieure (par le Corollaire 2 de la Proposition 16, part. 2). Une passion, c'est donc (par la Définition générale des passions.) un acte d'imagination, en tant qu'il marque la constitution du corps. Or (par la Proposition 17, part. 2), l'imagination a plus de force, tant qu'on n'imagine rien qui exclue l'existence présente de la chose extérieure. Donc aussi la passion dont on imagine la cause comme présente devra être plus forte que si on imaginait cette même cause comme absente.

C. Q. F. D.

Scolie : Quand j'ai dit plus haut, dans la Proposition 18, part. 3, que l'image d'une chose future ou passée nous affectait de la même manière que si cette chose était présente, j'ai expressément averti que cela n'était vrai qu'en tant que nous considérons seulement l'image de la chose ; car cette image est de même nature, soit que nous ayons déjà imaginé la chose, soit que nous ne l'ayons pas encore imaginée. Mais je n'ai point nié que cette image ne devînt plus faible quand nous venons à contempler des choses présentes qui excluent l'existence présente de la chose future ; et si j'ai négligé de faire alors cette remarque, c'est que j'avais dessein de traiter dans une autre partie de la force des passions.

Corollaire : L'image d'une chose future ou passée, c'est-à-dire d'une chose qui est considérée par nous dans un certain rapport avec l'avenir ou le passé, à l'exclusion du présent, est plus faible, toutes choses égales d'ailleurs, que l'image d'une chose présente ; et par conséquent toute passion qui a pour objet une chose présente ou passée est plus faible qu'une passion dont l'objet existe présentement.

Nous sommes plus fortement affectés à l'égard d'une chose future que nous imaginons comme prochaine que si nous imaginions son existence comme éloignée du temps présent, et le souvenir d'une chose dont l'existence est récente nous affecte aussi avec plus de force que si nous imaginions qu'elle est disparue depuis longtemps.

Démonstration : En effet, en tant que nous imaginons une chose comme prochaine ou comme récemment disparue, il est de soi évident que l'acte de notre imagination exclut moins l'existence de cette chose que si nous imaginions son existence future comme éloignée ou son existence passée comme récente ; et, en conséquence (par la précédente Proposition), nous serons affectés plus fortement à son égard.

C. Q. F. D.

Scolie : Il suit de ce qu'on a remarqué après la Définition 6, part. 4, que quand des objets sont éloignés de nous par un intervalle de temps trop grand pour que notre imagination le puisse déterminer, bien que nous comprenions qu'ils sont séparés les un des autres par un long intervalle de temps, les passions que nous éprouvons à leur égard sont également faibles.

Notre passion pour un objet que nous imaginons comme nécessaire est plus forte, toutes choses égales d'ailleurs, qu'elle ne serait pour un objet possible ou contingent, en d'autres termes, non nécessaire.

Démonstration : En tant que nous imaginons une chose comme nécessaire, nous affirmons son existence, et au contraire, nous nions l'existence d'une chose en tant que nous l'imaginons comme non nécessaire (par le Scolie 1 de la Proposition 33, part. 1) ; d'où il suit (par la propos. 9, part. 4) que notre passion est plus forte, toutes choses égales d'ailleurs, pour un objet que nous imaginons comme nécessaire que pour un objet qui ne l'est pas.

C. Q. F. D.

Notre passion est plus forte, toutes choses égales d'ailleurs, pour un objet que nous savons ne pas exister présentement et que nous imaginons comme possible que pour un objet contingent.

Démonstration : En tant que nous imaginons un objet comme contingent, nous ne sommes affectés de l'image d'aucune chose qui pose l'existence de cet objet (par la Définition 3, part. 4), et au contraire *(suivant l'hypothèse),* nous imaginons certaines choses qui excluent son existence présente ; d'un autre côté, en tant que nous imaginons ce même objet comme possible dans l'avenir, nous imaginons certaines choses qui posent son existence (par la Définition 4, part. 4), c'est-à-dire (par la Proposition 18, part. 3) qui alimentent dans notre âme l'espérance ou la crainte ; d'où il suit que notre passion pour un objet possible est plus forte.

C. Q. F. D.

Corollaire : Notre passion pour une chose que nous savons ne pas exister présentement et que nous imaginons comme contingente est beaucoup plus faible que si nous imaginions la chose comme nous étant présentes.

Démonstration : Notre passion pour un objet que nous imaginons comme présent est plus forte que si nous l'imaginions comme futur (par le Corollaire de la Proposition 9, part. 4), et elle est d'autant plus énergique que nous imaginons l'intervalle qui la sépare du présent comme plus petit (par la Proposition 10, part. 4). Par conséquent, notre passion pour une chose que nous imaginons dans un avenir lointain est beaucoup plus faible que si nous l'imaginions dans le présent, et cependant (par la Proposition précédente) elle est plus forte que si nous l'imaginions comme contingente ; de telle façon que notre passion pour une chose contingente est beaucoup plus faible que si nous l'imaginions comme nous étant présente. C. Q. F. D.

Proposition 13

Notre passion pour un objet contingent que nous savons ne pas exister présentement est plus faible, toutes choses égales d'ailleurs, que notre passion pour un objet passé.

Démonstration : En tant que nous imaginons une chose comme contingente, nous ne sommes affectés de l'image d'aucune autre chose qui pose l'existence de celle-là (par la Définition 3, part. 4) ; au contraire *(par hypothèse)*, nous imaginons certaines choses qui excluent l'existence de la chose contingente dont il s'agit. Mais en tant que nous imaginons un objet en relation avec le passé, par là même nous devons imaginer quelque chose qui rappelle cet objet à notre mémoire, c'est-à-dire qui suscite l'image de cet objet (voyez la Proposition 18, part. 2, et son Scolie) et nous le fasse contempler comme présent (par le Corollaire de la Proposition 17, part. 2). Ainsi donc (par la Proposition 9, part. 4), notre passion pour un objet contingent que nous savons ne pas exister présentement est plus faible, toutes choses égales d'ailleurs, que notre passion pour un objet passé.

C. Q. F. D.

Proposition 14

La vraie connaissance du bien et du mal, en tant que vraie, ne peut empêcher aucune passion ; elle ne le peut qu'en tant qu'on la considère comme une passion.

Démonstration : Une passion, c'est (d'après la Définition générale des passions) une idée par laquelle l'âme affirme que son corps a une force d'exister plus grande ou plus petite qu'auparavant, et conséquemment (par la Proposition 1, part. 4) rien de positif ne peut être détruit en elle par la présence du vrai ; d'où il suit que la vraie connaissance du bien et du mal, en tant que vraie, ne peut empêcher aucune passion. Mais en tant que cette connaissance est une passion (voyez la Proposition 8, part. 4), si elle est plus forte qu'une passion contraire, elle pourra l'empêcher, et ne le pourra d'ailleurs qu'à ce seul titre (par la Proposition 7, part. 4.).

C. Q. F. D.

Proposition 15

Le désir qui naît de la connaissance vraie du bien et du mal peut être détruit ou empêché par beaucoup d'autres désirs qui naissent des passions dont notre âme est agitée en sens divers.

Démonstration : De la connaissance vraie du bien et du mal, en tant qu'elle est une passion (par la Proposition 8, part. 4), provient nécessairement un désir (par la Définition 1 des passions), lequel est d'autant plus fort que la passion d'où il provient est elle-même plus forte (par la Proposition 37, part. 3) ; mais comme ce désir *(par hypothèse)* naît de ce que nous avons une connaissance vraie, il s'ensuit qu'il est en nous, en tant que nous agissons (par la Proposition 3, part. 3), et partant qu'il doit être conçu par notre seule essence (en vertu de la Définition 2, part. 3), et que sa force et son accroissement doivent se mesurer par la seule puissance de l'homme (Proposition 7, part. 3). Or, les désirs qui naissent des passions qui agitent notre âme en sens divers sont d'autant plus forts que ces passions ont plus d'énergie, et par conséquent leur force et leur accroissement (en vertu de la Proposition 5, part. 4) doivent se mesurer par la puissance des causes extérieures, laquelle, si on la compare à la nôtre, la surpasse indéfiniment (par la Proposition 3, part. 4) ; et ainsi donc les désirs qui naissent de passions semblables peuvent être plus forts que celui qui naît de la connaissance vraie du bien et du mal, et partant (par la Proposition 7, part. 4) ils peuvent étouffer ou empêcher ce désir.

C. Q. F. D.

Proposition 16

Le désir qui provient de la connaissance du bien et du mal, en tant que cette connaissance regarde l'avenir, peut facilement être étouffé ou empêché par le désir des choses présentes qui ont pour nous de la douceur.

Démonstration : Notre passion pour une chose que nous imaginons comme future est plus faible que pour une chose présente (par le Corollaire de la Proposition 9, part. 4). Or, le désir qui provient de la connaissance vraie du bien et du mal, quoique cette connaissance porte sur des choses présentes qui nous sont agréables, peut être chassé ou empêché par quelque désir téméraire (en vertu de la Proposition précédente, dont la démonstration est universelle). Donc, le désir qui naît de cette même connaissance, en tant qu'elle regarde l'avenir, peut aisément être étouffé ou empêché, etc.

C. Q. F. D.

Proposition 17

Le désir qui provient de la connaissance vraie du bien et du mal, en tant qu'elle porte sur des choses contingentes, peut plus facilement encore être empêché par le désir des choses présentes.

Démonstration : Cette proposition se démontre de la même manière que la Proposition précédente, par le Corollaire de la Proposition 12, part. 4.

Scolie : Je crois avoir expliqué par ce qui précède pourquoi les hommes sont plus touchés par l'opinion que par la raison, pourquoi la connaissance vraie du bien et du mal ébranle notre âme, et pourquoi enfin elle cède souvent à toute espèce de passion mauvaise. C'est ce qui fait dire au poète : *Je vois le meilleur, je l'approuve, et je fais le pire* [192] . Et la même pensée semble animer l'Ecclésiaste, quand il dit : *Qui augmente sa science augmente ses douleurs* [193] . Je ne prétends point conclure de là qu'il soit préférable d'ignorer que de savoir, ni que l'homme intelligent et l'homme stupide soient également capables de modérer leurs passions. Je veux seulement faire comprendre qu'il est nécessaire de connaître l'impuissance de notre nature aussi bien que sa puissance, de savoir ce que la raison peut faire pour modérer les passions, et ce qu'elle ne peut pas faire. Or, dans cette quatrième partie, je ne traite que de l'impuissance de l'homme, voulant traiter ailleurs de la puissance de l'homme sur ses passions.

Le désir qui provient de la joie est plus fort, toutes choses égales d'ailleurs, que le désir qui provient de la tristesse.

Démonstration : Le désir est l'essence même de l'homme (par la Définition 1 des passions), c'est-à-dire (en vertu de la Proposition 7, part. 3) l'effort par lequel l'homme tend à persévérer dans son être. C'est pourquoi le désir qui provient de la joie est favorisé ou augmenté par cette passion même (en vertu de la Définition de la joie, qu'on peut voir dans le Scolie de la Proposition 11, part. 3). Au contraire, le désir qui naît de la tristesse est diminué ou empêché par cette passion même (en vertu du même Scolie) ; et par conséquent la force du désir qui naît de la joie doit être mesurée tout ensemble par la puissance de l'homme et par celle de la cause extérieure dont il est affecté, au lieu que la force du désir qui naît de la tristesse doit l'être seulement par la puissance de l'homme ; d'où il suit que celui-là est plus fort que celui-ci.

C. Q. F. D.

Scolie : Par ce petit nombre de propositions qu'on vient de lire, j'ai expliqué les causes de l'impuissance et de l'inconstance humaines, et je crois avoir fait comprendre pourquoi les hommes n'observent pas les préceptes de la raison. Il me reste à montrer la nature de ces préceptes, et à exposer quelles sont les passions qui sont conformes aux règles de la raison, et celles qui leur sont contraires. Mais avant de faire cette exposition avec la prolixité de la méthode géométrique, je dirai d'abord très brièvement en quoi consistent les commandements de la raison ; de cette façon, chacun comprendra ensuite plus aisément quelle est ma doctrine. La raison ne demande rien de contraire à la nature ; elle aussi demande à chaque homme de s'aimer soi-même, de chercher ce qui lui est utile véritablement, de désirer tout ce qui le conduit réellement à une perfection plus grande, enfin, de faire effort pour conserver son être autant qu'il est en lui. Et ce que je dis là est aussi nécessairement vrai qu'il est vrai que le tout est plus grand que sa partie (voyez Proposition 4. part. 3).

Maintenant, la vertu ne consistant pour chacun en autre chose (par la Définition 8, part. 4) qu'à vivre selon les lois de sa nature propre, et personne ne s'efforçant de se conserver (par la Proposition 7, part. 3) que d'après les lois de sa nature, il suit de là : premièrement, que le fondement de la vertu, c'est cet effort même que fait l'homme pour conserver son être, et que le bonheur consiste à pouvoir le conserver en effet ; secondement, que la vertu doit être désirée pour elle-même, et non pour autre chose, car il n'en est pas de préférable pour nous, ou de plus utile ; troisièmement, enfin, que ceux qui se donnent à eux-mêmes la mort sont des impuissants, vaincus par des causes extérieures en désaccord avec leur nature. Il résulte, en outre, du Postulat 4 de la part. 2, qu'il nous est à jamais impossible de faire que nous n'ayons besoin d'aucune chose extérieure pour conserver notre être, et que nous puissions vivre sans aucun commerce avec les objets étrangers.

Si même nous regardons attentivement notre âme nous verrons que notre entendement serait moins parfait si l'âme était isolée et ne comprenait rien que soi-même. Il y a donc hors de nous beaucoup de choses qui nous sont utiles, et par conséquent désirables. Entre ces choses, on n'en peut concevoir de meilleures que celles qui ont de la convenance avec notre nature. Car si deux individus de même nature viennent à se joindre, ils composent par leur union un individu deux fois plus puissant que chacun d'eux en particulier : c'est pourquoi rien n'est plus utile à l'homme que l'homme lui-même. Les hommes ne peuvent rien souhaiter de mieux, pour la conservation de leur être, que cet amour de tous en toutes choses, qui fait que toutes les âmes et tous les corps ne forment, pour ainsi dire, qu'une seule âme et un seul corps ; de telle façon que tous s'efforcent, autant qu'il est en eux, de conserver leur propre être et, en même temps, de chercher ce qui peut être utile à tous ; d'où il suit que les hommes que la raison gouverne, c'est-à-dire les hommes qui cherchent ce qui leur est utile, selon les conseils de la raison, ne désirent rien pour eux-mêmes qu'ils ne désirent également pour tous les autres, et sont, par conséquent, des hommes justes, probes et honnêtes.

Voilà les commandements de la raison, que je m'étais proposé de faire connaître ici en peu de mots, avant de les exposer d'une manière plus étendue. Mon dessein était en cela de me concilier l'attention de ceux qui pensent que ce principe : chacun est tenu de chercher ce qui lui est utile, est un principe d'impiété, et non la base de la piété et de la vertu. Maintenant que j'ai rapidement montré que la chose n'est point comme ces personnes le supposent, je vais exposer ma doctrine suivant la même méthode que j'ai pratiquée jusqu'à ce moment.

Proposition 19

Chacun désire ou repousse nécessairement, d'après les lois de sa nature, ce qu'il juge bon ou mauvais.

Démonstration : La connaissance de ce qui est bon ou mauvais, c'est la passion même de la joie ou de la tristesse, en tant que nous en avons conscience (par la Proposition 8, part. 4), et conséquemment (par la Proposition 28, part. 3) ; chacun désire nécessairement ce qu'il juge bon, et repousse au contraire ce qu'il juge mauvais. Or, ce désir ou appétit, ce n'est autre chose que l'essence même de l'homme ou sa nature (par la Définition de l'appétit, qu'on trouvera dans le Scolie de la Proposition 9, part. 3, et dans la Définition 1 des passions). Donc chacun, par les seules lois de sa nature, désire ou repousse, etc.

C. Q. F. D.

Proposition 20

Plus chacun s'efforce et plus il est capable de chercher ce qui lui est utile, c'est-à-dire de conserver son être, plus il a de vertu ; au contraire, en tant qu'il néglige de conserver ce qui lui est utile, c'est-à-dire son être, il marque son impuissance.

Démonstration : La vertu, c'est la puissance de l'homme elle-même, laquelle (en vertu de la Définition 8, part. 4) se définit par la seule essence de l'homme, c'est-à-dire (en vertu de la Proposition 7, part. 3) par ce seul effort que fait l'homme pour persévérer dans son être. Plus par conséquent chacun s'efforce, et plus il est capable de conserver son être, plus il a de vertu, et par une suite nécessaire (voyez les propos. 4 et 6. part. 3), en tant qu'il néglige de conserver son être, il marque son impuissance.

C. Q. F. D.

Scolie : Personne ne cesse donc de désirer ce qui lui est utile et ne néglige la conservation de son être que vaincu par les causes extérieures qui sont contraires à sa nature. Personne n'est donc déterminé par la nécessité de sa nature, mais seulement par les causes extérieures, à se priver d'aliments, ou à se donner lui-même la mort. Ainsi, celui qui tire par hasard son épée et à qui un autre saisit la main en le forçant de se frapper lui-même au cœur, celui-là se tue parce qu'il y est contraint par une cause étrangère. Il en est de même d'un homme que l'ordre d'un tyran force à s'ouvrir les veines, comme Sénèque, afin d'éviter un mal plus grand. Enfin, il peut arriver que des causes extérieures cachées disposent l'imagination d'une personne et affectent son corps de telle façon que ce corps revête une autre nature contraire à celle qu'il avait d'abord, et dont l'idée ne peut exister dans l'âme (par la Proposition 10, part. 3). Mais que l'homme fasse effort par la nécessité de sa nature pour ne pas exister ou pour changer d'essence, cela est aussi impossible que la formation d'une chose qui viendrait de rien ; et il suffit d'une médiocre attention pour s'en convaincre.

Nul ne peut désirer d'être heureux, de bien agir et de bien vivre, qui ne désire en même temps d'être, d'agir et de vivre, c'est-à-dire d'exister actuellement.

Démonstration : La démonstration de cette proposition, ou, pour mieux dire, la chose elle-même est de soi évidente ; et elle résulte aussi de la Définition du désir. En effet (par la Définition des passions), le désir de bien vivre ou de vivre heureux, de bien agir, etc., c'est l'essence même de l'homme, c'est-à-dire (par la propos. 7, part. 3) l'effort par lequel chacun tend a conserver son être. Donc nul ne peut désirer, etc.

C. Q. F. D.

On ne peut concevoir aucune vertu antérieure à celle qui vient d'être définie (savoir, l'effort de chacun pour se conserver soi-même).

Démonstration : L'effort d'un être pour se conserver, c'est son essence même (par la Proposition 7, part. 3). Si donc il pouvait y avoir une vertu antérieure à celle-là, il faudrait concevoir l'essence de cet être comme antérieure à soi-même (par la Définition 8, part. 4), ce qui est évidemment absurde. Donc nulle vertu, etc.

C. Q. F. D.

Corollaire : L'effort d'un être pour se conserver est le premier et unique fondement de la vertu. Car aucun autre principe n'est antérieur à celui-là (par la Proposition précédente), et sans lui (par la Proposition 21, part. 4) aucune vertu ne se peut concevoir.

Quand l'homme est déterminé à faire quelque action parce qu'il a des idées inadéquates, on ne peut dire d'une manière absolue qu'il agisse par vertu. Cela ne se peut dire qu'en tant que l'homme est déterminé par des idées claires.

Démonstration : En tant qu'il est déterminé à l'action parce qu'il a des idées inadéquates, l'homme pâtit (par la Proposition 1, part. 3), c'est-à-dire (par les Définition 1 et 2, part. 3) fait quelque chose qui ne se peut concevoir par sa seule essence, en d'autres termes (par la Définition 8, part. 4), qui ne suit pas de sa propre vertu. Au contraire, en tant qu'il est déterminé à quelque action parce qu'il a des idées claires, l'homme agit (par la Proposition 1, part. 3), c'est-à-dire (par la Définition 2, part. 3) fait quelque chose qui se conçoit par sa seule essence, en d'autres termes (par la Définition 8, part 4), qui résulte d'une façon adéquate de sa propre vertu.

C. Q. F. D.

Agir absolument par vertu, ce n'est autre chose que suivre la raison dans nos actions, dans notre vie, dans la conservation de notre être (trois choses qui n'en font qu'une), et tout cela d'après la règle de l'intérêt propre de chacun.

Démonstration : Agir absolument par vertu, ce n'est autre chose (par la Définition 8, part. 4) qu'agir d'après les propres lois de sa nature. Or nous n'agissons de cette sorte qu'en tant que nous avons des idées claires (par la Proposition 3, part. 3). Donc, agir absolument par vertu, ce n'est autre chose pour nous que suivre la raison dans nos actions, dans notre vie, dans la conservation de notre être, et tout cela (par le Corollaire de la Proposition 22, part. 4) d'après la règle de l'intérêt propre de chacun.

C. Q. F. D.

Proposition 25

Personne ne s'efforce de conserver son être à cause d'une autre chose que soi-même.

Démonstration : L'effort par lequel chaque chose tend à persévérer dans son être est déterminé par la seule essence de cette même chose (en vertu de la Proposition 7, part. 3), et résulte nécessairement de cette seule essence une fois donnée, et non de l'essence d'une autre chose (par la Proposition 6, part. 3).

Cette proposition résulte évidemment aussi du Corollaire de la Proposition 22, part 4. Car si un homme s'efforçait de conserver son être à cause d'une autre chose que soi-même, cette chose serait évidemment le premier fondement de la vertu, ce qui est absurde (par le précédente Corollaire). Donc personne ne s'efforce, etc.

C. Q. F. D.

Proposition 26

Nous ne tendons par la raison à rien autre chose qu'à comprendre, et l'âme, en tant qu'elle se sert de la raison, ne juge utile pour elle que ce qui la conduit à comprendre.

Démonstration : L'effort d'un être pour se conserver n'est rien autre chose que son essence (par la Proposition 7, part. 3), cet être, par cela seul qu'il existe de telle façon, étant conçu comme doué d'une force par laquelle il persévère dans l'existence (par la Proposition 6, part. 3) et agit suivant le cours nécessaire de sa nature déterminée (voyez la Définition de l'appétit dans le Scolie de la Proposition 9, part. 3). Or l'essence de la raison n'est autre chose que notre âme, en tant qu'elle comprend clairement et distinctement (voyez-en la Définition dans le Scolie 2 de la Proposition 40, part. 2). Par conséquent (en vertu de la Proposition 40, part. 2) tout l'effort de notre raison ne va qu'à un seul but, qui est de comprendre.

Maintenant, puisque l'effort de l'âme pour conserver son être ne va, en tant qu'elle exerce sa raison, qu'à comprendre (comme on vient de le démontrer), cet effort pour comprendre est donc (par le Corollaire de la Proposition 22, part. 4) le premier et l'unique fondement de la vertu, et conséquemment ce ne sera pas en vue de quelque autre fin que nous nous efforcerons de comprendre les choses (par la Proposition 25, part. 4) ; mais, au contraire, l'âme, en tant qu'elle use de sa raison, ne pourra concevoir comme bon pour elle que ce qui sera un moyen de comprendre (par la Définition 1, part. 4).

C. Q. F. D.

Proposition 27

Rien ne nous est connu comme certainement bon ou mauvais que ce qui nous conduit à comprendre véritablement les choses, ou ce qui peut nous en éloigner.

Démonstration : L'âme, en tant qu'elle use de la raison, ne désire rien autre chose que de comprendre, et ne considère comme utile pour elle que ce qui la conduit à ce but (par la Proposition précédente). Or l'âme (par les propos 41 et 43, part. 2, et le Scolie de la Proposition 43) ne connaît les choses avec certitude qu'en tant qu'elle a des idées adéquates, c'est-à-dire en tant qu'elle use de la raison (ce qui est la même chose par le Scolie de la Proposition 40). Donc rien ne nous est connu comme certainement bon que ce qui nous conduit à comprendre véritablement les choses, et au contraire, comme certainement mauvais, que ce qui peut nous en éloigner.

C. Q. F. D.

Proposition 28

Le bien suprême de l'âme, c'est la connaissance de Dieu ; et la suprême vertu de l'âme, c'est de connaître Dieu.

Démonstration : L'objet suprême de notre intelligence, c'est Dieu, en d'autres termes (par la Définition 6, part. 1), l'être absolument infini et sans lequel (par la Proposition 15, part. 1) rien ne peut être ni être conçu ; et par conséquent (en vertu des Proposition 26 et 27. part. 4) l'intérêt suprême de l'âme ou son suprême bien (par la Définition 1, part. 4), c'est la connaissance de Dieu. Or, l'âme (par les Proposition 1 et 3, part. 3) n'agit qu'en tant qu'elle comprend ; et ce n'est aussi qu'à ce même titre qu'on peut dire d'une manière absolue que l'âme agit par vertu (en vertu de la Proposition 23, part. 4). Comprendre, voilà donc la vertu absolue de l'âme. Or, le suprême objet de notre intelligence, c'est Dieu (comme on l'a déjà démontré). Donc la suprême vertu de l'âme, c'est de comprendre ou de connaître Dieu.

C. Q. F. D.

Proposition 29

Toute chose particulière dont la nature est entièrement différente de la nôtre ne peut ni favoriser ni empêcher notre puissance d'agir, et il est absolument impossible qu'une chose nous soit bonne ou mauvaise si elle n'a avec nous rien de commun.

Démonstration : La puissance d'exister et d'agir de toute chose particulière, et partant (en vertu du Corollaire de la Proposition 10, part. 2) celle de l'homme, ne peut être déterminée que par une autre chose particulière (en vertu de la Proposition 28, part. 1) dont la nature se comprenne par son rapport à ce même attribut auquel se rapporte la nature humaine (par la Proposition 6, part. 2). Par conséquent notre puissance d'agir, de quelque façon qu'on la conçoive, ne peut être déterminée et partant favorisée ou empêchée que par la puissance d'une autre chose particulière qui ait avec nous quelque point commun, et elle ne peut pas l'être par la puissance d'une chose dont la nature serait entièrement différente de la nôtre. Or, comme nous appelons bien ou mal ce qui est pour nous une cause de joie ou de tristesse (par la Proposition 8, part. 4), c'est-à-dire (par le Scolie de la Proposition 11, part. 3), ce qui augmente ou diminue, favorise ou empêche notre puissance d'agir, il s'ensuit qu'une chose dont la nature est entièrement différente de la nôtre ne peut nous être ni bonne ni mauvaise.

C. Q. F. D.

Aucune chose ne peut nous être mauvaise par ce qu'elle a de commun avec notre nature ; mais en tant qu'elle nous est mauvaise, elle est contraire à notre nature.

Démonstration : Nous appelons mal ce qui est pour nous une cause de tristesse (par la Proposition 8, part. 4), c'est-à-dire (par la Définition que vous trouverez au Scolie de la Proposition 11, part. 3) ce qui diminue ou empêche notre puissance d'agir. Si donc une chose nous était mauvaise par ce qu'elle a de commun avec nous, elle pourrait donc détruire ou empêcher cela même qui lui est commun avec nous, conséquence absurde (par la Proposition 4, part. 3). Aucune chose ne peut donc nous être mauvaise par ce qu'elle a de commun avec nous ; mais, en tant qu'elle nous est mauvaise, c'est-à-dire (comme on l'a déjà montré) en tant qu'elle peut diminuer ou empêcher notre puissance d'agir, elle est contraire à notre nature (par la Proposition 5, part. 3).

C. Q. F. D.

En tant qu'une chose a de la conformité avec notre nature, elle nous est nécessairement bonne.

Démonstration : En effet, en tant qu'une chose a de la conformité avec notre nature, elle ne peut nous être mauvaise (par la Proposition précédente). Elle nous sera donc bonne ou indifférente. Mais supposer qu'elle ne nous est ni bonne ni mauvaise, c'est supposer (par les Définition 2 et 3, part. 4) qu'il ne résulte rien de sa nature qui serve à la conservation de la nôtre, c'est-à-dire *(par hypothèse)* à la conservation de la sienne propre, conséquence absurde (par la Proposition 6, part. 3). Ainsi donc, en tant qu'une chose a de la conformité avec notre nature, elle nous est nécessairement bonne.

C. Q. F. D.

Corollaire : Il suit de là qu'à mesure qu'une chose a plus de conformité avec notre nature, elle nous est d'autant plus utile, c'est-à-dire d'autant meilleure ; et réciproquement, à mesure qu'une chose nous est plus utile, elle a plus de conformité avec notre nature. Car, en tant qu'elle n'a pas de conformité avec notre nature, elle en diffère nécessairement ou elle lui est contraire. Si elle en diffère, elle ne pourra nous être ni bonne, ni mauvaise (par la Proposition 29, part. 4). Si elle lui est contraire, elle sera donc contraire à ce qui a de la conformité avec notre nature ; en d'autres termes (par la Proposition précédente), contraire à notre bien, ou mauvaise. Aucune chose ne peut donc nous être bonne qu'à condition d'avoir de la conformité avec notre nature ; et par conséquent, à mesure que cette conformité est plus grande, la chose en question nous est d'autant plus utile, et réciproquement.

C. Q. F. D.

En tant que les hommes sont soumis aux passions, on ne peut dire qu'il y ait entre eux conformité de nature.

Démonstration : C'est par la puissance qu'il y a entre deux êtres conformité de nature (en vertu de la Proposition 7, part. 3), et non par l'impuissance et la négation, ni conséquemment (en vertu du Scolie de la

Proposition 3, part. 2) par la passion. Donc, entre les hommes qui sont soumis aux passions, il n'y a point conformité de nature.

Scolie : La chose est évidente d'elle-même ; car celui qui dit que le blanc et le noir n'ont d'autre conformité que de n'être ni l'un ni l'autre le rouge, affirme d'une manière absolue que le blanc et le noir n'ont aucune conformité. De même, si quelqu'un dit qu'une pierre et un homme conviennent en ce seul point que tous deux sont finis, impuissants, ou qu'aucun d'eux n'existe par la nécessité de sa nature, ou que tous deux sont indéfiniment surpassés par la puissance des causes extérieures, c'est absolument comme s'il disait que la pierre et l'homme n'ont aucune conformité ; car les êtres qui n'ont de conformité que d'une manière négative et par les propriétés qu'ils n'ont pas n'ont vraiment aucune conformité.

Proposition 33

Les hommes peuvent différer de nature, en tant qu'ils sont livrés au conflit des affections passives, et sous ce point de vue, un seul et même homme varie et diffère de soi-même.

Démonstration : La nature ou essence des passions ne peut s'expliquer par notre seule essence ou nature (par les Définition 1 et 2, part. 3) ; mais elle doit être déterminée par le rapport de la puissance, c'est-à-dire (en vertu de la Proposition 7, part. 3) de la nature des causes extérieures, avec la nôtre. Et c'est ce qui fait qu'il y a pour chaque passion autant d'espèces différentes qu'on peut assigner d'objets différents capables de nous affecter (voyez la Proposition 56, part. 3). De là vient aussi que les hommes sont affectés très diversement par un seul et même objet (voyez la Proposition 51, part. 3), et par suite qu'ils diffèrent de nature, et enfin qu'un seul et même homme, étant affecté (en vertu de cette même Proposition 51, part. 3) diversement par le même objet, diffère de soi-même, etc.

C. Q. F. D.

Proposition 34

Les hommes, en tant qu'ils sont livrés au conflit des affections passives, peuvent être contraires les uns aux autres.

Démonstration : Un homme, Pierre, par exemple, peut être une cause de tristesse pour Paul, parce qu'il a en lui-même quelque chose de semblable à l'objet de la haine de Paul (par la Proposition 16, part. 3), ou bien parce que Pierre possède seul un objet pour lequel Paul a aussi de l'amour (voyez la Proposition 32, part. 3, avec son Scolie), ou enfin pour d'autres causes (on en a marqué les principales dans le Scolie de la Proposition 55, part. 3). Il résultera de là (par la Définition 7 des passions) que Paul haïra Pierre, et partant (en vertu de la propos. 40, part. 3, avec son Scolie), que Pierre sera aisément disposé à haïr Paul à son tour, de telle façon que tous deux feront effort (par la Proposition 39, part. 3) pour se causer du mal l'un à l'autre, et seront ainsi contraires l'un à l'autre (par la Proposition 30, part. 4). Or, la tristesse est toujours une affection passive (par la Proposition 59, part. 3). Donc les hommes, en tant qu'ils sont livrés au conflit des affections passives, peuvent être contraires les uns aux autres.

C. Q. F. D.

Scolie : J'ai dit que Paul prenait Pierre en haine, parce qu'il se représentait Pierre comme possesseur de l'objet pour lequel lui, Paul, a de l'amour. Il semble, au premier abord, résulter de là que deux hommes, de cela seul qu'ils aiment le même objet, c'est-à-dire qu'ils ont une certaine conformité de nature, sont l'un pour l'autre une source de mal ; or, s'il en est ainsi, les Proposition 30 et 31, part. 4, sont fausses. Mais si on veut examiner la chose d'une manière impartiale, on verra qu'il y a parfait accord dans toutes les parties de notre doctrine ; car ces deux personnes dont nous avons parlé ne cherchent pas à se nuire réciproquement, en tant qu'elles ont une certaine conformité de nature, en tant qu'elles aiment un même objet, mais bien en tant qu'elles diffèrent l'une de l'autre. En effet, en tant qu'elles aiment toutes deux le même objet, l'amour de chacune d'elles se trouve augmenté (par la Proposition 31, part. 3), et partant leur joie (par la Définition 6 des Passions). Ainsi donc, il s'en faut bien qu'elles soient l'une à l'autre une cause d'ennui en tant qu'elles aiment le même objet et ont une certaine conformité de nature. La vraie cause de leur inimitié, comme je l'ai dit, c'est qu'on suppose entre elles une opposition de nature. On suppose en effet que Pierre a l'idée d'un objet aimé qu'il possède, et Paul, l'idée d'un objet aimé qu'il a perdu. D'où il suit que Paul est plein de tristesse et Pierre plein de joie ; or sous ce point de vue, Pierre et Paul sont de nature contraire. Il me serait aisé de montrer de la même manière que toutes les autres causes de haine dépendent non point de la conformité, mais de l'opposition qui se rencontre dans la nature des hommes.

Proposition 35

Les hommes ne sont constamment et nécessairement en conformité de nature qu'en tant qu'ils vivent selon les conseils de la raison.

Démonstration : Les hommes, en tant qu'ils sont livrés au conflit des affections passives, peuvent être de nature différente (par la Proposition 33, part. 4) et même contraire (par la Proposition précédente). Or, on ne peut dire des hommes qu'ils agissent qu'en tant qu'ils dirigent leur vie d'après la raison (par la Proposition 3, part. 3), et par conséquent tout ce qui résulte de la nature humaine, en tant qu'on la considère comme raisonnable, doit (en vertu de la Définition 2, part. 3) se concevoir par la nature humaine toute seule, comme par sa cause prochaine. Mais tout homme, par la loi de sa nature, désirant ce qui lui est bon, et s'efforçant d'écarter ce qu'il croit mauvais pour lui(par la Proposition 19, part. 4), et d'un autre côté, tout ce que nous jugeons bon ou mauvais d'après la décision de la raison étant nécessairement bon ou mauvais (par la Proposition 41, part. 2), ce n'est donc qu'en tant que les hommes règlent leur vie d'après la raison qu'ils accomplissent nécessairement les choses qui sont bonnes pour la nature humaine, et partant bonnes pour chaque homme en particulier ; en d'autres termes (par le Corollaire de la Proposition 31, part. 4), les choses qui sont en conformité avec la nature de tous les hommes. Donc les hommes en tant qu'ils vivent selon les lois de la raison, sont toujours et nécessairement en conformité de nature.

C. Q. F. D.

Corollaire I : Rien dans la nature des choses n'est plus utile à l'homme que l'homme lui-même, quand il vit selon la raison. Car ce qu'il y a de plus utile pour l'homme, c'est ce qui s'accorde le mieux avec sa nature (par le Corollaire de la Proposition 31, part. 4), c'est à savoir, l'homme (cela est évident de soi). Or, l'homme agit absolument selon les lois de sa nature quand il vit suivant la raison (par la Définition 2, part. 3), et à cette condition seulement la nature de chaque homme s'accorde toujours nécessairement avec celle d'un autre homme (par la Proposition précédente). Donc rien n'est plus utile à l'homme entre toutes choses que l'homme lui-même, etc.

C. Q. F. D.

Corollaire II : Plus chaque homme cherche ce qui lui est utile, plus les hommes sont réciproquement utiles les uns aux autres. Plus, en effet, chaque homme cherche ce qui lui est utile et s'efforce de se conserver, plus il a de vertu (par la Proposition 20, part. 4), ou, ce qui est la même chose (par la Définition 8, part. 4), plus il a de puissance pour agir selon les lois de sa nature, c'est-à-dire (par la Proposition 3, part. 3) suivant les lois de sa raison. Or les hommes ont la plus grande conformité de nature quand ils vivent suivant la raison (par la Proposition précédente). Donc (par le précédente Corollaire) les hommes sont d'autant plus utiles les uns aux autres que chacun cherche davantage ce qui lui est utile.

C. Q. F. D.

Scolie : Ce que nous venons de montrer, l'expérience le confirme par des témoignages si nombreux et si décisifs que c'est une parole répétée de tout le monde : L'homme est pour l'homme un Dieu. Il est rare pourtant que les hommes dirigent leur vie d'après la raison, et la plupart s'envient les uns les autres et se font du mal. Cependant, ils peuvent à peine supporter la vie solitaire, et cette définition de l'homme leur plaît fort : L'homme est un animal sociable. La vérité est que la société a beaucoup plus d'avantages pour l'homme qu'elle n'entraîne d'inconvénients. Que les faiseurs de satires se moquent donc tant qu'il leur plaira des choses humaines ; que les théologiens les détestent à leur gré, que les mélancoliques vantent de leur mieux la vie grossière des champs, qu'ils méprisent les hommes et prennent les bêtes en admiration ; l'expérience dira toujours aux hommes que des secours mutuels leur donneront une facilité plus grande à se procurer les objets de leurs besoins, et que c'est seulement en réunissant leurs forces qu'ils éviteront les périls qui les menacent de toutes parts. Mais je m'abstiens d'insister ici, pour montrer qu'il est de beaucoup préférable et infiniment plus digne de notre intelligence de méditer sur les actions des hommes que sur celles des bêtes. Tout cela sera développé plus tard avec étendue.

Proposition 36

Le bien suprême de ceux qui pratiquent la vertu leur est commun à tous, et ainsi tous en peuvent également jouir.

Démonstration : Agir par vertu, c'est agir sous la conduite de la raison (par la Proposition 24, part. 4), et tout l'effort des actions que la raison dirige ne va qu'à un seul objet qui est de comprendre (par la Proposition 26, part. 4), et conséquemment (par la propos. 28, part. 4), le bien suprême de ceux qui pratiquent la vertu c'est de connaître Dieu, c'est-à-dire (par la Proposition 47, part. 2, et son Scolie) un bien qui est commun à tous les hommes, et que tous, en tant qu'ils ont même nature, peuvent également posséder.

Scolie : On m'adressera peut-être cette question : Si le souverain bien de ceux qui suivent la vertu n'était pas commun à tous, ne s'ensuivrait-il pas, comme plus haut (par la Proposition 25, part. 4), que les hommes, en tant qu'ils vivent suivant la raison, c'est-à-dire (par la Proposition 35, part. 4), en tant qu'ils sont en conformité parfaite de nature, sont contraires les uns aux autres ? Je réponds à cela que ce n'est point par accident, mais par la nature même de la raison, que le souverain bien des hommes leur est commun à tous. Le souverain bien, en effet, est de l'essence même de l'homme en tant que raisonnable, et l'homme ne pourrait exister ni être conçu s'il n'avait pas la puissance de jouir de ce bien souverain, puisqu'il appartient à l'essence de l'âme humaine (par la Proposition 47, Part. 2) d'avoir une connaissance adéquate de l'essence éternelle et infinie de Dieu.

Proposition 37

Le bien que désire pour lui-même tout homme qui pratique la vertu, il le désirera également pour les autres hommes, et avec d'autant plus de force qu'il aura une plus grande connaissance de Dieu.

Démonstration : Les hommes, en tant qu'ils vivent sous la conduite de la raison, sont très utiles l'un à l'autre (par le Corollaire 1 de la Proposition 35, part. 4), et conséquemment (par la Proposition 19, part. 4) la raison nous déterminera nécessairement à faire que les hommes vivent sous la conduite de la raison. Or le bien que désire pour lui-même celui qui vit suivant la raison, c'est-à-dire (par la Proposition 24, part. 4) celui qui pratique la vertu, c'est de comprendre (par la Proposition 26, part. 4). Donc ce même bien qu'il désire pour lui-même, il le désirera aussi pour les autres hommes. En outre, le désir, en tant qu'il se rapporte à l'âme, est l'essence même de l'âme (par la Définition 1 des passions) ; or, l'essence de l'âme consiste dans la connaissance (par la Proposition 11, part. 2), laquelle enveloppe la connaissance de Dieu (par la Proposition 47, part. 2), et ne peut, sans la connaissance de Dieu, ni exister, ni être conçue (par la Proposition 15, part. 1). Par conséquent, à mesure que l'essence de l'âme enveloppe une plus grande connaissance de Dieu, l'homme vertueux désire avec plus de force pour les autres le bien qu'il désire pour lui-même.

C. Q. F. D.

Autre démonstration : Le bien que l'homme désire et aime pour lui, il l'aimera d'une façon plus ferme (par la Proposition 31, part. 3), s'il voit que les autres l'aiment aussi ; et conséquemment (par le Corollaire de cette même Proposition) il fera effort pour que les autres l'aiment aussi ; et comme ce bien est commun à tous (par la Proposition précédente) et que tous en peuvent jouir, il s'ensuit qu'il fera effort (par la même raison) pour que tous en jouissent, et cela avec d'autant plus de force (par la Proposition 37, part. 3) que lui-même jouira davantage de ce bien.

Scolie I : Celui qui fait effort, uniquement par passion, pour que les autres aiment ce qu'il aime et pour qu'ils vivent à son gré, celui-là, n'agissant de la sorte que sous l'empire d'une aveugle impulsion, devient odieux à tout le monde, surtout à ceux qui ont d'autres goûts que les siens et s'efforcent en conséquence à leur tour de les faire partager aux autres. De plus, comme le bien suprême que la passion fait désirer aux hommes est souvent de nature à ne pouvoir être possédé que par un seul, il en résulte que les amants ne sont pas toujours d'accord avec eux-mêmes, et, tout en prenant plaisir à célébrer les louanges de l'objet aimés craignent de persuader ceux qui les écoutent. Au contraire, ceux qui s'efforcent de conduire les autres par la raison n'agissent point avec impétuosité, mais avec douceur et bienveillance, et ceux-là sont toujours d'accord avec eux-mêmes.

Tout désir, toute action dont nous sommes nous-mêmes la cause en tant que nous avons l'idée de Dieu, je les rapporte à la *religion*. J'appelle *piété* le désir de faire du bien dans une âme que la raison conduit. Le désir de s'unir aux autres par les liens de l'amitié, quand il possède une âme qui se gouverne par la raison, je le nomme *honnêteté*, et l'honnête est pour moi ce qui est l'objet des louanges des hommes que la raison gouverne, comme le déshonnête est ce qui est contraire à la formation de l'amitié. J'ai expliqué en outre quels sont les fondements de l'État, et il est aisé aussi de déduire de ce qui précède la différence qui sépare la vertu véritable de l'impuissance. La vertu véritable n'est autre chose, en effet, qu'une vie réglée par la raison ; et par conséquent l'impuissance consiste en ce seul point que l'homme se laisse gouverner par les objets du dehors et déterminer par eux à des actions qui sont en harmonie avec la constitution commune des choses extérieures, mais non avec sa propre nature, considérée en elle-même. Tels sont les principes que, dans le Scolie de la Propos 18, part. 4, j'avais promis d'expliquer. Ils font voir clairement que la loi qui défend de tuer les animaux est fondée bien plus sur une vaine superstition et une pitié de femme que sur la saine raison ; la raison nous enseigne, en effet, que la nécessité de chercher ce qui nous est utile nous lie aux autres hommes, mais nullement aux animaux ou aux choses d'une autre nature que la nôtre. Le droit qu'elles ont contre nous, nous l'avons contre elles. Ajoutez à cela que le droit de chacun se mesurant par sa vertu ou par sa puissance, le droit des hommes sur les animaux est bien supérieur à celui des animaux sur les hommes. Ce n'est pas que je refuse le sentiment aux bêtes. Ce que je dis, c'est qu'il n'y a pas là de raison pour ne pas chercher ce qui nous est utile, et par conséquent pour ne pas en user avec les animaux comme il convient à nos intérêts, leur nature n'étant pas conforme à la nôtre, et leurs passions étant radicalement différentes de nos passions (voyez le Scolie de la Proposition 57, part. 3). Il me reste à expliquer en quoi consistent le juste, l'injuste, le péché et le mérite. C'est ce que je vais faire dans le Scolie suivant.

Scolie II : J'ai promis, dans l'appendice de la première partie, d'expliquer en quoi consistent la louange et le blâme, le mérite et le péché, le juste et l'injuste. Pour ce qui est de la louange et du blâme, j'en ai traité dans le Scolie de la Proposition 29, part. 3. Le moment est venu d'exposer la nature des autres notions ; mais il faut auparavant que je dise quelques mots de l'état naturel de l'homme et de son état social.

Tout homme existe par le droit suprême de la nature, et en conséquence, tout homme accomplit par ce même droit les actions qui résultent de la nécessité de sa nature ; d'où il suit que tout homme, toujours en vertu du même droit, juge de ce qui est bon et mauvais et veille à son intérêt particulier, suivant sa constitution particulière (voyez les Proposition 19 et 20, part. 4), se venge du mal qu'on lui fait (voyez le Corollaire 2 de la Proposition 40, part. 3), s'efforce enfin de conserver ce qu'il aime et de détruire ce qu'il hait (voyez Proposition 28, part. 3). Si les hommes réglaient leur vie selon la raison, chacun serait en possession de ce droit sans dommage pour autrui (par le Corollaire 1 de la Proposition 35, part. 4) ; mais comme ils sont livrés aux passions (par le Corollaire de la Proposition 4, part. 4), lesquelles surpassent de beaucoup la puissance ou la vertu de l'homme (par la Proposition 6, part. 4), ils sont poussés en des directions diverses(par la Proposition 33 [194] , part. 4) et même contraires (par la Proposition 34, part. 4), tandis qu'ils auraient besoin de se prêter un mutuel secours (par le Scolie de la Proposition 35, part. 4). Afin donc que les hommes puissent vivre en paix et se secourir les uns les autres, il est nécessaire qu'ils cèdent quelque chose de leur droit naturel, et s'engagent mutuellement, pour leur commune sécurité, à ne rien faire qui puisse tourner au détriment d'autrui. Or, comment pourra-t-il arriver que les hommes, qui sont nécessairement sujets aux passions (par le Corollaire de la Proposition 4, part. 4), et par suite inconstants et variables (par la Proposition 33, part. 4), puissent s'inspirer une mutuelle sécurité, une confiance mutuelles ? C'est ce qu'on a clairement montré par la Proposition 7, part. 4, et la Proposition 39, part. 3, qui portent qu'aucune passion ne peut être empêchée que par une passion contraire et plus forte, et que chacun s'abstient de faire du mal à autrui par crainte de recevoir un mal plus grand. La société pourra donc s'établir à cette condition qu'elle disposera du droit primitif de chacun de venger ses injures et de juger de ce qui est bien et de ce qui est mal, et qu'elle aura aussi le pouvoir de prescrire une manière commune de vivre, et de faire des lois, en leur donnant pour sanction, non pas la raison, qui est incapable de contenir les appétits (par le Scolie de la Proposition 17, part. 4), mais la menace d'un châtiment. Cette société, fondée sur les lois et sur le pouvoir qu'elle a de se conserver, c'est l'État ; et ceux qu'elle couvre de la protection de son droit, ce sont les citoyens. Nous voyons clairement par ces principes que dans l'état de nature il n'y a rien qui soit bon ou mauvais par le consentement universel, puisqu'alors chacun ne songe qu'à son utilité propre, et suivant qu'il a telle constitution et telle idée de son intérêt particulier, décide de ce qui est bon et de ce qui est mauvais, et n'est tenu d'obéir à nul autre qu'à soi-même ; de telle sorte que, dans l'état de nature, il est impossible de concevoir le péché. Mais il en va tout autrement dans l'état de société, où le consentement universel a déterminé ce qui est bien et ce qui est mal, et où chacun est tenu d'obéir à l'État. Le péché consiste donc tout simplement dans la désobéissance, laquelle est punie conséquemment par le seul droit de l'État ; et l'obéissance au contraire est un mérite pour le citoyen, en ce qu'elle le fait juger digne de jouir des avantages de la société. De plus, dans l'état de nature, personne n'est, du consentement commun, le maître d'aucune chose, et il n'y a rien dans la nature dont on puisse dire qu'elle appartienne à tel homme et non à tel autre. Toutes choses sont à tous, et par conséquent il est impossible de concevoir dans l'état de nature la volonté de rendre à chacun son droit, ou de dépouiller personne de sa propriété ; en d'autres termes, il n'y a dans l'état de nature ni juste ni injuste, et ce n'est que le consentement commun qui détermine dans l'état de société ce qui appartient à chacun. Par où l'on voit clairement que le juste et l'injuste, le péché et le mérite, sont des notions extrinsèques, et non des attributs qui expriment la nature de l'âme. Mais en voilà assez sur ce point.

Tout ce qui dispose le corps humain de telle façon qu'il puisse être affecté de plusieurs manières, tout ce que le rend propre à affecter de plusieurs manières les corps extérieurs, tout cela est utile à l'homme, et d'autant plus utile que le corps est rendu plus propre à être affecté de plusieurs manières et à affecter les corps extérieurs ; au contraire, cela est nuisible à l'homme, qui rend son corps moins propre a ces diverses fonctions.

Démonstration : Plus le corps est propre à ces fonctions, plus l'âme est propre à percevoir (par la Proposition 14, part. 2), et par conséquent, tout ce qui dispose le corps à les remplir et l'y rend propre est nécessairement bon et utile (par les Proposition 26 et 27, part. 4), et d'autant plus utile qu'il y rend le corps plus propre ; tandis qu'au contraire (par la même Proposition 14, part. 2, prise en sens inverse, et par les Proposition 26 et 27, part. 4), ce qui rend le corps moins propre à ces fonctions est nuisible à l'homme.

C. Q. F. D.

Ce qui conserve le rapport de mouvement et de repos qu'ont entre elles les parties du corps humain est bon ; ce qui charge ce rapport, au contraire, est mauvais.

Démonstration : Le corps humain a besoin, pour se conserver, de plusieurs autres corps (par le Postulat 4, part. 2). Or ce qui constitue l'essence, la forme du corps humain, c'est que ses parties se communiquent leur mouvement dans un rapport déterminé (par la Définition placée avant le Lemme 4, qui lui-même se trouve après la Proposition 13, part. 2). Donc, ce qui conserve le rapport de mouvement et de repos qu'ont entre elles les parties du corps humain conserve en même temps la forme du corps humain, et conséquemment dispose le corps (par les Postulat 3 et 6, part. 2) à être affecté de plusieurs manières, et à affecter de plusieurs manières les corps extérieurs, cela, dis-je, est bon (par la Proposition précédente). De plus, toute chose qui donne aux parties du corps humain un autre rapport de mouvement et de repos donne au corps humain une autre forme ou essence (par la même Définition, part. 2), c'est-à-dire *(comme cela est de soi évident, et comme on en a prévenu d'ailleurs à la fin de la Préface de la quatrième partie)* détruit le corps humain, et le rend par conséquent incapable d'être affecté de plusieurs manières, d'où il suit que cette chose est mauvaise (par la Proposition précédente).

C. Q. F. D.

Scolie : On expliquera dans la cinquième partie jusqu'à quel point tout cela peut nuire au corps ou lui être utile. Je ferai seulement remarquer ici que j'entends par la mort du corps humain une disposition nouvelle de ses parties, par laquelle elles ont à l'égard les unes des autres de nouveaux rapports de mouvement et de repos ; car je n'ose pas nier que le corps humain ne puisse, en conservant la circulation du sang et les autres conditions ou signes de la vie, revêtir une nature très différente de la sienne. Je n'ai en effet aucune raison qui me force à établir que le corps ne meurt pas s'il n'est changé en cadavre, l'expérience paraissant même nous persuader le contraire. Il arrive quelquefois à un homme de subir de tels changements qu'on ne peut guère dire qu'il soit le même homme. J'ai entendu conter d'un poète espagnol qu'ayant été atteint d'une maladie, il resta, quoique guéri, dans un oubli si profond de sa vie passée qu'il ne reconnaissait pas pour siennes les fables et les tragédies qu'il avait composées ; et certes on aurait pu le considérer comme un enfant adulte, s'il n'avait gardé souvenir de sa langue maternelle. Cela paraît-il incroyable ? Que dire alors des enfants ? Un homme d'un âge avancé n'a-t-il pas une nature si différente de celle de l'enfant qu'il ne pourrait se persuader qu'il a été enfant, si l'expérience et l'induction ne lui en donnaient l'assurance ? Mais pour ne pas donner sujet aux esprits superstitieux de soulever d'autres questions, j'aime mieux n'en pas dire davantage.

Proposition 40

Tout ce qui tend à réunir les hommes en société, en d'autres termes, tout ce qui les fait vivre dans la concorde, est utile, et au contraire, tout ce qui introduit la discorde dans la cité est mauvais .

Démonstration : En effet, tout ce qui fait que les hommes vivent dans la concorde les fait vivre sous la conduite de la raison (par la Proposition 35, part. 4), et conséquemment (par les Proposition 26 et 27, part. 4), est bon. Au contraire (et par la même raison), tout ce qui excite des discordes est mauvais.

C. Q. F. D.

Proposition 41

La joie, considérée directement, n'est pas mauvaise, mais bonne ; la tristesse, au contraire, considérée directement, est mauvaise.

Démonstration : La joie (par la Proposition 11, part. 3, et son Scolie) est une passion qui augmente ou favorise la puissance d'action du corps ; la tristesse, au contraire, est une passion qui la diminue ou l'empêche. Donc (par la Proposition 38, part. 4) la joie est bonne, etc.

C. Q. F. D.

Proposition 42

La gaieté ne peut avoir d'excès, et elle est toujours bonne ; la mélancolie, au contraire, est toujours mauvaise.

Démonstration : La gaieté (voyez-en la Définition dans le Scolie de la Proposition 11, part. 3) est une joie qui consiste, en tant qu'elle se rapporte au corps, en ce que toutes les parties du corps sont affectées d'une manière égale, c'est-à-dire (par la Proposition 11, part. 3) en ce que toutes les parties du corps ont entre elles les mêmes rapports de mouvement et de repos ; et en conséquence (par la Proposition 39, part. 4), la gaieté est toujours bonne et ne peut avoir d'excès. Mais la mélancolie (voyez-en la Définition dans le même Scolie de la Proposition 11, part. 3) est une tristesse qui consiste, en tant qu'elle se rapporte au corps, en ce que la puissance de ce corps éprouve une diminution ou un empêchement ; d'où il suit (par la Proposition 38, part. 4) qu'elle est toujours mauvaise.

C. Q. F. D.

Proposition 43

Le chatouillement est susceptible d'excès et peut être mauvais ; la douleur, à son tour, peut être bonne, en tant que le chatouillement ou la joie sont mauvais.

Démonstration : Le chatouillement est un sentiment de joie qui consiste, relativement au corps, en ce que l'une de ses parties, ou bien un certain nombre d'entre elles, sont affectées de préférence à toutes les autres (voyez la Définition de cette passion dans le Scolie de la Proposition 11, part. 3) ; et cette affection peut avoir une telle puissance qu'elle surpasse les autres actions du corps (par la Proposition 6, part. 4), et s'attache à lui avec persistance, de manière à empêcher que le corps puisse être propre à recevoir des modifications diverses ; d'où il suit (par la Proposition 38, part. 4) que cette affection est mauvaise. Maintenant, la douleur, qui est au contraire un sentiment de tristesse, prise en soi, ne peut être bonne (par la Proposition 41, part. 4). Mais comme sa force et son accroissement se mesurent par le rapport de la puissance d'une cause extérieure avec la nôtre (par la Proposition 5, part. 4), nous pouvons concevoir pour cette passion une infinité de degrés divers de force et des modifications infinies (par la Proposition 3, part. 4), et, en conséquence, on peut la concevoir de telle façon qu'elle puisse contenir le chatouillement, en faire disparaître l'excès, et empêcher ainsi (par la première part. de cette propos.) que le corps ne devienne moins propre à ses fonctions. Or, sous ce point de vue, la douleur est bonne.

C. Q. F. D.

Proposition 44

L'amour et le désir sont sujets à l'excès.

Démonstration : L'amour est une joie (par la Définition 6 des passions) accompagnée de l'idée d'une cause extérieure. Le chatouillement est donc un amour accompagné de l'idée d'une cause extérieure (par le Scolie de la Proposition 11, part. 3), et conséquemment, l'amour (par la Proposition précédente) est sujet à l'excès.

En second lieu, le désir est d'autant plus fort que la passion d'où il provient est plus forte (par la Proposition 37, part. 3). Par conséquent, de même qu'une passion peut (par la Proposition 6, part. 4) surpasser les autres actions de l'homme, de même aussi le désir qui naît de cette passion peut surpasser tous les autres désirs, et de la sorte, il est sujet au même excès où tombe le chatouillement, comme on vient de le faire voir dans la Proposition précédente.

C. Q. F. D.

Scolie : L'hilarité, que j'ai rangée entre les bonnes passions, est plus facile à concevoir qu'à observer. Car les passions qui agitent chaque jour nos âmes se rapportent le plus souvent à quelque partie du corps qui est affectée à l'exclusion des autres, et de là vient qu'elles tombent dans l'excès et tiennent l'âme attachée à la contemplation d'un seul objet avec une telle force qu'elle ne peut penser à autre chose ; et bien que les hommes soient sujets à un grand nombre de passions, qu'il soit rare par conséquent d'en rencontrer qui soient toujours agitées par une seule et même passion, cependant il ne manque pas d'exemples de cette influence exclusive et opiniâtre d'une passion unique. Nous voyons aussi des hommes qui sont affectés par un certain objet avec une si grande vivacité qu'ils le croient devant leurs yeux quand il est absent ; et si pareille chose arrive à un homme qui ne dort pas, nous disons qu'il est en délire, qu'il perd le sens. Nous pensons aussi de ces amoureux qui ne songent nuit et jour qu'à la maîtresse, ou à la courtisane dont ils sont épris, qu'ils sont en délire, parce que leur passion nous amuse ; mais quand nous voyons un avare ne penser qu'à l'argent ou au gain, un ambitieux à la gloire, etc., nous ne disons pas qu'ils soient en délire, parce qu'ils sont en général insupportables à leurs semblables et que nous les jugeons dignes de haine. Cependant l'avarice, l'ambition, le libertinage, sont au fond des espèces de délires, quoiqu'on ne les compte pas au nombre des maladies.

Proposition 45

La haine ne peut jamais être bonne.

Démonstration : Quand nous haïssons une personne, nous nous efforçons de la détruire (par la Proposition 39, part. 3), c'est-à-dire (par la Proposition 37, part. 4) de faire une chose qui est mauvaise. Donc, etc.

C. Q. F. D.

Scolie : On remarquera que, dans cette Proposition comme dans les précédentes, j'entends par haine une passion qui a les hommes pour objet.

Corollaire I : L'envie, la dérision, le mépris, la haine, la vengeance, toutes les passions qui se rapportent à la haine ou qui en proviennent sont mauvaises, conséquence qui résulte aussi des Proposition 37, part. 4, et 39, part. 3.

Corollaire II : Tout ce que nous désirons par l'effet de la haine est honteux et, dans l'État, contraire à la justice. C'est ce qui résulte également de la Proposition 39, part. 3, et de la Définition des choses honteuses et injustes (voyez le Scolie de la Proposition 37, part. 4).

Scolie : Entre la dérision (que j'ai appelée passion mauvaise dans le Corollaire 1) et le rire, je reconnais une grande différence ; car le rire, comme le badinage, est un pur sentiment de joie ; par conséquent il ne peut avoir d'excès et de soi il est bon (par la Proposition 41, part. 4). En quoi, en effet, est-il plus convenable de soulager sa faim ou sa soif que de chasser la mélancolie ? Telle est du moins ma manière de voir, quant à moi, et j'ai disposé mon esprit en conséquence. Aucune divinité, ni qui que ce soit, excepté un envieux, ne peut prendre plaisir au spectacle de mon impuissance et de mes misères, et m'imputer à bien les larmes, les sanglots, la crainte, tous ces signes d'une âme impuissante. Au contraire, plus nous avons de joie, plus nous acquérons de perfection ; en d'autres termes, plus nous participons nécessairement à la nature divine. Il est donc d'un homme sage d'user des choses de la vie et d'en jouir autant que possible (pourvu que cela n'aille pas jusqu'au dégoût, car alors ce n'est plus jouir). Oui, il est d'un homme sage de se réparer par une nourriture modérée et agréable, de charmer ses sens du parfum et de l'éclat verdoyant des plantes, d'orner même son vêtement, de jouir de la musique, des jeux, des spectacles et de tous les divertissements que chacun peut se donner sans dommage pour personne. En effet, le corps humain se compose de plusieurs parties de différente nature, qui ont continuellement besoin d'aliments nouveaux et variés, afin que le corps tout entier soit plus propre à toutes les fonctions qui résultent de sa nature, et par suite, afin que l'âme soit plus propre, à son tour, aux fonctions de la pensée. Cette règle de conduite que nous donnons est donc en parfait accord et avec nos principes, et avec la pratique ordinaire. Si donc il y a des règles différentes, celle-ci est la meilleure et la plus recommandable de toutes façons, et il n'est pas nécessaire de s'expliquer sur ce point plus clairement et avec plus d'étendue.

Proposition 46

Celui qui vit sous la conduite de la raison s'efforce, autant qu'il est en lui, d'opposer aux sentiments de haine, de colère, de mépris, etc., qu'on a pour lui, des sentiments contraires d'amour et de générosité.

Démonstration : Toutes les passions qui proviennent de la haine sont mauvaises (par le Corollaire 1 de la précédente Proposition), et conséquemment, celui qui règle sa vie suivant la raison s'efforce, autant que possible, d'écarter de soi les passions haineuses (par la Proposition 19, part. 4), et de les écarter de l'âme d'autrui (par la Proposition 37, part. 4). Or, la haine s'augmente par une haine réciproque, et au contraire, elle peut être étouffée par l'amour (en vertu de la Proposition 43, part. 3), de telle sorte que la haine se change en amour (par la Proposition 44, part. 3). Ainsi donc, celui qui vit selon la raison s'efforce d'opposer aux sentiments de haine, etc., des sentiments d'amour, tels que la générosité, etc. (voyez la Définition de cette passion au Scolie de la Proposition 59, part. 3).

C. Q. F. D.

Scolie : Celui qui veut venger ses injures en rendant haine pour haine ne peut manquer d'être malheureux. Celui au contraire qui s'efforce de combattre la haine par l'amour trouve dans ce combat la joie et la sécurité. Il résiste avec une légale facilité à un seul homme et à plusieurs, et a moins besoin que personne du secours de la fortune. Ceux qu'il parvient à vaincre, il les laisse joyeux, avec une augmentation de force au lieu d'un affaiblissement : toutes choses qui résultent si clairement des seules définitions de l'amour et de l'entendement, qu'il est inutile d'en donner une démonstration spéciale.

Proposition 47

Les passions de l'espérance et de la crainte ne peuvent jamais être bonnes par elles-mêmes.

Démonstration : L'espérance et la crainte sont des passions inséparables de la tristesse. Car, d'abord, la crainte est une sorte de tristesse (par la Déf : 13 des passions), et l'espérance (voyez l'Expl. des Définition 12 et 13 des passions) est toujours accompagnée de crainte ; d'où il suit (par la Proposition 41, part. 4) que ces passions ne peuvent jamais être bonnes par elles-mêmes, mais seulement en tant qu'elles sont capables d'empêcher les excès de la joie (par la Proposition 43, part. 4).

C. Q. F. D.

Scolie : Joignez à cela que ces passions marquent un défaut de connaissance et l'impuissance de l'âme ; et c'est pourquoi la sécurité, le désespoir, le contentement et le remords sont aussi des signes d'impuissance. Car bien que la sécurité et le contentement soient des passions nées de la joie, elles supposent une tristesse antérieure, savoir, celle qui accompagne toujours l'espérance et la crainte. De là vient que plus nous faisons effort pour vivre sous la conduite de la raison, plus aussi nous diminuons notre dépendance à l'égard de l'espérance et de la crainte, plus nous arrivons à commander à la fortune, et à diriger nos actions suivant une ligne régulière et raisonnable.

Proposition 48

Les passions de l'estime et du mépris sont toujours mauvaises.

Démonstration : Car ces passions (par les Définition 21 et 22 des passions) sont contraires à la raison et partant mauvaises (par les Proposition 26 et 27, part. 4).

C. Q. F. D.

Proposition 49

L'estime rend aisément orgueilleux l'homme qui en est l'objet.

Démonstration : Si nous voyons que, par amour pour nous, on pense de nous plus de bien qu'il ne faut, nous serons aisément disposés à nous en glorifier (par le Scolie de la Proposition 41, part. 3), c'est-à-dire à en éprouver de la joie (par la Définition 29 des passions) ; et ce bien qu'on dit de nous, nous le croirons aisément (par la Proposition 25, part. 3), d'où il arrivera que, par amour pour nous, nous penserons de nous plus de bien qu'il ne faut, en d'autres termes (par la Définition 27 des passions), que nous deviendrons aisément orgueilleux.

C. Q. F. D.

Proposition 50

La pitié est, de soi, mauvaise et inutile dans une âme qui vit selon la raison.

Démonstration : En effet, la pitié est une sorte de tristesse (par la Définition 18 des passions), et partant elle est, de soi, mauvaise (par la Proposition 41, part. 4). Quant au bien qui en résulte, je veux dire celui que nous faisons en nous efforçant de délivrer de sa misère l'objet de notre pitié (par le Corollaire 3 de la propos. 27, part. 3), la raison seule nous porte à désirer de l'accomplir (par la Proposition 37, part. 4), et ce n'est même que par la raison (par la propos. 27, part. 4) que nous pouvons faire le bien, en sachant certainement que nous faisons le bien ; d'où il suit que la pitié est, de soi, mauvaise et inutile dans une âme qui vit selon la raison.

Corollaire : Il résulte aussi de là que celui qui vit selon la raison s'efforce, autant qu'il est en lui, de ne pas être touché par la pitié.

Scolie : Celui qui a bien compris que toutes choses résultent de la nécessité de la nature divine, et se font suivant les lois et les règles éternelles de la nature, ne rencontrera jamais rien qui soit digne de haine, de moquerie ou de mépris, et personne ne lui inspirera jamais de pitié ; il s'efforcera toujours au contraire, autant que le comporte l'humaine vertu, de bien agir et, comme on dit, de se tenir en joie. J'ajoute que l'homme qui est aisément touché de pitié et remué par la misère ou les larmes d'autrui agit souvent de telle sorte qu'il en éprouve ensuite du regret ; ce qui s'explique, soit parce que nous ne faisons jamais le bien avec certitude quand c'est la passion qui nous conduit, soit encore parce que nous sommes aisément trompés par de fausses larmes. Il est expressément entendu que je parle ici de l'homme qui vit selon la raison. Car si un homme n'est jamais conduit, ni par la raison, ni par la pitié, à venir au secours d'autrui, il mérite assurément le nom d'inhumain, puisqu'il ne garde plus avec l'homme aucune ressemblance (par la Proposition 27, part. 3).

Proposition 51

Un penchant favorable pour une personne n'est pas contraire à la raison ; il peut s'accorder avec et en provenir.

Démonstration : Un penchant favorable, en effet, c'est l'amour qu'on a pour une personne qui fait du bien à autrui (par la Définition 19 des passions), et par conséquent, il se peut rapporter à l'âme, en tant que l'âme agit (par la Proposition 59, part. 3), c'est-à-dire (en vertu de la Proposition 3, part 3) en tant qu'elle comprend, d'où il suit que cette inclination est d'accord avec la raison, etc.

C. Q. F. D.

Autre démonstration : Celui qui vit selon la raison, désire pour autrui ce qu'il désire pour lui-même (par la Proposition 37, part. 4). En conséquence, de cela seul qu'il voit une personne faire du bien à autrui, son propre effort pour faire aussi du bien en est favorisé ; il éprouve donc un sentiment de joie (par la Proposition 11, part. 3), lequel *(d'après l'hypothèse)* est accompagné de l'idée de la personne qui fait du bien à autrui. Ainsi donc (par la Définition 19 des passions) il a du penchant pour elle.

C. Q. F. D.

Scolie : L'indignation, telle que nous l'avons définie (voyez la Définition 20 des passions), est nécessairement mauvaise (par la Proposition 45, Part. 4) ; mais il faut remarquer que lorsque le souverain, animé du désir de maintenir la paix dans l'État, punit un citoyen qui a commis une injustice à l'égard d'autrui, je ne dis point qu'il s'indigne contre lui ; car ce n'est point ici la haine qui pousse le souverain à perdre un citoyen ; c'est l'amour de l'État qui le décide à le punir.

Proposition 52

La paix intérieure peut provenir de la raison, et cette paix née de la raison est la plus haute où il nous soit donné d'atteindre.

Démonstration : La paix intérieure, c'est la joie qui naît pour l'homme de la contemplation de soi-même et de sa puissance d'agir (par la Définition 25 des passions). Or, la véritable puissance d'agir de l'homme ou sa vertu, c'est la raison elle-même (par la Proposition 3, part. 3) que l'homme contemple clairement et distinctement (par les Proposition 40 et 43, part. 2) ; d'où il suit que la paix intérieure naît de la raison. De plus, l'homme, quand il se contemple soi-même, ne perçoit d'une façon claire et distincte, c'est-à-dire adéquate, rien autre chose que ce qui suit de sa puissance d'agir (par la Définition 2, part. 3), en d'autres termes (par la Proposition 3, part. 3), de sa puissance de comprendre : et par conséquent, le plus haut degré de la paix intérieure ne peut naître que de cette seule contemplation.

C. Q. F. D.

Scolie : La paix intérieure est réellement l'objet le plus élevé de nos espérances ; car personne (comme on l'a démontré dans la Proposition 25) ne s'efforce de conserver son être pour une autre fin que soi-même ; et comme cette paix intérieure est entretenue et fortifiée en nous par les louanges (en vertu du Corollaire de la propos. 53, part. 3) et troublée au contraire par le blâme d'autrui (en vertu du Corollaire de la Proposition 55, part. 3), on s'explique ainsi que la gloire soit le principal mobile de nos actions, et que la vie avec l'opprobre nous devienne presque insupportable.

Proposition 53

L'humilité n'est point une vertu ; en d'autres termes, elle ne provient point de la raison.

Démonstration : L'humilité, c'est la tristesse qui naît pour l'homme du spectacle de son impuissance (par la Définition 26 des passions). Or l'homme, en tant qu'il a de soi-même une connaissance raisonnable, comprend par cela même son essence, c'est-à-dire (par la Proposition 7, part. 3) sa puissance. Si donc l'homme, en se considérant lui-même, aperçoit en lui quelque impuissance, cela ne peut venir de ce qu'il se comprend lui-même, mais bien (comme on l'a démontré à la Proposition 55, part. 3) de ce que sa puissance d'action est empêchée de quelque manière. Suppose-t-on que l'idée de cette impuissance vient de ce que l'homme conçoit une puissance *plus grande* que la sienne et dont la connaissance détermine sa puissance propre ; cela ne signifie pas autre chose alors, sinon que l'homme se comprend lui-même d'une façon distincte (en vertu de la Proposition 26, part. 4), parce que sa puissance d'agir vient à être favorisée. Ainsi donc l'humilité, je veux dire la tristesse qui naît pour l'homme de l'idée de son impuissance, ne provient pas de la vraie connaissance de soi-même ou de la raison ; ce n'est point une vertu, c'est une passion.

C. Q. F. D.

Proposition 54

Le repentir n'est point une vertu, ou en d'autres termes, il ne provient point de la raison ; au contraire, celui qui se repent d'une action est deux fois misérable ou impuissant.

Démonstration : La première partie de cette proposition se prouve comme la proposition précédente. La seconde résulte évidemment de la seule définition du repentir (voyez la Définition 27 des passions) ; car l'âme, livrée à cette passion, se laisse vaincre et par un désir dépravé et par la tristesse.

Scolie : Les hommes ne dirigeant que rarement leur vie d'après la raison, il arrive que ces deux passions de l'humilité et du repentir, comme aussi l'espérance et la crainte qui en dérivent, sont plus utiles que nuisibles ; et puisque enfin les hommes doivent pécher, il vaut encore mieux qu'ils pèchent de cette manière. Car si les hommes dont l'âme est impuissante venaient tous à s'exalter également et par l'orgueil, ils ne seraient plus réprimés par aucune honte, par aucune crainte, et on n'aurait aucun moyen de les tenir en bride et de les enchaîner. Le vulgaire devient terrible dès qu'il ne craint plus. Il ne faut donc point s'étonner que les prophètes, consultant l'utilité commune et non celle d'un petit nombre, aient si fortement recommandé l'humilité, le repentir et la subordination. Car on doit convenir que les hommes dominés par ces passions sont plus aisés à conduire que les autres et plus disposés à mener une vie raisonnable, c'est-à-dire à devenir libres et à jouir de la vie des heureux.

Proposition 55

Le plus haut degré de l'orgueil ou du mépris de soi est le plus haut degré de l'ignorance de soi.

Démonstration : Cela résulte évidemment des Définitions 28 et 29 des affections.

Proposition 56

Le plus haut degré de l'orgueil comme de l'abjection marque le plus haut degré d'impuissance de l'âme.

Démonstration : Le premier fondement de la vertu, c'est de conserver notre être (par le Corollaire de la Proposition 22, part. 4), et cela, selon les ordres de la raison (par la Proposition 14, part. 4). En conséquence, celui qui s'ignore soi-même ignore le fondement de toutes les vertus. De plus, agir par vertu, ce n'est autre chose qu'agir selon les lois de la raison (par la Proposition 24, part. 4), et celui qui agit selon les lois de la raison doit nécessairement savoir qu'il agit ainsi (par la Proposition 43. part. 2). Par conséquent celui qui s'ignore soi-même, et qui partant (comme on vient de le démontrer) ignore toutes les vertus, celui-là est le plus éloigné du monde d'agir par vertu ; d'où il résulte évidemment (par la Définition 8, part. 4) qu'il est impuissant au plus haut degré ; donc le plus haut degré de l'orgueil ou de l'abjection marque le plus haut degré d'impuissance de l'âme.

Corollaire : Il suit très clairement de cette proposition que les hommes orgueilleux et abjects sont entre les hommes les plus sujets aux passions.

Scolie : Toutefois l'abjection peut se corriger plus aisément que l'orgueil, parce qu'elle est un sentiment de tristesse ; tandis que l'orgueil est un sentiment de joie, et conséquemment cette passion est plus forte que l'autre (par la Proposition 18, part. 4).

Proposition 57

L'orgueilleux aime la présence des parasites, des flatteurs, et il déteste celle des gens de cœur.

Démonstration : L'orgueil, c'est la joie d'un homme qui pense de soi plus de bien qu'il n'est juste (par les Définition 6 et 28 des passions.), et cette opinion de soi-même, l'orgueilleux s'efforce, autant qu'il est en lui, de l'entretenir dans son âme (voyez le Scolie de la Proposition 13, part. 3) ; par conséquent il devra aimer la présence des parasites, des flatteurs (sortes de caractères trop connus pour que je n'en aie point omis la définition), et haïr au contraire celle des gens de cœur qui l'estiment son juste prix.

C. Q. F. D.

Scolie : Il serait trop long d'énumérer ici tous les maux qu'entraîne l'orgueil, puisque les orgueilleux sont sujets à toutes les passions, mais à aucune moins qu'à l'amour et à la pitié. Je dois faire remarquer du moins que celui-là aussi est appelé orgueilleux qui pense des autres moins de bien qu'il ne faut ; et dans ce sens l'orgueil peut être défini : un sentiment de joie né d'une fausse opinion qui fait qu'un homme se croit au-dessus de ses semblables. L'abjection, qui est la passion opposée, se définira alors : un sentiment de tristesse né d'une fausse opinion qui fait qu'un homme se croit au-dessous de ses semblables. Cela posé, on conçoit aisément que l'orgueilleux soit nécessairement envieux (voyez le Scolie de la Proposition 55, part. 3) et haïsse surtout ceux qui sont loués pour leurs grandes vertus ; et on comprend aussi que cette haine ne soit pas aisément étouffée par l'amour et par les bienfaits (voyez le Scolie de la Proposition 41, part. 3), et que les hommes de cette espèce ne se plaisent que dans le commerce de ceux qui flattent l'impuissance de leur âme, et d'un sot font bientôt un insensé.

Quoique l'abjection soit le contraire de l'orgueil, l'homme abject est très voisin de l'orgueilleux. En effet, tandis que le sentiment de son impuissance, comparé à la puissance ou à la vertu d'autrui, lui inspire de la tristesse, cette tristesse est calmée et fait place à la joie aussitôt que son imagination s'attache à considérer les vices d'autrui ; et de là le proverbe : *C'est la consolation des malheureux d'avoir des compagnons de leur malheur.* Au contraire, l'homme livré à l'abjection sera saisi d'une tristesse d'autant plus grande qu'il se croira plus au dessous des autres ; d'où il arrive qu'il n'y a pas d'hommes plus portés à l'envie que ceux dont je parle [195] et plus empressés d'observer les actions des hommes, pour les censurer plutôt que pour les corriger ; enfin ils ne louent que l'abjection et s'en font honneur, de manière pourtant à ne jamais quitter leur personnage. Toutes ces conséquences découlent de la nature de cette passion avec autant de nécessité qu'il résulte de la nature d'un triangle que ses trois angles égalent deux droits ; mais j'ai déjà averti qu'en donnant aux passions de ce genre le nom de mauvaises passions, je n'avais égard qu'à l'utilité des hommes. Les lois de la nature, en effet, enveloppent l'ordre entier de la nature dont l'homme fait partie ; et j'ai voulu noter cela en passant, afin que personne ne pense que je m'amuse ici à raconter les vices des hommes et leurs folies, au lieu d'exposer la nature et les propriétés dos choses. Car, comme je l'ai dit dans la préface de la troisième partie, je considère les passions humaines et leurs propriétés du même œil que toutes les choses naturelles. Et certes les passions humaines marquent l'art et la puissance de la nature, sinon celle de l'homme, non moins que beaucoup d'autres choses que nous admirons et dont la contemplation nous enchante. Mais je continue d'expliquer ce qu'il y a dans les passions d'utile et de nuisible aux hommes.

Proposition 58

Il n'est point contraire à la raison de se glorifier d'une chose ; ce sentiment peut provenir de la raison elle-même.

Démonstration : Cela résulte évidemment de la Définition 30 des passions et de la Définition de l'honnête, telle qu'on la trouvera au Scolie 1 de la Proposition 37, part. 4.

Scolie : Ce qu'on appelle vaine gloire, c'est cette espèce de paix intérieure qui n'est entretenue que par l'opinion du vulgaire, de sorte que, cette opinion venant à disparaître, la paix intérieure, en d'autres termes (par le Scolie de la Proposition 52, part. 4), le souverain bien que chacun aime, disparaît avec elle. Il suit de là que celui qui se fait gloire de l'opinion du vulgaire fait sans cesse effort et s'épuise en inquiétudes de chaque jour pour conserver sa réputation. Le vulgaire, en effet, est changeant et plein d'inconstance, et toute réputation qui ne se maintient pas périt à l'instant. Or, comme tous les glorieux désirent les applaudissements du vulgaire, il est facile à chacun de diminuer la réputation d'un autre, et de cette rivalité qui les anime pour la possession de ce qu'ils croient le souverain bien, naît un désir si violent de s'abaisser l'un l'autre que le vainqueur dans cette lutte est plus glorieux d'avoir nui à ses rivaux que de s'être servi lui-même. Cette gloire, cette paix intérieure, sont donc choses vaines et n'ont aucun fond réel.

Les remarques que je pourrais faire ici sur la honte peuvent se conclure aisément de ce qui a été dit touchant la pitié et le repentir. Je me borne à ajouter que la honte, de même que la commisération, bien qu'elle ne soit pas une vertu, est bonne toutefois, en tant qu'elle marque dans celui qui l'éprouve un désir réel de vivre dans l'honnêteté ; et c'est encore ainsi que la douleur est bonne, en tant qu'elle est une preuve que la partie malade n'est point encore en putréfaction. Ainsi donc, bien qu'un homme qui a honte de quelque action soit par là même dans la tristesse, il est dans un état de perfection plus grand que l'impudent qui n'a aucun désir de bien vivre.

Tels sont les principes que j'avais entrepris d'établir touchant les passions qui dérivent de la joie ou de la tristesse. Quant aux désirs, les uns sont bons, les autres mauvais, suivant qu'ils proviennent de bonnes ou de mauvaises passions. Mais tous ceux qui se forment en nous sous l'influence d'affections passives sont des désirs aveugles. (comme il est aisé de le déduire de ce qui a été dit dans le Scolie de la Proposition 44, part. 4), et ils ne seraient d'aucun usage, si les hommes pouvaient être aisément amenés à vivre sous la conduite de la seule raison. C'est ce que je vais montrer en peu de mots.

Toutes les actions auxquelles nous sommes déterminés par une affection passive, la raison nous y peut déterminer indépendamment de cette affection.

Démonstration : Agir selon la raison, ce n'est autre chose (par la Proposition 3 et la Définition 2, part. 3) qu'accomplir les actions qui résultent de la nécessité de notre nature considérée en elle-même. Or la tristesse est mauvaise, en tant qu'elle diminue ou empêche notre puissance d'agir (par la Proposition 41, part. 4). Donc nous ne pouvons être déterminés par la tristesse à aucune action que nous n'eussions été très capables de faire sous la conduite de la raison. De plus, la joie est mauvaise en tant seulement qu'elle empêche qu'un homme ne soit propre à l'action (par les Proposition 41 et 43, part. 4) ; et par conséquent, sous ce point de vue, elle ne peut non plus nous déterminer à aucune action que nous n'eussions accomplie sous l'empire de la raison. Enfin la joie, en tant qu'elle est bonne, est d'accord avec la raison (elle consiste en effet dans l'augmentation ou dans le développement plus facile de notre puissance d'agir), et sous ce point de vue, la joie n'est une affection passive qu'en ce sens que par elle la puissance d'agir de l'homme n'est pas augmentée jusqu'au point qu'il conçoive et ses actions et soi-même d'une façon adéquate (par la propos. 3, et son Scolie). Par conséquent, si l'homme qui éprouve la joie arrivait à un degré si élevé de perfection qu'il comprît et ses actions et soi-même d'une manière adéquate, il en serait d'autant plus propre à accomplir les actions auxquelles il est déjà déterminé par des affections passives. Or toutes les passions dérivent de la joie, de la tristesse ou du désir (voyez l'explic. de la Définition 4 des passions), et le désir n'est autre chose que l'effort même que nous faisons pour agir. Donc toutes les actions auxquelles nous sommes déterminés par une affection passive, la raison peut nous les faire accomplir.

C. Q. F. D.

Autre démonstration : Une action quelconque est dite mauvaise en tant qu'elle provient d'un sentiment de haine ou de quelque autre mauvaise passion (voyez le Corollaire 1 de la Proposition 45, part. 4). Or aucune action, considérée seulement en elle-même, n'est bonne ou mauvaise (comme on l'a montré dans la préface de cette quatrième partie) ; mais une seule et même action est tantôt bonne, tantôt mauvaise. Par conséquent, la raison peut nous déterminer à une action qui est mauvaise en tant qu'elle provient d'une mauvaise passion (par la Proposition 19, part. 4).

Scolie : Un exemple rendra ceci plus clair. L'action de frapper, considérée physiquement et en ayant seulement égard à cette circonstance qu'un homme lève le bras, ferme la main et remue le bras avec force de haut en bas, cette action, dis-je, est une vertu qui résulte de l'organisation du corps humain. Si donc un homme, saisi de colère ou de haine, est déterminé à fermer la main et à remuer le bras, cela vient, comme je l'ai expliqué dans la seconde partie, de ce qu'une seule et même action peut être liée à toutes sortes d'images des choses ; par conséquent les images des objets que nous concevons clairement, comme celles des objets dont nous avons une idée claire et distincte, peuvent nous déterminer à une seule et même action. Il est donc clair que tout désir qui naît d'une affection passive ne serait d'aucun usage, si les hommes pouvaient se gouverner par la raison. Voyons maintenant pourquoi le désir qui naît d'une affection passive a reçu de nous le nom de désir aveugle.

Proposition 60

Le désir qui naît d'une impression de joie ou de tristesse relative a une ou plusieurs parties du corps et non à toutes ses parties, ne se rapporte point à l'utilité de l'homme tout entier.

Démonstration : Supposez, par exemple, que la partie A du corps soit fortifiée par l'action d'une cause étrangère au point de prévaloir sur les autres parties (par la Proposition 6, part. 4) ; cette partie ne fera pas effort pour perdre ses forces, afin que les autres parties du corps s'acquittent de leurs fonctions. Car il faudrait lui attribuer pour cela la force ou la puissance de perdre ses forces, ce qui est absurde (par la Proposition 6, part. 3). Par conséquent, cette partie, et partant l'âme elle-même (par les Proposition 7 et 12, part. 3), s'efforcera de conserver l'état où elle se trouve. D'où il suit que le désir qui naît d'un tel sentiment de joie ne se rapporte point à l'homme tout entier. Que si on suppose, au contraire, que la partie A soit affaiblie de façon que les autres parties l'emportent sur elle, la même démonstration sert à prouver que le désir, qui proviendrait en ce cas d'un sentiment de tristesse ne se rapporte pas à l'homme tout entier.

C. Q. F. D.

Scolie : Comme la joie se rapporte la plupart du temps à une seule partie du corps (par le Scolie de la Proposition 44, part. 4), nous désirons la plupart du temps de conserver notre être d'une manière aveugle et sans égard à la conservation de notre santé. Joignez à cela que les désirs dont notre âme est le plus fortement possédée n'ont de rapport qu'au présent et non à l'avenir (par le Corollaire de la Proposition 9, part. 4).

Tout désir qui naît de la raison ne peut être sujet à l'excès.

Démonstration : Le désir, considéré d'une manière absolue, c'est (par la Définition 1 des passions) l'essence même de l'homme, en tant que déterminée de telle ou telle façon à une certaine action ; d'où il suit que le désir qui naît de la raison, c'est-à-dire (par la Proposition 3, part. 3) qui se forme en nous, en tant que nous agissons, c'est l'essence même de l'homme ou sa nature, en tant que déterminée à accomplir les actions qui se conçoivent d'une manière adéquate par cette seule essence (en vertu de la Définition 2, part. 3). Si donc ce désir pouvait être sujet à l'excès, il faudrait que la nature humaine, prise en soi, pût s'excéder soi-même, c'est-à-dire que sa puissance excédât sa propre puissance, ce qui est une contradiction manifeste. D'où il faut conclure que ce désir ne peut avoir d'excès.

C. Q. F. D.

L'âme, en tant qu'elle conçoit les choses selon la raison, est affectée de la même manière par l'idée d'une chose future ou passée et par celle d'une chose présente.

Démonstration : Tout ce que l'âme conçoit selon la raison, elle le conçoit sous un même caractère d'éternité ou de nécessité (par le Corollaire 2 de la Proposition 44, part. 2) et avec la même certitude (par la Proposition 43 et son Scolie, part. 2). Par conséquent, que l'idée ait pour objet une chose future, ou passée, ou présente, l'âme le concevra avec la même nécessité et la même certitude, et, dans les trois cas, l'idée sera également vraie (par la Proposition 41, part. 2), c'est-à-dire (par la Définition 4, part. 2) qu'elle aura également toutes les propriétés d'une idée adéquate. Il faut donc conclure que l'âme, en tant qu'elle conçoit les choses selon la raison, est affectée de la même manière par l'idée d'une chose future ou passée et par celle d'une chose présente.

C. Q. F. D.

Scolie : Si nous pouvions avoir une connaissance adéquate de la durée des choses, et déterminer par la raison le temps de leur existence, nous regarderions du même œil les choses futures et les choses présentes ; un bien à venir nous inspirerait le même désir qu'un bien présent, et on ne négligerait pas tant le bien présent pour de plus grands biens qu'on espère dans l'avenir ; enfin (et nous le démontrerons tout à l'heure), on ne désirerait pas un bien actuel quand on saurait qu'il doit causer plus tard un certain mal. Mais nous ne pouvons avoir de la durée des choses qu'une connaissance inadéquate (par la Proposition 31, part. 2), et notre imagination seule détermine le temps de leur existence (par le Scolie de la Proposition 44, part. 2). Or l'imagination n'est pas affectée de la même façon par une chose présente et par une chose à venir ; et de là vient que la vraie connaissance que nous avons du bien et du mal n'est qu'une connaissance abstraite ou générale, et que le jugement que nous portons sur l'ordre des choses et l'enchaînement des causes, afin de déterminer ce qui nous est présentement bon ou mauvais, est un jugement plus imaginaire que réel. Il ne faut donc point s'étonner que le désir qui naît de la connaissance du bien et du mal, en tant que relative à l'avenir, puisse être si facilement empêché par le désir des choses qui nous sont actuellement agréables. Sur ce point, voyez la Proposition 18, part. 4.

Quiconque obéit à la crainte et fait le bien pour éviter quelque mal, n'est point conduit par la raison.

Démonstration : Toutes les passions qui se rapportent à l'âme, en tant qu'elle agit, c'est-à-dire (par la Proposition 3, part. 3) à la raison, ne sont autre chose que des affections de joie ou des désirs (par la Proposition 59, part. 3), et par conséquent (en vertu de la Définition 13 des passions), celui qui obéit à la crainte et fait le bien par peur du mal n'est point conduit par la raison.

C. Q. F. D.

Scolie : Les hommes superstitieux qui aiment mieux tonner contre les vices qu'enseigner les vertus, et qui, s'efforçant de conduire les hommes non par la raison, mais par la crainte, les portent à éviter le mal plutôt qu'à aimer le bien, n'aboutissent à rien autre chose qu'à rendre les autres aussi misérables qu'eux-mêmes ; et c'est pourquoi il n'est point surprenant qu'ils se rendent presque toujours odieux et insupportables aux hommes.

Corollaire : Le désir qui provient de la raison nous fait aller en bien directement ; il ne nous éloigne du mal que d'une manière indirecte.

Démonstration : En effet, le désir qui provient de la raison ne peut avoir son principe que dans un sentiment de joie qui n'a pas le caractère d'une affection passive (par la Proposition 59, part. 3), c'est-à-dire (par la Proposition 61, part. 4) qui ne peut avoir d'excès ; et elle ne peut naître d'un sentiment de tristesse. D'où il suit (par la Proposition 8, part. 4) que ce désir provient de la connaissance du bien et non de celle du mal, et enfin que la raison nous fait désirer le bien directement, et ne nous éloigne du mal que d'une manière indirecte.

C. Q. F. D.

Scolie : Ce corollaire devient très clair par l'exemple d'un malade et d'un homme en santé. Le malade prend des aliments qui lui répugnent par crainte de la mort ; l'homme en santé se nourrit avec plaisir, et de cette façon il jouit mieux de la vie que s'il craignait la mort et avait pour but immédiat de s'en préserver.

Proposition 64

La connaissance du mal est une connaissance inadéquate.

Démonstration : La connaissance du mal, c'est la tristesse, en tant que nous en avons conscience (par la Proposition 8, part. 4). Or, la tristesse, c'est le passage de l'homme à une moindre perfection (par la Définition 3 des passions), et par conséquent, elle ne se peut comprendre par l'essence même de l'homme (en vertu des Proposition 6 et 7, part. 3) ; d'où il suit (par la Définition 2, part. 3) que c'est une affection passive qui ne dépend donc point des idées adéquates (par la Proposition 3, part. 3), et enfin que la connaissance de la tristesse ou du mal est une connaissance inadéquate (par la Proposition 29, part. 2).

C. Q. F. D.

Corollaire : Il suit de là que si l'âme humaine n'avait que des idées adéquates, elle ne se formerait aucune notion du mal.

Proposition 65

Entre deux biens, la raison nous fait choisir le plus grand ; et entre deux maux ; le moindre.

Démonstration : Un bien qui nous empêche de jouir d'un bien plus grand est véritablement un mal. Car le bien et le mal dépendent (comme nous l'avons montré dans la préface de cette quatrième partie) de la comparaison que nous faisons des choses, et (par cette même raison) un moindre mal est véritablement un bien ; d'où il résulte (par la Corollaire de la Proposition précédente) qu'entre deux biens la raison nous fera désirer ou choisir le plus grand, et entre deux maux le moindre.

C. Q. F. D.

Corollaire : La raison nous fera désirer un moindre mal pour obtenir un plus grand bien, et négliger un moindre bien afin d'éviter un plus grand mal. Car ce mal, que nous appelons un moindre mal, est véritablement un bien ; et ce moindre bien, au contraire, est un mal (par le Corollaire de la Proposition précédente). D'où il résulte que nous désirons celui-là et que nous éviterons celui-ci.

C. Q. F. D.

Proposition 66

La raison nous fera préférer un plus grand bien à venir à un moindre bien présent, et désirer un moindre mal présent qui est la cause d'un plus grand bien à venir.

Démonstration : Si l'âme pouvait avoir une connaissance adéquate d'une chose future, elle en serait affectée comme par une chose présente (en vertu de la Proposition 62, part. 4). Par conséquent, en tant que nous considérons les choses suivant la raison, et c'est l'hypothèse que nous faisons dans cette proposition, il revient au même de supposer le bien et le mal dans l'avenir ou dans le présent. D'où il suit (par la Proposition 65, part. 4) que la raison nous fera préférer un plus grand bien à venir à un moindre bien présent, etc.

C. Q. F. D.

Corollaire : La raison nous fera désirer un moindre mal présent qui est la cause d'un plus grand bien à venir, et dédaigner un moindre bien présent qui est la cause d'un plus grand mal à venir. Ce corollaire dépend de la Proposition précédente, comme le corollaire de la Proposition 65 dépend de cette Proposition 65 elle-même.

Scolie : Si l'on veut comparer ce qui précède avec les principes établis dans cette même partie jusqu'à la Propos 18 touchant la force des passions, on verra aisément la différence entre un homme qui se laisse gouverner par la seule passion et par l'opinion, et celui que la raison conduit. Le premier, en effet, qu'il le veuille ou non, agit sans savoir ce qu'il fait ; le second n'obéit qu'à lui-même., et ne fait rien qu'en sachant ce qu'il y a de mieux à faire dans la vie et ce qu'il désire le plus. C'est pourquoi je dis que le premier est un esclave et le second un homme libre.

Mais j'ai encore un petit nombre de remarques à ajouter sur le caractère et la manière de vivre de l'homme libre.

Proposition 67

La chose du monde à laquelle un homme libre pense le moins, c'est la mort, et sa sagesse n'est point la méditation de la mort, mais de la vie.

Démonstration : L'homme libre, c'est-à-dire celui qui vit suivant les seuls conseils de la raison, n'est point dirigé dans sa conduite par la crainte (par la Proposition 63, part. 4), mais il désire directement le bien (par le Corollaire de la même Proposition), en d'autres termes (par la Proposition 24, part. 4), il désire agir, vivre, conserver son être d'après la règle de son intérêt propre ; et par conséquent, il n'est rien à quoi il pense moins qu'à la mort, et sa sagesse est la méditation de la vie.

C. Q. F. D.

Proposition 68

Si les hommes naissaient libres, ils ne se formeraient aucune idée du bien ou du mal tant qu'ils garderaient cette liberté.

Démonstration : J'ai appelé libre celui qui se gouverne par la seule raison. Quiconque, par conséquent, naît libre et reste libre n'a d'autres idées que des idées adéquates, et partant il n'a aucune idée du mal (par le Corollaire de la Proposition 64, part. 4), ni du bien (puisque le bien et le mal sont choses corrélatives).

C. Q. F. D.

Scolie : Il est évident, par la Proposition 4, part. 4, que l'hypothèse contenue dans la Proposition qu'on vient de démontrer est fausse et ne peut se concevoir, si ce n'est toutefois en tant que l'on regarde seulement la nature humaine, ou plutôt Dieu, considéré non comme infini, mais comme cause de l'existence de l'homme. Et c'est là une vérité qu'il semble que Moïse ait voulu représenter, ainsi que quelques autres déjà démontrées, dans son histoire du premier homme. On n'y trouve en effet d'autre puissance conçue en Dieu que celle dont il a fait usage en créant l'homme, c'est-à-dire en veillant aux seuls intérêts de l'homme ; et c'est dans ce sens qu'il faut entendre ce récit de Moïse, que Dieu défendit à l'homme libre de manger le fruit de l'arbre de la science du bien et du mal, et lui déclara qu'aussitôt qu'il en mangerait, il craindrait aussitôt la mort plus qu'il ne désirerait la vie. Vient ensuite cet autre récit, que l'homme, ayant trouvé une épouse, laquelle convenait parfaitement à sa nature, reconnut qu'il ne pouvait y avoir dans la nature rien qui lui fût plus utile ; mais dès qu'il crut que les bêtes étaient des êtres semblables à lui, il commença aussitôt d'imiter leurs passions (voyez la Proposition 27 part. 3) et de perdre sa liberté. Plus tard, cette liberté a été recouvrée par les patriarches guidés par l'esprit du Christ, c'est-à-dire par l'idée de Dieu, qui seule peut faire que l'homme soit libre et qu'il désire pour les autres le bien qu'il désire pour soi-même, comme on l'a démontré plus haut (par la Proposition 37, part. 4).

Proposition 69

La vertu de l'homme libre se montre aussi grande à éviter les périls qu'à en triompher.

Démonstration : Une passion ne peut être empêchée et détruite que par une passion contraire et plus forte (par la Proposition 9, part. 4). Or, l'audace aveugle et la crainte sont des passions qu'on peut concevoir comme également grandes (par les propos. 5 et 3, part. 4). Donc il faut à l'âme pour contenir l'ardeur une aussi grande vertu ou un aussi grand courage (voyez-en la Définition dans le Scolie de la propos. 59, part. 3) que pour contenir la crainte ; c'est-à-dire (par la Définition 40 et 41 des passions) qu'il y a pour l'homme libre une aussi grande vertu à éviter les périls qu'à en triompher.

C. Q. F. D.

Corollaire : On doit tenir compte à l'homme libre d'un aussi grand courage, quand il prend la fuite en de certains moments, que s'il engageait la lutte ; en d'autres termes, l'homme libre choisit la retraite comme le combat, avec un égal courage, avec une égale présence d'esprit.

Scolie : J'ai expliqué, dans le Scolie de la Proposition 59, part. 3, ce que c'est que le courage ou ce que j'entends par ce mot. Par péril, j'entends tout ce qui peut être cause de quelque mal, comme la tristesse, la haine, la discorde, etc.

Proposition 70

L'homme libre qui vit parmi des ignorants s'efforce, autant qu'il est en lui, de se soustraire à leurs bienfaits.

Démonstration : Chacun juge de ce qui est bien suivant son caractère (voyez le Scolie de la Proposition 39, part. 3). L'ignorant qui a rendu un service en estime donc le prix suivant son caractère ; et s'il s'aperçoit que l'obligé en fait moins de cas qu'il ne faut, il est saisi de tristesse (par la Proposition 42, part. 3). Or, l'homme libre désire s'unir aux autres hommes par l'amitié (en vertu de la Proposition 37, part. 4) ; mais ce qu'il veut, ce n'est pas de leur rendre des bienfaits qui leur paraissent égaux à ceux qu'il en reçoit ; il veut les conduire et se conduire lui-même par le libre jugement de la raison, et ne rien faire que ce qu'il sait être pour le mieux. Ainsi donc l'homme libre, pour éviter la haine des ignorants, pour ne pas se conformer à leurs désirs aveugles, mais bien à la raison seule, s'efforce, autant qu'il est en lui, de se soustraire à leurs bienfaits.

C. Q. F. D.

Scolie : Je dis *autant qu'il est en lui* ; car bien que la plupart des hommes soient ignorants, il en est pourtant qui, dans les nécessités de la vie, sont capables de nous prêter secours, et le secours des hommes est le meilleur de tous : d'où il résulte qu'il est souvent nécessaire de recevoir leurs bienfaits et de leur en faire des remerciements conformes à leur caractère. Ajoutez à cela que, même en refusant un bienfait, il faut s'assurer qu'on ne prendra pas ce refus comme une marque de mépris, et qu'on ne pensera pas que l'avarice nous fait craindre d'être obligés à la reconnaissance ; car alors nos efforts mêmes pour éviter la haine des hommes les indisposeraient contre nous. Je conclus que, dans le refus des bienfaits, il y a une règle à garder, celle de l'utile et de l'honnête.

Proposition 71

Les hommes libres seuls sont très reconnaissants les uns à l'égard des autres.

Démonstration : Les hommes libres seuls sont très utiles les uns aux autres, et unis par une étroite et réciproque amitié (en vertu de la Proposition 35, part. 4 et son premier Corollaire). Seuls ils s'efforcent de se faire du bien les uns aux autres par le zèle d'un attachement mutuel (en vertu de la Proposition 37, part. 4). Donc (par la Définition 34 des passions) les hommes libres seuls sont très reconnaissants les uns pour les autres.

C. Q. F. D.

Scolie : La reconnaissance qu'ont les uns pour les autres les hommes qu'un désir aveugle conduit est plutôt un marché ou une fourberie qu'une reconnaissance véritable.

L'ingratitude n'est point une passion, et cependant elle est honteuse, parce qu'elle est le fait d'un homme animé de sentiments de haine, de colère, ou d'orgueil, d'avarice, etc. Car je n'appelle pas ingrat un homme qui par sottise ne sait pas rendre les bienfaits qu'il a reçus, et moins encore celui que les dons d'une courtisane ne peuvent décider à satisfaire sa passion, ou qui ne consent point à recevoir les présents d'un voleur pour l'aider à cacher son vol. Un tel homme, au contraire, montre une âme ferme, puisque aucun don ne peut le corrompre et le faire consentir à sa perte ou à celle d'autrui.

Proposition 72

L'homme libre n'emploie jamais de mauvaises ruses dans sa conduite : il agit toujours avec bonne foi.

Démonstration : Si l'homme en tant que libre, employait quelque mauvaise ruse, il agirait de la sorte par le commandement de la raison (car c'est à cette condition seule que nous l'appelons libre) ; et, par conséquent, employer une mauvaise ruse, ce serait vertu (par la Proposition 24, part. 4). D'où il résulterait (par la même Proposition) qu'il serait plus utile aux hommes, pour la conservation de leur être, d'agir par mauvaise ruse que de bonne foi ; ce qui revient évidemment à dire qu'il serait utile aux hommes de s'accorder seulement en paroles, mais, dans le fait, de se mettre en opposition les uns avec les autres ; conséquence absurde (par le Corollaire de la Proposition 31, part. 4). Donc l'homme libre, etc.

C. Q. F. D.

Scolie : On me demandera peut-être si un homme qui peut se délivrer, par une perfidie, d'un péril qui menace présentement sa vie, ne trouve point le droit d'être perfide dans celui de conserver son être ? Je réponds que si la raison conseillait dans ce cas la perfidie, elle la conseillerait à tous les hommes : d'où il résulte que la raison conseillerait à tous les hommes de ne convenir que par perfidie d'unir leurs forces et de vivre sous le droit commun, c'est-à-dire à ne pas avoir de droit commun, ce qui est absurde.

Proposition 73

L'homme qui se dirige d'après la raison est plus libre dans la cité où il vit sous la loi commune, que dans la solitude où il n'obéit qu'à lui-même.

Démonstration : L'homme qui se dirige d'après la raison n'obéit point à la loi par crainte (par la Proposition 63, part. 4), mais en tant qu'il s'efforce de conserver son être suivant la raison, c'est-à-dire (par le Scolie de la Proposition 66, part. 4) de vivre libre, il désire se conformer à la règle de la vie et de l'utilité communes (par la Proposition 37, part. 4), et conséquemment (comme on l'a montré dans le Scolie 2 de la Proposition 37, part. 4), il désire vivre selon les lois communes de la cité. Ainsi donc l'homme qui se dirige d'après la raison désire, pour vivre plus libre, se conformer aux lois de la cité.

C. Q. F. D.

Scolie : Toutes ces qualités de l'homme libre que nous venons d'exposer se rapportent au courage, c'est-à-dire (par le Scolie de la Proposition 59, part. 3) à la bravoure et à la force d'âme. Et je ne crois pas nécessaire d'expliquer l'une après l'autre toutes les propriétés du courage, bien moins encore de faire voir que l'homme courageux n'a pour personne ni haine, ni colère, ni envie, ni indignation, ni mépris, et qu'il ne se laisse point exalter par l'orgueil. Car tout cela se déduit facilement des Proposition 37 et 46, part. 4, ainsi que tout ce qui concerne la vie véritable et la religion. Je veux dire que la haine doit être vaincue par l'amour, et que tout homme que la raison conduit désire pour les autres ce qu'il désire pour soi-même. Ajoutez que l'homme

142

courageux, ainsi que nous l'avons remarque ; déjà dans le Scolie de la Proposition 50, part. 4, et dans plusieurs autres endroits, médite sans cesse ce principe, que toutes choses résultent de la nécessité de la nature divine, et en conséquence, que tout ce qu'il juge mauvais et désagréable, tout ce qui lui pareil impie, horrible, injuste et honteux, tout cela vient de ce qu'il conçoit les choses avec trouble et confusion, et par des idées mutilées ; et dans cette conviction, il s'efforce par-dessus tout de comprendre les choses telles qu'elles sont en elles-mêmes, et d'écarter les obstacles qui nuisent à la vraie connaissance, comme la haine, la colère, l'envie, la moquerie, l'orgueil, et autres mauvaises passions que nous avons expliqués plus haut. L'homme courageux s'efforce donc, par cela même, autant qu'il est en lui, de bien agir et de vivre heureux. Mais jusqu'à quel point l'humaine vertu peut-elle atteindre ces avantages, et quelle est sa puissance ? c'est ce que j'expliquerai dans la partie suivante.

Appendice

Les principes que j'ai posés dans cette quatrième partie sur la manière de bien vivre ne sont point disposés dans un ordre qui permette de les embrasser d'un seul coup d'œil. Pour les faire sortir plus aisément les uns des autres, j'ai été obligé de les disperser un peu. Il devient donc nécessaire de les réunir ici dans un ordre régulier, en ramenant toute cette exposition à un certain nombre de chefs principaux.

Chapitre 1

Tous les efforts de l'homme, tous ses désirs, résultent de la nécessité de sa nature propre, de façon qu'ils peuvent être conçus soit par elle seule, comme par leur cause prochaine, soit en tant qu'elle est une partie de la nature et ne peut conséquemment être conçue par soi d'une façon adéquate indépendamment des autres parties.

Chapitre 2

Les désirs qui résultent de notre nature, de telle façon qu'ils puissent être conçus par elle seule, sont ceux qui se rapportent, à l'âme, en tant que constituée par des idées adéquates ; les autres désirs ne se rapportent à l'âme qu'en tant qu'elle conçoit les choses d'une façon inadéquate, et la force et l'accroissement de ces désirs ne doivent point être déterminés par la puissance de l'homme, mais par celle des choses extérieures. On a donc raison d'appeler les premiers d'entre ces désirs des actions, et les seconds des *passions* : ceux-là en effet marquent toujours la puissance de l'homme, ceux-ci au contraire son impuissance et sa connaissance incomplète et mutilée.

Chapitre 3

Nos actions, c'est-à-dire ces désirs qui se définissent par la puissance ou la raison de l'homme sont toujours bonnes. Les autres désirs peuvent être tantôt bons, tantôt mauvais.

Chapitre 4

Il est donc utile au suprême degré, dans la vie, de perfectionner autant que possible l'entendement, la raison, et c'est en cela seul que consiste le souverain bonheur, la béatitude. La béatitude, en effet, n'est pas autre chose que cette tranquillité de l'âme qui naît de la connaissance intuitive de Dieu, et la perfection de l'entendement consiste à comprendre Dieu, les attributs de Dieu et les actions qui résultent de la nécessité de la nature divine. La fin suprême de l'homme que la raison conduit, son désir suprême, ce désir par lequel il s'efforce de régler tous les autres, c'est donc le désir qui le porte à connaître d'une manière adéquate et soi-même, et toutes les choses qui tombent sous son intelligence.

Chapitre 5

Il n'y a donc pas de vie raisonnable sans intelligence, et les choses ne sont bonnes qu'en tant qu'elles aident l'homme à vivre de cette vie de l'âme qui se définit par l'intelligence. Au contraire, les choses qui empêchent l'homme de perfectionner la raison et de jouir de la vie raisonnable, ce sont les seules que j'appelle mauvaises.

Chapitre 6

Mais comme toutes ces choses dont l'homme est la cause efficiente sont nécessairement bonnes, il s'ensuit qu'il ne peut rien arriver de mal à l'homme, si ce n'est de la part des causes extérieures, c'est-à-dire en tant que l'homme est une partie de la nature entière, dont la nature humaine doit suivre les lois, étant forcée de s'y conformer en une infinité de façons.

Chapitre 7

Et il ne peut pas se faire que l'homme ne soit pas une partie de la nature et ne suive pas l'ordre universel ; mais si l'homme trouve autour de soi des individus conformes à sa nature, sa puissance s'en trouve favorisée et entretenue. Si, au contraire, il est en rapport avec des individus contraires à sa nature, il est impossible que l'équilibre s'établisse sans une grande perturbation.

Chapitre 8

Tout ce que nous jugeons mauvais dans la nature des choses, c'est-à-dire capable de nous empêcher d'exister et de jouir de la vie raisonnable, nous avons le droit de nous en délivrer par la voie qui nous paraît la plus sûre, et au contraire, tout ce que nous jugeons bon, c'est-à-dire utile à la conservation de notre être et capable de nous procurer la vie raisonnable, nous avons le droit de le prendre pour notre usage et de nous en servir de toutes manières ; et à parler d'une manière absolue, le droit suprême de la nature permet à chacun de faire tout ce qui peut lui être utile.

Chapitre 9

Rien ne peut être plus conforme à la nature d'une chose que les autres individus de la même espèce, et conséquemment (par le Chap. 7) rien ne peut être plus utile à l'homme pour conserver son être et jouir de la vie raisonnable que l'homme lui-même quand la raison le conduit. De plus, comme nous ne connaissons rien, entre les choses particulières, qui soit préférable à l'homme que la raison conduit, personne ne peut mieux montrer la force de son génie et son habileté qu'en faisant l'éducation des hommes de telle façon qu'ils vivent sous l'empire de la raison.

Chapitre 10

Les hommes, en tant qu'ils sont animés les uns pour les autres d'un sentiment d'envie ou de passion haineuse, sont contraires les uns aux autres, et ils sont d'autant plus à craindre qu'ils ont plus de puissance que les autres individus de la nature.

Chapitre 11

Ce n'est point toutefois la force des armes qui dompte les cœurs, c'est l'amour et la générosité.

Chapitre 12

Il est utile aux hommes au plus haut degré de se lier entre eux et de former de tels nœuds que tous les hommes tendent de plus en plus à n'être qu'un seul homme ; en un mot, il est utile aux hommes de faire tout ce qui contribue à maintenir entre les hommes des relations d'amitié.

Chapitre 13

Mais ici beaucoup d'art et de vigilance sont nécessaires. Car les hommes sont de nature très diverse (ceux qui vivent selon la raison étant en bien petit nombre), et malgré cette diversité, la plupart sont envieux et plus enclins à la vengeance qu'à la miséricorde. Vivre avec chacun d'eux en se conformant à son caractère, et toutefois être assez maître de soi pour ne pas partager les passions que l'on ménage, c'est l'ouvrage d'une force d'âme singulière. Ceux au contraire qui ne savent que gourmander les hommes, qui tonnent contre les vices au lieu d'enseigner les vertus, qui brisent les âmes au lieu de les affermir, ceux-là sont insupportables aux autres et à eux-mêmes ; et c'est ce qui explique comment il s'en est rencontré plusieurs qu'une âme impatiente à l'excès et l'emportement d'un faux zèle religieux ont conduits à vivre avec les bêtes de préférence à la société des hommes : semblables à ces adolescents qui, faute de pouvoir supporter avec calme les querelles de leurs parents, se jettent dans le service militaire, bravant les charges de la guerre et la nécessité d'obéir à un tyran, sacrifiant les avantages de la vie de famille et les conseils d'un père, acceptant enfin les plus lourds fardeaux, pourvu qu'ils se vengent de leurs parents.

Chapitre 14

Ainsi donc, bien que les hommes gouvernent le plus souvent toutes choses au gré de leurs passions, il y a plus d'avantages encore dans la société qui les unit qu'il ne s'y rencontre d'inconvénients. Et en conséquence, il est digne d'un homme sage de supporter avec calme les injustices de ses semblables et de montrer du zèle pour leur service, parce que tout cela sert à établir entre eux la concorde et l'amitié.

Chapitre 15

Les actions qui produisent la concorde sont celles qui se rapportent à la justice, à l'équité, à l'honnêteté. Car, outre les choses injustes et iniques, les hommes ne peuvent supporter celles qui passent pour honteuses et viennent du mépris des mœurs établies dans la société. Quant au moyen d'unir les hommes par l'amour, je le trouve surtout dans les actions qui se rapportent à la religion ou à la piété (voyez sur ce point les Scolie 1 et 2 de la Proposition 37, et le Scolie de la Proposition 46, ainsi que le Scolie de la Proposition 73, part. 4).

Chapitre 16

Il y a une autre source de concorde entre les hommes, c'est la crainte ; mais elle exclut la confiance. Ajoutez que la crainte naît de l'impuissance de l'âme, et par conséquent ne se rapporte point à la vie raisonnable ; et j'en dis autant de la commisération, bien qu'elle semble quelquefois revêtir le caractère de la piété.

Chapitre 17

Les libéralités contribuent encore à se rendre mettre du cœur des hommes, surtout de ceux qui n'ont pas les moyens de se procurer les choses nécessaires à la vie. Cependant il est clair que donner secours à tous les indigents, cela va beaucoup au-delà des forces et de l'intérêt d'un particulier, les richesses d'un particulier ne pouvant suffire à beaucoup près à tant de misères. De plus, le cercle où s'étendent les facultés d'un seul homme est trop limité pour qu'il puisse s'attirer l'amitié de tout le monde. Le soin des pauvres est donc l'affaire de la société tout entière, et elle ne regarde que l'utilité générale.

Chapitre 18

Il faut encore, dans l'acceptation des bienfaits comme dans les témoignages de reconnaissance, prendre d'autres soins qui ont été indiqués au Scolie de la Proposition 70, et au Scolie de la Proposition 71, part. 4.

Chapitre 19

L'amour libertin, en d'autres termes, la passion d'engendrer qui naît des sens, et en général tout amour qui a une autre cause que la liberté de l'âme, se change facilement en haine, à moins, ce qui est pire, qu'il ne devienne une sorte de délire ; et dans ce cas, la discorde lui sert d'aliment bien plus que la concorde (voyez le Corollaire de la Proposition 31, part. 3).

Chapitre 20

Quant au mariage, il est certain qu'il est d'accord avec la raison, à condition que le désir de l'union sexuelle ne vienne pas seulement du corps, mais qu'il soit accompagné du désir d'avoir des enfants et de les élever avec sagesse. J'ajoute encore cette condition, que l'amour des deux époux ait sa cause principale, non dans le sexe, mais dans la liberté de l'âme.

Chapitre 21

L'adulation est aussi un moyen de concorde, mais un moyen d'esclave, un moyen criminel et perfide. Aussi personne ne se laisse-t-il prendre à l'adulation que les orgueilleux, qui veulent être au premier rang et n'y atteignent pas.

Chapitre 22

L'abjection a un faux air de piété et de religion. Mais tout opposée qu'elle soit à l'orgueil, rien est plus près d'un orgueilleux qu'un homme abject (voyez le Scolie de la Proposition 57, part. 4).

Chapitre 23

La honte est encore un moyen de concorde, mais seulement en ce qui regarde les choses qui peuvent être cachées. Du reste, la honte étant une sorte de tristesse n'a rien à voir avec l'usage de la raison.

Chapitre 24

Les autres passions dont l'homme est l'objet, et qui naissent de la tristesse, sont directement contraires à la justice, à l'équité, à l'honnêteté, à la piété et à la religion ; et bien que l'indignation ait une apparence d'équité, il n'en est pas moins vrai que tout régime légal est impossible là où chacun se fait juge des actions d'autrui, et prend en main la défense de ses propres droits et de ceux des autres.

Chapitre 25

La modestie, c'est-à-dire le désir de plaire aux hommes, fondé sur la raison, se rapporte à la piété (voyez le Scolie de la Proposition 37, part. 4). Mais si ce désir vient des passions, il se rapporte alors à l'ambition, qui, sous une fausse apparence de piété, n'enfante que discordes et séditions. En effet, celui qui désire aider ses semblables à jouir tous ensemble du souverain bien, soit en leur donnant ses conseils, soit en leur rendant des services effectifs, s'efforce avant tout de se concilier leur amour, au lieu de chercher à les frapper d'admiration, afin que son nom reste attaché à la doctrine qu'il leur enseigne ; il met, tous ses soins à ne faire naître en eux aucun sujet d'envie. Dans les entretiens publics, il s'abstient de déclamer sur les vices des hommes, et s'il parle de l'impuissance humaine, il n'en parle qu'avec mesure ; au contraire, il s'étend avec abondance sur la vertu ou la puissance de l'homme, et sur les voies où il doit marcher pour vivre, autant que possible, suivant les commandements de la raison, non par crainte ou par aversion, mais par des sentiments où domine la joie.

Chapitre 26

Excepté l'homme, nous ne connaissons dans la nature aucun être particulier dont l'âme nous puisse rendre heureux, et avec l'amitié nous puisse unir, ou tout autre lien de même espèce. Par conséquent la loi de notre intérêt ne nous ordonne point de conserver quelque être que ce soit, excepté l'homme ; elle nous dit au contraire de conserver ou de détruire les autres êtres à notre gré, selon l'usage que nous en voulons faire, et en général, de les approprier de toutes façons à notre service.

Chapitre 27

L'utilité que nous tirons des choses extérieures, pour ne rien dire des connaissances que nous peut donner l'observation de leur nature et de leurs transformations, consiste surtout dans la conservation de notre corps ; et par conséquent, les choses les plus utiles sont celles qui peuvent alimenter et nourrir notre corps de façon à ce que toutes ses parties s'acquittent parfaitement de leurs fonctions. Car plus le corps est propre à être affecté de plusieurs façons et à affecter de plusieurs façons à son tour les corps extérieurs, plus l'âme est propre à la pensée (voyez les Proposition 38 et 39, part. 4). Mais il est peu de choses dans la nature qui aient ce caractère d'utilité, et c'est à cause de cela qu'il est nécessaire pour nourrir le corps de se servir d'un grand nombre d'aliments d'espèce diverse. Ajoutez à cela que le corps humain est composé de plusieurs parties de nature différente, lesquelles ont continuellement besoin d'aliments divers afin que le corps humain soit également propre à toutes les fonctions qui peuvent résulter de sa nature, et par suite, afin que l'âme soit aussi également propre à concevoir un grand nombre de choses.

Chapitre 28

Pour suffire à ces besoins, les forces humaines seraient trop bornées si les hommes ne s'aidaient mutuellement. Mais l'argent étant devenu le moyen de se procurer toutes choses, c'est l'image de l'argent qui occupe avant tout l'âme du vulgaire, et il ne peut se représenter aucun événement heureux sans y joindre l'idée de l'argent comme cause de toute espèce de bonheur.

Chapitre 29

Du reste, je n'entends pas attribuer cette habitude vicieuse à ceux qui recherchent l'argent par indigence ou pour les besoins de la vie, mais seulement à ces hommes habiles dans l'art du lucre qui ne songent qu'à faire un magnifique étalage de leurs richesses. Or, ces mêmes hommes, s'ils ont quelque soin de leur corps, ce n'est guère que par habitude ; et encore ne le font-ils qu'avec parcimonie, convaincus que tout ce qu'ils emploient à la conservation de leur corps est autant de perdu sur leurs biens. Mais pour ceux qui connaissent le véritable usage de l'argent et règlent sur leurs besoins la mesure de leurs richesses, ils savent vivre de peu et vivre contents.

Chapitre 30

Puisqu'il est certain que toutes les choses qui aident les parties de notre corps à s'acquitter de leurs fonctions sont de bonnes choses, et que la joie consiste en ce que la puissance de l'homme, en tant que l'homme se compose d'une âme et d'un corps, est favorisée ou augmentée, il s'ensuit que tout ce qui produit en nous la joie est bon. Cependant l'action des êtres de la nature n'a point pour fin de nous donner de la joie, et leur puissance d'agir ne se règle point sur notre utilité : comme en outre la joie se rapporte le plus souvent d'une manière particulière à une partie déterminée de notre corps, il en résulte que si la raison et la prudence n'interviennent pas, les sentiments de joie tombent dans l'excès, et il en est de même du désir que ces sentiments font naître. Ajoutez à cela que le premier bien pour nos passions c'est le bien du moment, et que notre âme ne peut être touchée d'une impression égale par la prévision de l'avenir (voyez le Scolie de la Proposition 44, et le Scolie de la Proposition 60, part. 4).

Chapitre 31

La superstition semble au contraire ériger en bien tout ce qui cause la tristesse, et en mal tout ce qui cause la joie. Mais comme nous l'avons déjà dit (Scolie de la Proposition 45, part. 4), il n'y a que l'envieux qui puisse se réjouir de mon impuissance et du mal que je souffre.

A mesure, en effet, que nous éprouvons une joie plus grande, nous passons à une plus grande perfection, et par conséquent nous participons davantage de la nature divine ; la joie ne peut donc jamais être mauvaise, tant qu'elle est réglée par la loi de notre utilité véritable. Ainsi celui qui ne sait obéir qu'à la crainte, et ne fait le bien que pour éviter le mal, n'est pas conduit par la raison.

Chapitre 32

Mais la puissance humaine est très limitée, et la puissance des causes extérieures la surpasse infiniment ; c'est pourquoi nous ne disposons pas d'une puissance absolue pour approprier les objets du dehors à notre usage. Cependant nous supporterons toujours d'une âme égale les événements contraires à nos intérêts, si nous avons la conscience que nous avons accompli notre devoir, et que la puissance dont nous disposons n'a pas été assez étendue pour écarter le mal ; car nous ne sommes qu'une partie de la nature, et il faut suivre l'ordre universel. Or, aussitôt que nous aurons compris cela d'une façon claire et distincte, cette partie de notre être qui se définit par l'intelligence, c'est-à-dire la meilleure partie de nous-mêmes, trouvera dans cette idée une sérénité parfaite et s'efforcera d'y persévérer. Car en tant que nous possédons l'intelligence, nous ne pouvons désirer que ce qui est conforme à l'ordre nécessaire des choses et trouver le repos que dans la vérité. Par conséquent, notre condition véritable une fois bien connue, l'effort de la meilleure partie de nous-mêmes se trouve d'accord avec l'ordre universel de la nature.

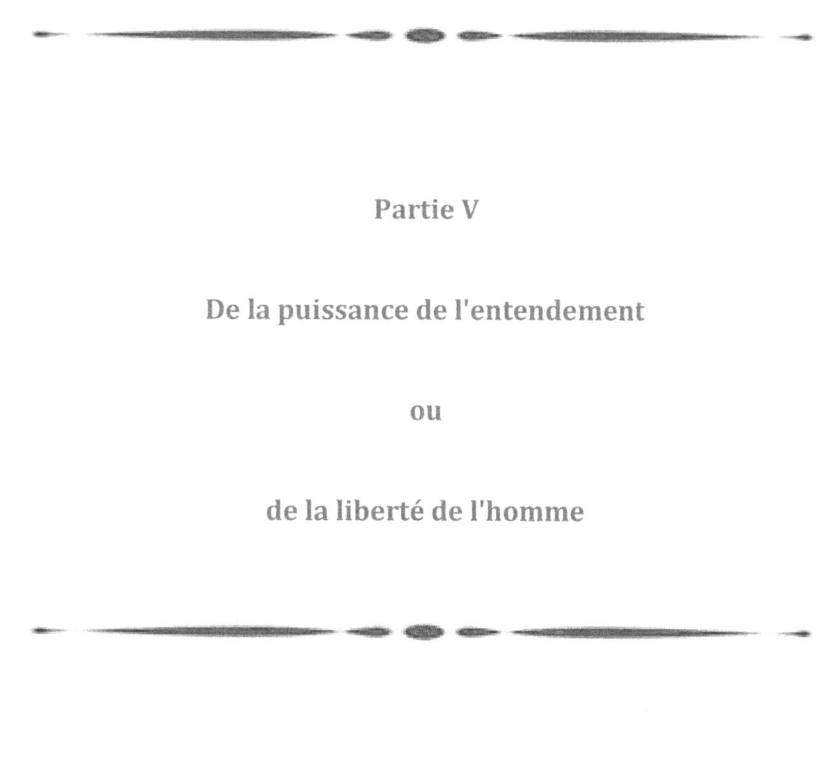

Partie V

De la puissance de l'entendement

ou

de la liberté de l'homme

Préface

Je passe enfin à cette partie de l'Éthique qui a pour objet de montrer la voie qui conduit à la liberté. J'y traiterai de la puissance de la raison, en expliquant l'empire que la raison peut exercer sur les passions ; je dirai ensuite en quoi consistent la liberté de l'âme et son bonheur ; on pourra mesurer alors la différence qui sépare le savant de l'ignorant. Quant à la manière de perfectionner son esprit et de gouverner son corps pour le rendre propre aux fonctions qu'il doit remplir, cela n'est pas de notre sujet, et rentre dans la médecine et dans la logique. Je ne traite ici, encore un coup, que de la puissance de l'âme ou de la raison, et avant tout, de la nature et de l'étendue de l'empire qu'elle exerce pour réprimer et gouverner nos passions.

Nous avons déjà démontré que cet empire n'est pas absolu. Les stoïciens ont voulu soutenir que nos passions dépendent entièrement de notre volonté, et que nous pouvons les gouverner avec une autorité sans bornes ; mais l'expérience les a contraints d'avouer, en dépit de leurs principes, qu'il ne faut pas peu de soins et d'habitude pour contenir et régler nos passions.

C'est ce que, si j'ai bonne mémoire, quelqu'un s'est avisé de démontrer par l'exemple de deux chiens, l'un domestique, l'autre chasseur, que l'on parvint à dresser de telle sorte que le chien domestique faisait la guerre aux lièvres, tandis que le chien de chasse s'abstenait de les poursuivre. Descartes est tout à fait favorable à cette opinion. Car l'âme est, suivant lui, unie principalement à une certaine partie du cerveau qu'on nomme la glande pinéale, par le moyen de laquelle l'âme sent tous les mouvements du corps et les objets extérieurs, et que l'esprit met en branle de diverses façons par l'effet de sa seule volonté. Cette glande est suspendue de telle sorte au milieu du cerveau que le moindre mouvement des esprits animaux suffit pour la mouvoir. Cette suspension se diversifie suivant l'action des esprits sur la glande, et la glande elle-même reçoit toutes les impressions que les objets extérieurs communiquent aux esprits animaux ; d'où il résulte que si la volonté de l'âme place la glande dans une position où les esprits l'avaient déjà mise une autre fois, elle réagit sur eux à son tour, et les met dans la disposition où ils étaient ; quand ils exercèrent sur elle cette influence.

En outre, dans la théorie de Descartes, chaque détermination de la volonté est unie à un certain mouvement de la glande. Par exemple, que quelqu'un veuille regarder un objet éloigné, ce vouloir aura pour effets de dilater sa pupille ; mais s'il veut précisément dilater sa pupille et rien de plus, ce vouloir ne sera pas efficace, parce que le mouvement de la glande qui sert à pousser les esprits vers le nerf optique pour dilater ou contracter la prunelle n'a pas été attaché par la nature à la volonté de la dilater ou de la contracter, mais bien à la volonté de regarder des objets éloignés ou rapprochés.

Enfin Descartes établit que ces mouvements de la glande ; attachés par la nature dès le commencement de notre vie à chacune de nos pensées, peuvent être unis à d'autres pensées par l'effet de l'habitude ; c'est ce qu'il s'efforce d'établir dans l'art. 50 de la 1 ʳᵉ part., des *Passions de l'âme* .

La conclusion est qu'il n'est point d'âme si faible qu'une bonne direction ne puisse rendre maîtresse souveraine de ses passions. Il définit les passions *des perceptions,* des *sentiments ou* des *émotions de l'âme, qui lui sont rapportés spécialement et qui sont produits, conservés et augmentés par quelque mouvement des esprits (voyez art. 27, 1 ʳᵉ part., des Passions de l'âme).* Or, si à telle volition, nous pouvons, à notre gré, joindre tel mouvement de la glande, et par conséquent des esprits, et que la détermination de la volonté ne dépende que de notre seule puissance, il ne reste plus, pour acquérir un empire absolu sur nos passions, qu'à soumettre notre volonté aux principes fixes et arrêtés dont nous voulons faire les mobiles de notre conduite, et à conformer à ces principes les mouvements des passions que nous voulons avoir.

Telle est, autant que je la puis comprendre, la doctrine de ce grand homme, et je m'étonnerais qu'il l'eût proposée si elle était moins ingénieuse. Je ne puis assez m'étonner que ce philosophe, qui a pris pour règle de ne tirer des conclusions que de principes évidents par eux-mêmes, et de ne rien affirmer qu'il n'en eût une conception claire et distincte ; qui d'ailleurs reproche si souvent à l'école d'expliquer les choses obscures par les qualités occultes, se contente d'une hypothèse plus occulte que les qualités occultes elles-mêmes.

Qu'entend-il, je le demande, par l'union de l'âme et du corps ? Quelle idée claire et distincte peut-il avoir d'une pensée étroitement unie à une portion de l'étendue ? Je voudrais au moins qu'il eût expliqué cette union par la cause prochaine. Mais dans sa philosophie la distinction entre l'âme et le corps est si radicale qu'il n'aurait pu assigner une cause déterminée ni à cette union ni à l'âme elle-même, et il aurait été contraint de recourir à la cause de l'univers, c'est-à-dire à Dieu.

Je voudrais savoir aussi combien de degrés de mouvement l'esprit peut donner à cette glande pinéale, et avec quel degré de force il peut la tenir suspendue. Je ne sais si le mouvement que lui imprime l'âme est plus rapide ou plus lent que celui qui lui vient des esprits animaux, et si le mouvement des passions, que nous avons étroitement uni à des principes arrêtés, ne pourrait pas en être séparé par des causes corporelles ; d'où il résulterait que, malgré la résolution prise par l'âme d'aller au-devant du péril, et l'union opérée entre cette résolution et le mouvement qui produit l'audace, la glande pourrait se trouver, à la vue du péril, suspendue de telle sorte que l'âme se vit hors d'état de songer à autre chose qu'à la fuite.

Et certes, puisqu'il n'y a aucun rapport entre la volonté et le mouvement, il n'y a rien de commun entre la puissance ou les forces de l'esprit et celles du corps, et par conséquent les forces de l'un ne peuvent être déterminées par celles de l'autre. Ajoutez que cette glande n'est pas placée dans le cerveau de manière à recevoir facilement tant d'impulsions diverses, et que tous les nerfs ne s'étendent pas jusqu'aux cavités du cerveau. Enfin je passe tout ce qu'il dit sur la volonté et le libre arbitre, car j'ai démontré suffisamment toute la fausseté de sa doctrine sur ce point. Ainsi, puisque la puissance de l'âme, comme je l'ai fait voir, est déterminée par l'intelligence toute seule, nous ne chercherons que dans la connaissance de l'âme ces remèdes des passions que tout le monde essaye, mais que personne ne sait ni bien employer ni bien connaître, et c'est exclusivement de cette connaissance que nous conclurons tout ce qui regarde son bonheur.

I. Si deux actions contraires sont excitées dans un même sujet, il faudra nécessairement qu'un changement s'opère dans toutes deux ou dans l'une d'elles jusqu'à ce qu'elles cessent d'être contraires.

II. La puissance d'un effet se définit par la puissance de sa cause, en tant que l'essence de cet effet s'explique ou se définit par l'essence de sa cause.

Cet axiome est évident par la Proposition 7, part. 3.

Proposition 1

Les affections corporelles ou images des choses s'ordonnent et s'enchaînent exactement dans le corps suivant l'ordre et l'enchaînement qu'ont dans l'âme les pensées et les idées des choses.

Démonstration : L'ordre et l'enchaînement des idées sont identiques (par la Proposition 7, part. 2) à l'ordre et l'enchaînement des choses, et réciproquement (par le Corollaire des Proposition 6 et 7, part. 2), l'ordre et l'enchaînement des choses sont identiques à l'ordre et l'enchaînement des idées. Par conséquent, de même que l'ordre et l'enchaînement des idées s'accomplissent dans l'âme selon l'ordre et l'enchaînement des affections des corps (par la Proposition 18, part. 2), réciproquement (par la Proposition 2, part. 3), l'ordre et l'enchaînement des affections du corps s'accomplissent selon l'ordre et l'enchaînement des idées de l'âme.

C. Q. F. D.

Proposition 2

Si nous dégageons une émotion de l'âme, une passion, de la pensée d'une cause extérieure, en associant à cette passion des pensées d'une autre espèce, l'amour ou la haine dont cette cause extérieure était l'objet et tous les mouvements de l'âme qui en étaient la suite doivent disparaître aussitôt.

Démonstration : Ce qui constitue en effet la forme ou l'essence de l'amour ou de la haine, c'est un sentiment de joie ou de tristesse accompagné de l'idée d'une cause extérieure (par les Définition 6 et 7 des passions). Ôtez cette idée, l'essence de l'amour ou de la haine est détruite, et avec elles toutes les passions qui en dérivent.

C. Q. F. D.

Proposition 3

Une affection passive cesse d'être passive aussitôt que nous nous en formons une idée claire et distincte.

Démonstration : Une affection passive, c'est une idée confuse (par la Définition générale des passions) ; si donc nous nous formons de cette affection même une idée claire et distincte, cette idée ne se distinguera de l'affection, en tant que l'affection est rapportée uniquement à l'âme, que d'une distinction abstraite (par la Proposition 21, part. 2, et son Scolie [196]), et en conséquence (par la Proposition 3, part. 3) l'affection passive cessera d'être passive.

C. Q. F. D.

Corollaire : Une affection, à mesure qu'elle nous est mieux connue, tombe de plus en plus sous notre puissance, et l'âme en pâtit de moins en moins.

Il n'y a pas d'affection du corps dont nous ne puissions former quelque concept clair et distinct.

Démonstration : Ce qui est commun à toutes choses ne se peut concevoir que d'une manière adéquate (par la Proposition 38, part. 2), et conséquemment (par la Proposition 12 et le Lemme 2, placé après le Scolie de la Proposition 13, part. 2), il n'y a aucune affection du corps dont nous ne puissions nous former quelque concept clair et distinct.

C. Q. F. D.

Corollaire : Il suit de là qu'il n'y a aucune passion dont nous ne puissions nous former quelque concept clair et distinct. Car une passion, c'est (par la Définition générale des passions) l'idée d'une affection du corps, et toute affection du corps (par la Proposition précédente) doit envelopper quelque concept clair et distinct.

Scolie : Puisqu'il n'y a rien d'où ne résulte quelque effet [197] (par la Proposition 36, part. 1), et puisque tout ce qui résulte d'une idée qui est adéquate dans notre âme est toujours compris d'une façon claire et distincte (par la Proposition 40, part. 2), il s'ensuit que chacun de nous a le pouvoir de se former de soi-même et de ses passions une connaissance claire et distincte, sinon d'une manière absolue, au moins d'une façon partielle, et par conséquent chacun peut diminuer dans son âme l'élément de la passivité. Tous les soins de l'homme doivent donc tendre vers ce but, savoir, la connaissance la plus claire et la plus distincte possible de chaque passion ; car il en résultera que l'âme sera déterminée à aller de la passion qui l'affecte à la pensée des objets qu'elle perçoit clairement et distinctement, et où elle trouve un parfait repos ; et par suite, la passion se trouvant séparée de la pensée d'une cause extérieure et jointe à des pensées vraies, l'amour, la haine, etc., disparaîtront aussitôt (par la Proposition 2, part. 5) ; et en outre les appétits, les désirs qui en sont la suite ordinaire ne pourront plus avoir d'excès (par la Proposition 62, part. 4). Remarquons en effet que c'est par un seul et même appétit que l'homme agit et qu'il pâtit. Par exemple, la nature humaine est ainsi faite que tout homme désire que les autres vivent suivant son humeur particulière (par le Scolie de la Proposition 31, part. 3). Or, cet appétit, quand il n'est pas conduit par la raison, est une affection passive qui s'appelle ambition et ne diffère pas beaucoup de l'orgueil, tandis qu'au contraire cet appétit est un principe actif dans un homme que la raison conduit, et une vertu, qui est la piété (voyez le Scolie 1 de la Proposition 37, part. 4, et la 2 e Démonstration de cette même Proposition). Et de même, tous les appétits, tous les désirs ne sont des passions proprement dites qu'en tant qu'elles naissent d'idées inadéquates ; mais en tant qu'ils sont excités et produits par des idées adéquates, ce sont des vertus. Or, tous les désirs qui nous déterminent à l'action peuvent naître aussi bien d'idées adéquates que d'idées inadéquates (voyez la Proposition 59, part. 4). Ainsi donc, pour revenir au point d'où je me suis un peu écarté, ce remède contre le dérèglement des passions, qui consiste à s'en former une connaissance vraie, est le meilleur emploi qu'il nous soit donné de faire de notre puissance, puisque toute la puissance de l'âme se réduit à penser et à former des idées adéquates, comme on l'a fait voir ci-dessus (voyez la Proposition 3, part. 3).

De toutes les passions qu'un objet nous peut faire éprouver, la plus forte, toutes choses égales d'ailleurs, est celle que nous ressentons pour un objet que nous imaginons purement et simplement sans nous le représenter comme nécessaire, ou comme possible, ou comme contingent.

Démonstration : Notre passion pour un être que nous nous représentons comme libre est plus forte que pour un être nécessaire (par la Proposition 49, part. 3), et par conséquent elle est plus forte encore que pour un être que nous imaginons comme possible ou comme contingent (par la Proposition 11, part. 4). Or, qu'est-ce qu'imaginer un être libre ? c'est imaginer cet être purement et simplement, dans l'ignorance des causes qui l'ont déterminé à agir (par le Scolie de la propos. 35, part. 2). Donc notre passion pour un objet que nous imaginons purement et simplement est toujours plus forte, toutes choses égales d'ailleurs, que si nous l'imaginions comme nécessaire, possible ou contingent ; et par conséquent cette passion est la plus forte de toutes.

C. Q. F. D.

Proposition 6

En tant que l'âme conçoit toutes choses comme nécessaires, elle a sur ses passions une plus grande puissance : en d'autres termes, elle est moins sujette à pâtir.

Démonstration : L'âme comprend que toutes choses sont nécessaires (par la Proposition 29, part. l), et qu'elles sont déterminées à l'existence et à l'action par l'enchaînement infini des causes (par la Proposition 28, part. 1) ; et en conséquence (par la Proposition précédente) les passions que les objets lui font éprouver sont moins fortes, et (par la Proposition 48, part. 3) elle en est moins affectée.

C. Q. F. D.

Scolie : A mesure que cette connaissance que nous avons de la nécessité des choses s'applique davantage à ces objets particuliers que nous imaginons de la façon la plus distincte et la plus vraie, la puissance de l'âme sur ses passions prend de l'accroissement ; c'est une loi confirmée par l'expérience. Nous voyons en effet que la tristesse qu'un bien perdu nous fait éprouver s'adoucit aussitôt que l'on vient à considérer qu'il n'y avait aucun moyen de conserver ce qui nous a été ravi. De même, on remarquera que personne ne plaint un enfant de ne savoir point encore parler, marcher, raisonner, ou enfin de passer tant d'années dans une sorte d'ignorance de lui-même. Mais s'il arrivait que la plupart des hommes naquissent adultes, et qu'un ou deux seulement vinssent à naître enfants, chacun alors prendrait pitié de leur condition, parce que chacun cesserait de considérer l'enfance comme une chose naturelle et nécessaire, et n'y verrait plus qu'un vice ou un écart de la nature. Je pourrais joindre à ces faits une foule d'autres faits semblables.

Proposition 7

Les passions qui proviennent de la raison ou qui sont excitées par elle sont plus puissantes, si l'on a égard au temps, que celles qui se rapportent aux objets particuliers que nous considérons comme absents.

Démonstration : Ce qui nous fait considérer une chose comme absente, ce n'est point l'impression dont nous affecte son image, c'est une autre impression que reçoit le corps, et qui exclut l'existence de cette chose (par la Proposition 17, part. 2). Ainsi donc, l'affection qui se rapporte à un objet que nous considérons comme absent n'est point de nature à surpasser les autres actions et la puissance de l'homme (voyez sur ce point la Proposition 6, part. 4) ; elle est de nature, au contraire, à pouvoir être empêchée en quelque façon par ces affections qui excluent l'existence de sa cause extérieure (par la Proposition 9, part. 4). Or, toute passion qui provient de la raison se rapporte nécessairement aux propriétés communes des choses (voyez la Définition de la raison dans le Scolie 2 de la propos. 40, part. 2), lesquelles sont toujours considérées comme présentes, rien ne pouvant exclure leur présente existence, et imaginées de la même manière (par la Proposition 38, part. 2). Par conséquent, une telle passion reste toujours la même ; et il en résulte (par l'Axiome 1, part. 5) que les passions qui lui sont contraires, et ne sont point entretenues par leurs causes extérieures, doivent se mettre de plus en plus d'accord avec cette passion permanente, jusqu'à ce qu'elles cessent de lui être contraires, et il est évident que, sous ce point de vue, les passions qui proviennent de la raison sont plus puissantes que les autres.

C. Q. F. D.

Proposition 8

Une passion est d'autant plus grande qu'elle est excitée par un plus grand nombre de causes qui concourent ensemble au même but.

Démonstration : Un grand nombre de causes peuvent plus ensemble qu'un petit nombre (par la Proposition 7, part. 3) ; et en conséquence (par la Proposition 5, part. 4), une passion est d'autant plus grande qu'elle est excitée tout à la fois par un plus grand nombre de causes.

C. Q. F. D.

Scolie : Cette proposition résulte également de l'Axiome 2 de cette cinquième partie.

Proposition 9

Une affection qui se rapporte à plusieurs causes diverses que l'âme aperçoit en même temps que l'affection elle-même est moins nuisible qu'une affection de même force, mais qui se rapporte à un petit nombre de causes ou à une seule ; l'âme en pâtit moins, et elle est moins affectée par chacune de ces causes diverses qu'elle ne le serait par une cause unique ou par un petit nombre de causes.

Démonstration : Une affection n'est mauvaise ou nuisible qu'en tant qu'elle empêche l'âme de penser (par les Proposition 26 et 27, part. 4) ; et par conséquent, toute affection qui détermine l'âme à considérer à la fois plusieurs objets est moins nuisible qu'une autre affection de même force, mais qui tient l'âme attachée à la condition d'un seul objet ou d'un petit nombre d'objets avec une telle force qu'elle ne peut penser à aucun autre ; voilà le premier point. En second lieu, l'essence de l'âme ou sa puissance (par la Proposition 7, part. 3) consistant dans la seule pensée (par la Proposition 11, part. 3), l'âme pâtit moins d'une affection qui la détermine à penser à la fois à plusieurs objets qu'elle ne ferait d'une affection de force égale, mais qui tiendrait l'âme attachée à la considération d'un objet unique ou d'un petit nombre d'objets : voilà le second point. Enfin, cette première affection, en tant qu'elle se rapporte d'un plus grand nombre de causes extérieures, doit être moindre à l'égard de chacune (par la Proposition 58, part. 3).

C. Q. F. D.

Proposition 10

Tant que notre âme n'est pas livrée au conflit des passions contraires à notre nature [198], nous avons la puissance d'ordonner et d'enchaîner les affections de notre corps suivant l'ordre de l'entendement.

Démonstration : Les passions contraires à notre nature, c'est-à-dire (par la Proposition 30, part. 4) les passions mauvaises, sont mauvaises en tant qu'elles empêchent l'âme de penser (par la Proposition 27, part. 4). En conséquence, tant que notre âme n'est point livrée au conflit des passions contraires à notre nature, la puissance par laquelle l'âme s'efforce de comprendre les choses n'est point empêchée (par la Proposition 26, part. 4), et par suite l'âme a la puissance de former des idées claires et distinctes, et de les déduire les unes des autres (voyez le Scolie 2 de la Proposition 40 et le Scolie de la Proposition 47, part. 2) ; d'où il résulte (par la Proposition 1, part. 5) qu'elle a la puissance d'ordonner et d'enchaîner les affections du corps suivant l'ordre de l'entendement.

C. Q. F. D.

Scolie : Ce pouvoir d'ordonner et d'enchaîner nos affections corporelles suivant la droite raison nous rend capables de nous soustraire aisément à l'influence des mauvaises passions ; car (par la Proposition 7, part. 5) pour empêcher des affections ordonnées et enchaînées suivant la droite raison, une plus grande force est nécessaire que pour des affections vagues, et incertaines. Ainsi donc, ce que l'homme a de mieux à faire tant qu'il n'a pas une connaissance accomplie de ses passions, c'est de concevoir une règle de conduite parfaitement droite et fondée sur des principes certains, de la déposer dans sa mémoire, d'en faire une application continuelle aux cas particuliers qui se présentent si souvent dans la vie, d'agir enfin de telle sorte que son imagination en soit profondément affectée, et que sans cesse elle se présente aisément à son esprit.

Pour prendre un exemple, nous avons mis au nombre des principes qui doivent régler la vie, qu'il faut vaincre la haine, non par une haine réciproque, mais par l'amour, par la générosité (voyez la Proposition 56, part. 4, et son Scolie). Or, si nous voulons avoir toujours ce précepte présent à l'esprit, quand il conviendra d'en faire usage, nous devons ramener souvent notre pensée et souvent méditer sur les injustices ordinaires des hommes et les meilleurs moyens de s'y soustraire en usant de générosité ; et de la sorte il s'établit entre l'image d'une injustice et celle du précepte de la générosité une telle union qu'aussitôt qu'une injustice nous est faite, le précepte se présente à notre esprit (voyez la Proposition 18, part. 2).

Supposez maintenant que nous ayons toujours devant les yeux ce principe, que notre véritable intérêt, notre bien, est surtout dans l'amitié qui nous unit aux hommes et les biens de la société, et ces deux autres principes, premièrement, que d'une manière de vivre conforme à la droite raison naît dans notre âme la plus parfaite sérénité (par la Proposition 52, part. 4), et en second lieu que les hommes, comme tout le reste, agissent par la nécessité de la nature, il arrivera alors que le sentiment d'une injustice reçue et la haine qui en résulte ordinairement n'occuperont qu'une partie de notre imagination et seront aisément surmontées. Et si la colère qu'excitent en nous les grandes injustices ne peut être aussi facilement dominée, elle finira pourtant par être étouffée, non sans une lutte violente, mais en beaucoup moins de temps certainement que si d'avance nous n'avions pas fait de ces préceptes l'objet de nos méditations (cela résulte évidemment des Proposition 6, 7 et 8, part. 5). C'est encore de la même façon qu'il faut méditer sur la bravoure pour se délivrer de la crainte. Il faut passer en revue et ramener sans cesse dans son imagination les périls auxquels la vie de tous les hommes est exposée, et se redire que la présence d'esprit et le courage écartent et surmontent tous les dangers.

Toutefois il est bon de remarquer ici qu'en ordonnant ses pensées et en réglant son imagination, il faut toujours avoir les yeux sur ce qu'il y a de bon en chacune des choses que l'on considère (par le Corollaire de la Proposition 63, part. 4, et la Proposition 59, part. 3), afin que ce soit toujours des sentiments de joie qui nous déterminent à agir. Si, par exemple, une personne reconnaît qu'elle poursuit la gloire avec excès, elle devra penser à l'usage légitime de la gloire, à la fin pour laquelle on la poursuit, aux moyens qu'on a de l'acquérir ; mais elle ne devra pas arrêter sa pensée sur l'abus de la gloire, sur sa vanité, sur l'inconstance des hommes, et autres réflexions qu'il est impossible de faire sans une certaine tristesse. Ce sont là les pensées dont se tourmentent les ambitieux quand ils désespèrent d'arriver aux honneurs dont leur âme est éprise ; et ils ont la prétention de montrer par là leur sagesse, tandis qu'ils n'exhalent que leur colère. Aussi c'est une chose certaine que les hommes les plus passionnés pour la gloire sont justement ceux qui déclament le plus sur ses abus et sur la vanité des choses de ce monde. Et ce n'est point là un caractère particulier aux ambitieux, il est commun à tous ceux qui sont maltraités de la fortune et dont l'âme a perdu sa puissance. Un homme pauvre et avare tout ensemble ne cesse de parler de l'abus de la richesse et des vices de ceux qui les possèdent ; ce qui n'aboutit du reste qu'à l'affliger lui-même et à montrer qu'il ne peut supporter avec égalité ni sa pauvreté ni la fortune des autres. De même encore celui qui a été mal reçu par sa maîtresse n'a plus l'âme remplie que de l'inconstance des femmes, de leurs trahisons et de tous les défauts qu'on ne cesse de leur imputer ; mais revient-il chez sa maîtresse et en est-il bien reçu, tout cela est oublié.

Ainsi donc celui qui veut régler ses passions et ses appétits par le seul amour de la liberté, s'efforcera, autant qu'il est en lui, de connaître les vertus et les causes qui les produisent, et de remplir son âme de la joie que cette connaissance y fait naître ; il évitera au contraire de se donner le spectacle des vices des hommes, de médire de l'humanité et de se réjouir d'une fausse apparence de liberté. Et quiconque observera avec soin cette règle (ce qui du reste n'est point difficile) et s'exercera à la pratiquer, parviendra en très peu de temps à diriger la plupart de ses actions suivant les lois de la raison.

Proposition 11

A mesure qu'une image se rapporte à un plus grand nombre de choses, elle revient plus fréquemment à l'esprit : en d'autres termes, elle se réveille plus souvent dans l'âme et l'occupe davantage.

Démonstration : A mesure, en effet, qu'une image ou qu'une passion a rapport à plus d'objets, il y a plus de causes capable de l'exciter ou de l'entretenir, et toutes ces causes, l'âme *(en vertu de l'hypothèse)* les aperçoit par cela seul qu'elle est affectée de cette passion ; d'où il suit que cette passion devra être plus fréquente, en d'autres termes elle se réveillera plus souvent dans l'âme et l'occupera davantage (par la Proposition 8. part. 5).

C. Q. F. D.

Proposition 12

Nous unissons plus facilement les images des choses avec les images qui se rapportent aux objets que nous concevons clairement et distinctement qu'avec toute autre sorte d'images.

Démonstration : Les objets que nous concevons clairement et distinctement, ce sont les propriétés générales des choses, ou ce qui se déduit de ces propriétés (voyez la Définition de la raison dans le Scolie 2 de la Proposition 40, part. 2) ; et conséquemment, ces objets se représentent à notre esprit plus souvent que les autres (par la Proposition précédente) ; d'où il suit que la perception simultanée de ces objets et du reste des choses devra s'opérer avec une facilité particulière, et par suite que les images des choses se joindront à ces objets plus aisément qu'à tous les autres (par la Proposition 18, part. 2).

C. Q. F. D.

Proposition 13

A mesure qu'une image est jointe à un plus grand nombre d'autres images, elle se réveille plus souvent dans notre âme.

Démonstration : A mesure en effet qu'une image est jointe à un plus grand nombre d'images, il y a un plus grand nombre de causes capables de l'exciter (par la propos. 18, part. 2).

C. Q. F. D.

Proposition 14

L'âme peut faire que toutes les affections du corps, c'est-à-dire que toutes les images des choses se rapportent à l'idée de Dieu.

Démonstration : Il n'est aucune affection du corps dont l'âme ne puisse se former un concept clair et distinct (par la Proposition 4, part. 5), et en conséquence, l'âme peut faire (par la Proposition 15, part. 1) que toutes ces affections se rapportent à l'idée de Dieu.

C. Q. F. D.

Proposition 15

Celui qui comprend ses passions et soi-même clairement et distinctement aime Dieu, et il aime d'autant plus qu'il comprend ses passions et soi-même d'une façon plus claire et plus distincte.

Démonstration : Celui qui comprend ses passions et soi-même d'une façon claire et distincte ressent de la joie (par la Proposition 53, part. 3), et cette joie est accompagnée de l'idée de Dieu (par la Proposition précédente) ; et en conséquence (par la Définition 6 des passions), il aime Dieu, et il l'aime d'autant plus par la même raison) qu'il comprend mieux et ses passions et soi-même.

C. Q. F. D.

Proposition 16

Cet amour de Dieu doit occuper l'âme plus que tout le reste.

Démonstration : Cet amour en effet est joint à toutes les affections du corps (par la Proposition 14, part. 5), qui toutes servent à l'entretenir (par la Proposition 15, part. 5), et conséquemment (par la Proposition 11, part. 5) il doit occuper l'âme plus que tout le reste.

C. Q. F. D.

Proposition 17

Dieu est exempt de toute passion, et il n'est sujet à aucune affection de joie ou de tristesse.

Démonstration : Toutes les idées, en tant qu'elles se rapportent à Dieu, sont vraies (par la Proposition 32, part. 2), c'est-à-dire (par la Définition 4, part. 2) adéquates, et conséquemment (par la Définition générale des passions) Dieu est exempt de toute passion. De plus, Dieu ne peut passer à une perfection plus grande que la sienne ou plus petite (par le Corollaire 2 de la Proposition 20, part. 1) ; et par suite (en vertu des Définition 2 et 3 des passions) il n'est sujet à aucune affection de joie ou de tristesse.

C. Q. F. D.

157

Corollaire : Dieu, à parler proprement, n'aime ni ne hait personne. Car Dieu (par la Proposition précédente) n'éprouve aucune affection de joie ou de tristesse, et en conséquence (par la Définition 6 et 7 des passions) il n'a pour personne ni haine ni amour.

Proposition 18

Personne ne peut haïr Dieu.

Démonstration : L'idée de Dieu, qui est en nous, est adéquate et parfaite (par la Proposition 46 et 47, part. 2). En conséquence, en tant que nous contemplons Dieu, nous agissons (par la Proposition 3, part. 3), et partant (par la Proposition 59, part. 3) il est impossible qu'il y ait en nous un sentiment de tristesse accompagné de l'idée de Dieu, en d'autres termes (par la Définition 7 des passions) personne ne peut haïr Dieu.

C. Q. F. D.

Corollaire : L'amour que nous avons pour Dieu ne peut se changer en haine.

Scolie : On peut objecter cependant qu'en concevant Dieu comme cause de toutes choses, nous le considérons comme cause de la tristesse. Je réponds que la tristesse, en tant que nous en concevons les causes, cesse d'être une passion (par la Proposition 3, part. 5) ; en d'autres termes (par la Proposition 59, part. 3) elle cesse d'être la tristesse ; d'ou il suit qu'en tant que nous concevons Dieu comme cause de la tristesse, nous éprouvons de la joie.

Proposition 19

Celui qui aime Dieu ne peut faire effort pour que Dieu l'aime à son tour.

Démonstration : Si l'homme faisait un tel effort, il désirerait donc (par le Corollaire de la Proposition 17, part. 5) que ce Dieu qu'il aime ne fût pas Dieu, et en conséquence (par la Proposition 19, part. 3), il désirerait être contristé, ce qui est absurde (par la Proposition 28, part. 3). Donc celui qui aime Dieu, etc.

C. Q. F. D.

Proposition 20

Cet amour de Dieu ne peut être souillé par aucun sentiment d'envie ni de jalousie, et il est entretenu en nous avec d'autant plus de force que nous nous représentons un plus grand nombre d'hommes comme unis avec Dieu de ce même lien d'amour.

Démonstration : Cet amour de Dieu est le bien le plus élevé que puisse désirer une âme que la raison gouverne (par la Proposition 28, part. 4) ; il est commun à tous les hommes (par la Proposition 36, part. 4), et nous désirons que tous nos semblables en jouissent (par la Proposition 37, part. 4) ; par conséquent (en vertu de la Définition 23 des passions) il ne peut être souillé d'aucun mélange d'envie ni de jalousie (par la Proposition 18, part. 5, et la Définition de la jalousie qui se trouve au Scolie de la Proposition 35, part. 3) ; au contraire (par la Proposition 31, part. 3), cet amour de Dieu doit être entretenu en nous avec d'autant plus de force, que nous imaginons un plus grand nombre d'hommes jouissant du bonheur qu'il procure.

C. Q. F. D.

Scolie : Nous pouvons faire voir de la même manière qu'il n'y a aucune passion directement contraire à l'amour de Dieu, et qui puisse le détruire ; d'où il suit que l'amour de Dieu est de toutes nos passions la plus constante, et tant qu'il se rapporte au corps, ne peut être détruit qu'avec le corps lui-même. Quant à la nature de cet amour, en tant qu'il se rapporte uniquement à l'âme, c'est ce que nous verrons plus tard.

Dans les propositions qui précèdent, j'ai réuni tous les remèdes des passions, c'est-à-dire tout ce que l'âme, considérée uniquement en elle-même, peut contre ses passions. Il résulte de là que la puissance de l'âme sur les passions consiste : 1° dans la connaissance même des passions (voyez le Scolie de la Proposition 4, part. 5) ; 2° dans la séparation que l'âme effectue entre telle ou telle passion et la pensée d'une cause extérieure confusément imaginée (voyez la Proposition 2 et son Scolie, et la Proposition 4, part. 5) ; 3° dans le progrès du temps qui rend celles de nos affections qui se rapportent à des choses dont nous avons l'intelligence, supérieures aux affections qui se rapportent à des choses dont nous n'avons que des idées confuses et mutilées (voyez la Proposition 7, part. 5) ; 4° dans la multitude des causes qui entretiennent celles de nos passions qui se rapportent aux propriétés générales des choses, ou à Dieu (voyez les Proposition 9 et 11, part. 5) ; 5° enfin dans l'ordre où l'âme peut disposer et enchaîner ses passions (voyez le Scolie de la Proposition 10, et les Proposition 12, 13, 14, part. 5).

Mais pour que ce pouvoir de l'âme sur les passions soit mieux compris, il est important de faire avant tout cette observation, que nous donnons à nos passions le nom de grandes passions dans deux cas différents : le premier, quand nous comparons la passion d'un l'homme à celle d'un autre l'homme, et que nous voyons l'un des deux plus fortement agité que l'autre par la même passion ; la seconde, quand nous comparons deux passions d'une seule et même personne, et que nous reconnaissons qu'elle est plus fortement affectée ou remuée par l'une que par l'autre.

La force d'une passion en effet (par la Proposition 5, part. 4) est déterminée par le rapport de la puissance de sa cause extérieure avec notre puissance propre. Or, la puissance de l'âme se détermine uniquement par le degré de connaissance qu'elle possède, et son impuissance ou sa passivité par la seule privation de connaissance, c'est-à-dire par ce qui fait qu'elle a des idées inadéquates ; d'où il résulte que l'âme qui pâtit le plus, c'est l'âme qui est constituée dans la plus grande partie de son être par des idées inadéquates, de telle sorte qu'elle se distingue bien plus par ses affections passives que par les actions qu'elle effectue ; et au contraire, l'âme qui agit le plus, c'est celle qui est constituée dans la plus grande partie de son être par des idées adéquates, (le telle sorte qu'elle se distingue bien plus (pouvant d'ailleurs renfermer autant d'idées inadéquates que celles dont nous venons de parler) par les idées qui dépendent de la vertu de l'homme que par celles qui marquent son impuissance.

Il faut remarquer en outre que les inquiétudes de l'âme et tous ses maux tirent leur origine de l'amour excessif qui l'attache à des choses sujettes à mille variations et dont la possession durable est impossible. Personne, en effet, n'a d'inquiétude ou d'anxiété que pour un objet qu'il aime, et les injures, les soupçons, les inimitiés n'ont pas d'autre source que cet amour qui nous enflamme pour des objets que nous ne pouvons réellement posséder avec plénitude. Et tout cela doit nous faire comprendre aisément ce que peut sur nos passions une connaissance claire et distincte, surtout, ce troisième genre de connaissance (voyez le Scolie de la Proposition 47, part. 2) dont le fondement est la connaissance même de Dieu ; car si cette connaissance ne détruit pas absolument nos passions, comme passions (voyez la Proposition 3, et le Scolie de la Proposition 4, part. 5), elle fait du moins que les passions ne constituent que la plus petite partie de notre âme (voyez la Proposition 14, part. 5). De plus elle fait naître en nous l'amour d'un objet immuable et éternel (voyez la Proposition 15, part. 5), que nous possédons véritablement et avec plénitude (voyez la Proposition 45, part. 2) ; et cet amour épuré ne peut dès lors être souillé de ce triste mélange de vices que l'amour amène ordinairement avec soi ; il peut prendre des accroissements toujours nouveaux (par, la Proposition 15, part. 5), occuper la plus grande partie de l'âme (par la Proposition 16, part. 5) et s'y déployer avec étendue.

Les réflexions qui précèdent terminent ce que j'avais dessein de dire sur la vie présente. Chacun, en effet, pourra reconnaître que j'ai embrassé en peu de mots tous les remèdes qui conviennent aux passions, comme je l'ai dit au commencement de ce Scolie, s'il veut bien faire attention tout ensemble à ce Scolie lui-même et à la Définition de l'âme et de ses passions, ainsi qu'aux Propositions 1 et 3, part. 3. Le moment est donc venu de traiter de ce qui regarde la durée de l'âme considérée sans relation avec le corps.

Proposition 21

L'âme ne peut rien imaginer, ni se souvenir d'aucune chose passée, qu'à condition que le corps continue d'exister.

Démonstration : L'âme n'exprime l'existence actuelle du corps et ne conçoit les affections du corps comme actuelles qu'à condition que le corps continue d'exister (par le Corollaire de la Proposition 8, part, 2) ; et en conséquence (par la Proposition 26, part. 2), elle ne conçoit aucun corps comme existant en acte qu'à cette même condition : d'où il résulte encore qu'il ne peut rien imaginer (voyez la Définition de l'imagin. dans le Scolie de la Proposition 17, part. 2), ni se souvenir d'aucune chose passée (voyez la Définition de la mémoire au Scolie de la Proposition 18, part. 2) qu'à condition que le corps continue d'exister.

C. Q. F. D.

Proposition 22

Toutefois, il y a nécessairement en Dieu une idée qui exprime l'essence de tel ou tel corps humain sous le caractère de l'éternité.

Démonstration : Dieu n'est pas seulement la cause de l'existence de tel ou tel corps humain, il l'est aussi de son essence (par la Proposition 25, part. 1), laquelle doit en conséquence être conçue nécessairement par l'essence même de Dieu (par l'axiome 4, part. l), et cela en vertu d'une nécessité éternelle (par la Proposition 16, part. 1) ; d'où il suit (par la Proposition 3, part. 2), que ce concept doit être nécessairement en Dieu.

C. Q. F. D.

Proposition 23

L'âme humaine ne peut entièrement périr avec le corps ; il reste quelque chose d'elle, quelque chose d'éternel.

Démonstration : Il y a nécessairement en Dieu (par la Proposition précédente) un concept ou une idée qui exprime l'essence du corps humain, et cette idée, par conséquent, est nécessairement quelque chose qui se rapporte à l'essence de l'âme (en vertu de la Proposition 13, part. 2). Or, nous n'attribuons à l'âme humaine aucune durée qui se puisse déterminer dans le temps, si ce n'est en tant qu'elle exprime l'existence actuelle du corps, laquelle se développe dans la durée et peut se déterminer dans le temps ; en d'autres termes (par le Corollaire de la Proposition 8, part. 2), nous n'attribuons à l'âme une durée que pendant la durée du corps. Toutefois, comme ce qui est conçu par l'essence de Dieu avec une éternelle nécessité est quelque chose, ce quelque chose, qui se rapporte à l'essence de l'âme, est nécessairement éternel (par la Proposition précédente).

C. Q. F. D.

Scolie : Cette idée qui exprime l'essence du corps sous le caractère de l'éternité est, comme nous l'avons dit, un mode déterminé de la pensée qui se rapporte à l'essence de l'âme et qui est nécessairement éternel. Et cependant il est impossible que nous nous souvenions d'avoir existé avant le corps, puisque aucune trace de cette existence ne se peut rencontrer dans le corps, et que l'éternité ne peut se mesurer par le temps, ni avoir avec le temps aucune relation. Et cependant nous sentons, nous éprouvons que nous sommes éternels. L'âme en effet, ne sent pas moins les choses qu'elle conçoit par l'entendement que celles qu'elle a dans la mémoire. Les yeux de l'âme, ces yeux qui lui font voir et observer les choses, ce sont les démonstrations. Aussi, quoique nous ne nous souvenions pas d'avoir existé avant le corps, nous sentons cependant que notre âme, en tant qu'elle enveloppe l'essence du corps sous le caractère de l'éternité, est éternelle, et que cette existence éternelle ne peut se mesurer par le temps on s'étendre dans la durée. Ainsi donc, on ne peut dire que notre âme dure, et son existence ne peut être enfermée dans les limites d'un temps déterminé qu'en tant qu'elle enveloppe l'existence actuelle du corps ; et c'est aussi à cette condition seulement qu'elle a le pouvoir de déterminer dans le temps l'existence des choses et de les concevoir sous la notion de durée.

Proposition 24

Plus nous comprenons les choses particulières, et plus nous comprenons Dieu.

Démonstration : Cela est évident par le Corollaire de la Proposition 25, part. 1.

Proposition 25

L'effort suprême de l'âme et la suprême vertu, c'est de connaître les choses d'une connaissance du troisième genre.

Démonstration : La connaissance du troisième genre va de l'idée adéquate d'un certain nombre d'attributs de Dieu à la connaissance adéquate de l'essence des choses (voyez la Définition renfermée dans le Scolie 2 de la Proposition 40, part. 2) ; et plus nous comprenons les choses de cette façon, plus nous comprenons Dieu (par la Proposition précédente) ; par conséquent (par la Proposition 28, part. 4), la vertu suprême de l'âme, c'est-à-dire (par la Définition 8, part. 4) sa puissance ou sa nature, ou enfin (par la propos. 7, part. 3) son suprême effort, c'est de connaître les choses d'une connaissance du troisième genre.

Proposition 26

Plus l'âme est propre à connaître les choses d'une connaissance du troisième genre, plus elle désire les connaître de cette même façon.

Démonstration : La chose est évidente ; car en tant que nous concevons l'âme comme propre à connaître les choses d'une connaissance du troisième genre, nous la concevons en même temps comme y étant déterminée, et par conséquent (Par la Définition 1 des passions), plus l'âme est propre à ce genre de connaissance, plus elle le désire.

C. Q. F. D.

161

Proposition 27

De ce troisième genre de connaissance naît pour l'âme le plus parfait repos dont elle puisse jouir.

Démonstration : La suprême vertu de l'âme, c'est de connaître Dieu (par la Proposition 28, part. 4), en d'autres termes, de connaître les choses d'une connaissance du troisième genre (par la Proposition 25, part. 5), et cette vertu est d'autant plus grande que l'âme use davantage de ce genre de connaissance (par la Proposition 24, part. 5). Par conséquent, celui qui connaît les choses de cette façon s'élève au comble de la perfection humaine, et par suite (en vertu de la Définition 2 des passions) il est saisi de la joie la plus vive, laquelle (par la Proposition 43, part. 2) cet accompagnée de l'idée de soi-même et de sa propre vertu ; d'où il résulte enfin (par la Définition 25 des passions) que de ce genre de connaissance naît pour l'âme le plus parfait repos. C. Q. F. D.

Proposition 28

Le désir de connaître les choses d'une connaissance du troisième genre ou l'effort que nous faisons pour cela ne peuvent naître de la connaissance du premier genre, mais ils peuvent naître de celle du second.

Démonstration : Cette proposition est évidente d'elle-même ; car tout ce que nous concevons clairement et distinctement, nous le concevons ou par soi ou par autre chose qui est conçu par soi : en d'autres termes, les idées qui sont en nous claires et distinctes ou qui se rapportent à la connaissance du troisième genre (voyez le Scolie 2 de la propos. 40, part. 2) ne peuvent résulter des idées mutilées et confuses, lesquelles (par le même Scolie) se rapportent à la connaissance du premier genre, mais bien des idées adéquates, c'est-à-dire (par le même Scolie) de la connaissance du second et du troisième genre. Ainsi donc (par la Définition 1 des passions) le désir de connaître les choses d'une connaissance du troisième genre ne peut naître de la connaissance du premier genre, mais il peut naître de celle du second.

C. Q. F. D.

Proposition 29

Tout ce que l'âme conçoit sous le caractère de l'éternité, elle le conçoit non pas parce qu'elle conçoit en même temps l'existence présente et actuelle du corps, mais bien parce qu'elle conçoit l'existence du corps sous le caractère de l'éternité.

Démonstration : L'âme, en tant qu'elle conçoit l'existence présente du corps, conçoit la durée, laquelle se détermine dans le temps, et elle n'a, par conséquent, que le pouvoir de concevoir les choses en relation avec le temps (par la Proposition 21, part. 5 et la Proposition 26, part. 2). Or, l'éternité ne peut se déterminer par la durée (en vertu de la Définition 8, part. 1 et de l'Explication qui la suit). Donc l'âme, sous ce point de vue, n'a pas le pouvoir de concevoir les choses sous le caractère de l'éternité ; mais comme il est de la nature de la raison de concevoir les choses sous le caractère de l'éternité (par le Corollaire 2 de la Proposition 44, part. 2), et qu'il appartient aussi à la nature de l'âme de concevoir l'essence du corps sous le caractère de l'éternité (par la Proposition 23, part. 5), et comme enfin, hormis ces deux choses, rien de plus n'appartient à l'essence de l'âme (par la Proposition 13, part. 2), il s'ensuit que cette puissance de concevoir les choses sous le caractère de l'éternité n'appartient à l'âme qu'en tant qu'elle conçoit l'essence du corps sous le caractère de l'éternité.

C. Q. F. D.

Scolie : Nous concevons les choses comme actuelles de deux manières : ou bien en tant que nous les concevons avec une relation à un temps ou un lieu déterminés, ou bien en tant que nous les concevons comme contenues en Dieu et résultant de la nécessité de la nature divine. Celles que nous concevons de cette seconde façon comme vraies ou comme réelles, nous les concevons sous le caractère de l'éternité, et leurs idées enveloppent l'essence éternelle et infinie de Dieu, ainsi que nous l'avons montré dans la Proposition 45, part. 2 ; voyez aussi le Scolie de cette Proposition.

Proposition 30

Notre âme, en tant qu'elle connaît son corps et soi-même sous le caractère de l'éternité, possède nécessairement la connaissance de Dieu, et sait qu'elle est en Dieu et est conçue par Dieu.

Démonstration : L'éternité est l'essence même de Dieu, en tant que cette essence enveloppe l'existence nécessaire (par la Définition 8, part. 1). Par conséquent, concevoir les choses sous le caractère de l'éternité, c'est concevoir les choses en tant qu'elles se rapportent, comme êtres réels, à l'essence de Dieu, en d'autres termes, en tant que par l'essence de Dieu elles enveloppent l'existence. Ainsi donc notre âme, en tant qu'elle connaît son corps et soi-même sous le caractère de l'éternité, possède nécessairement la connaissance de Dieu et sait, etc. C. Q. F. D.

Proposition 31

La connaissance du troisième genre dépend, de l'âme comme de sa cause formelle, en tant que l'âme elle-même est éternelle.

Démonstration : L'âme ne conçoit rien sous le caractère de l'éternité qu'en tant qu'elle conçoit l'essence de son corps sous le caractère de l'éternité (par la Proposition 29, part. 5), c'est-à-dire (par les Proposition 21 et 23, part. 5) en tant qu'elle est éternelle ; par conséquent (en vertu de la Proposition précédente), en tant que l'âme est éternelle, elle possède la connaissance de Dieu, et cette connaissance est nécessairement adéquate (par la Proposition 46, part. 2) ; d'où il suit que l'âme, en tant qu'éternelle, est propre à connaître toutes les choses qui résultent de cette même connaissance (par la Proposition 40, part. 2), c'est-à-dire à connaître les choses d'une connaissance du troisième genre (voyez-en la Définition au Scolie 2 de la Proposition 40, part. 2), et ainsi (par la Définition 1, part. 3) c'est l'âme en tant qu'éternelle qui est la cause adéquate ou formelle de cette connaissance.

C. Q. F. D.

Scolie : Ainsi donc, à mesure que chacun de nous possède à un plus haut degré ce troisième genre de connaissance, il a de soi-même et de Dieu une conscience plus pure ; en d'autres termes, il est plus parfait et plus heureux, et c'est ce qui deviendra plus évident encore par la suite de ce traité. Mais il faut remarquer ici que, tout certains que nous soyons déjà que l'âme est éternelle, en tant qu'elle conçoit les choses sous le caractère de l'éternité, toutefois, pour expliquer plus aisément les propositions, qui vont suivre et pour les mieux faire comprendre, nous considérerons l'âme, ainsi que nous l'avons fait jusqu'à ce moment, comme si elle commençait actuellement d'exister et de concevoir les choses sous le caractère de l'éternité ; et nous n'avons à craindre aucun danger en suivant cette marche, pourvu que nous prenions garde de ne rien conclure qui ne repose sur de claires prémisses.

163

Proposition 32

Tout ce que nous connaissons d'une connaissance du troisième genre nous fait éprouver un sentiment de joie accompagné de l'idée de Dieu comme cause de notre joie.

Démonstration : De cette espèce de connaissance naît pour l'âme la paix la plus parfaite, c'est-à-dire (par la Définition 25 des passions) la plus parfaite joie qu'elle puisse ressentir, et cette joie de l'âme est accompagnée de l'idée de soi-même (par la Proposition 27, part. 5.), et partant de l'idée de Dieu à titre de cause (par la Proposition 30, part. 5).

C. Q. F. D.

Corollaire : Cette connaissance du troisième genre produit nécessairement l'amour intellectuel de Dieu ; car elle produit (par la Proposition précédente) une joie accompagnée de l'idée de Dieu comme cause, c'est-à-dire (par la Définition 6 des passions) l'amour de Dieu, non pas en tant que nous imaginons Dieu comme présent, mais (par la Proposition 29 part. 5) en tant que nous le concevons comme éternel. Or cet amour est justement ce que j'appelle l'amour intellectuel de Dieu.

Proposition 33

L'amour intellectuel de Dieu, qui naît de la connaissance du troisième genre, est éternel.

Démonstration : La connaissance du troisième genre est éternelle (par la Proposition 31, part. 5, et l'axiome 3, part. 1) ; et, en conséquence (par le même Axiome), l'amour qui naît de cette connaissance est nécessairement éternel.

C. Q. F. D.

Scolie : Bien que cet amour intellectuel de Dieu n'ait pas eu de commencement (par la Proposition précédente), il a cependant toutes les perfections de l'amour, absolument comme s'il avait une origine, ainsi que nous l'avons supposé dans le Corollaire de la Proposition précédente. Et il n'y a là d'autre différence, sinon que l'âme a possédé éternellement ces mêmes perfections que nous avons supposé qu'elle commençait d'acquérir, et cette possession éternelle a été accompagnée de l'idée de Dieu comme de sa cause éternelle ; et certes, si la joie consiste dans le passage à une perfection plus grande, la béatitude doit consister pour l'âme dans la possession de la perfection elle-même.

Proposition 34

L'âme n'est sujette que pendant la durée du corps aux affections passives.

Démonstration : Un acte d'imagination, c'est une idée par laquelle l'âme aperçoit un objet comme présent (voyez la Définition de l'imagination dans le Scolie de la Proposition 17, part. 2) et qui cependant marque plutôt l'état présent du corps humain que la nature de l'objet extérieur (par le Corollaire 2 de la Proposition 16, part. 2). En conséquence, une passion (par la Définition générale des passions), c'est un acte d'imagination en tant qu'il exprime l'état présent du corps ; d'où il suit (par la Proposition 21, part. 5) que l'âme n'est sujette aux passions que pendant la durée du corps.

C. Q. F. D.

Corollaire : Il suit de là qu'il n'y a d'amour éternel que l'amour intellectuel.

Scolie : Si l'on examine l'opinion du commun des hommes, on verra qu'ils ont conscience de l'éternité de leur âme, mais qu'ils confondent cette éternité avec la durée, et la conçoivent par l'imagination ou la mémoire, persuadés que tout cela subsiste après la mort.

Proposition 35

Dieu s'aime soi-même d'un amour intellectuel infini.

Démonstration : Dieu est absolument infini (par la Définition 6, part 1), Par conséquent (en vertu de la Définition 6, part. 2), la nature de Dieu jouit d'une perfection infinie accompagnée (par la Proposition 3, part. 2) de l'idée de soi-même, à titre de cause (par la Proposition 11 et l'Axiome 1, part. 1). Or, c'est cela même que nous avons appelé amour intellectuel dans le Corollaire de la Proposition 32, part. 5.

Proposition 36

L'amour intellectuel de l'âme pour Dieu est l'amour même que Dieu éprouve pour soi, non pas en tant qu'infini, mais en tant que sa nature peut s'exprimer par l'essence de l'âme humaine considérée sous le caractère de l'éternité, en d'autres termes, l'amour intellectuel de l'âme pour Dieu est une partie de l'amour infini que Dieu a pour soi-même.

Démonstration : Cet amour de l'âme doit être rapporté à l'activité de l'âme (par le Corollaire de la Proposition 32, part. 5, et la Proposition 3, part. 3). Cet amour est donc une action par laquelle l'âme se contemple soi-même, et qui est accompagné de l'idée de Dieu, à titre de cause (par la Proposition 32, part. l, et son Corollaire) ; en d'autres termes (par le Corollaire de la Proposition 25, part. l, et celui de la Proposition 11, part. 2), une action par laquelle Dieu, en tant qu'il peut être exprimé par l'âme humaine, se contemple soi-même, et qui est accompagnée de l'idée de soi-même ; par conséquent (en vertu de la Proposition précédente), cet amour de l'âme est une partie de l'amour infini que Dieu a pour soi-même.

C. Q. F. D.

Corollaire : Il résulte de là que Dieu, en tant qu'il s'aime lui-même, aime aussi les hommes, et par conséquent que l'amour de Dieu pour les hommes et l'amour intellectuel des hommes pour Dieu ne sont qu'une seule et même chose.

Scolie : Ceci nous fait clairement comprendre en quoi consistent notre salut, notre béatitude, en d'autres termes notre liberté, savoir, dans un amour constant et éternel pour Dieu, ou si l'on veut, dans l'amour de Dieu pour nous. Les saintes Écritures donnent à cet amour, à cette béatitude, le nom de gloire, et c'est avec raison. Que l'on rapporte en effet cet amour, soit à Dieu, soit à l'âme, c'est toujours cette paix intérieure qui ne se distingue véritablement pas de la gloire (voyez les Définition 25 et 30 des passions). Si vous le rapportez à Dieu, cet amour est en lui une joie (qu'on me permette de me servir encore de ce mot) accompagnée de l'idée de lui-même (par la Proposition 35, part. 5) ; et si vous le rapportez à l'âme, c'est encore la même chose (Par la Proposition 27, part. 5). De plus, l'essence de notre âme consistant tout entière dans la connaissance, et Dieu étant le principe de notre connaissance et son fondement (par la Proposition 15. part. 1, et le Scolie de la Proposition 47, part. 2), nous devons comprendre très clairement de quelle façon et par quelle raison l'essence et l'existence de notre âme résultent de la nature divine et en dépendent

165

continuellement ; et j'ai pensé qu'il était à propos de faire ici cette remarque, afin de montrer par cet exemple combien la connaissance des choses particulières, que j'ai appelée intuitive ou du troisième genre (voyez le Scolie 2 de la Proposition 40, part. 2), est préférable et supérieure à la connaissance des choses universelles que j'ai appeler du second genre ; car, bien que j'aie montré dans la première partie d'une manière générale que toutes choses (et par conséquent aussi l'âme humaine) dépendent de Dieu dans leur essence et dans leur existence, cette démonstration, si solide et si parfaitement certaine qu'elle soit, frappe cependant notre âme beaucoup moins qu'une preuve tirée de l'essence de chaque chose particulière et aboutissant pour chacune en particulier à la même conclusion.

Proposition 37

Il n'y a rien dans la nature qui soit contraire à cet amour intellectuel ou qui le puisse détruire.

Démonstration : Cet amour intellectuel résulte nécessairement de la nature de l'âme, en tant qu'on la conçoit comme une vérité éternelle et qu'on la rapporte à la nature de Dieu (par les Proposition 33 et 29, part. 5). Si donc quelque chose se rencontrait qui fût contraire à cet amour, elle serait contraire à la vérité, et par conséquent, en détruisant l'amour intellectuel, elle rendrait faux ce qui est vrai, conséquence absurde. Il n'y a donc rien dans la nature, etc.

C. Q. F. D.

Scolie : L'axiome de la quatrième partie se rapporte aux choses particulières, en tant qu'on les conçoit en relation avec un temps et un lieu déterminés, et sous ce point de vue, je ne crois pas que personne le puisse contester.

Proposition 38

A mesure que l'âme connaît un plus grand nombre de choses d'une connaissance du second et du troisième genre, elle est moins sujette à pâtir sous l'influence des affections mauvaises, et elle a moins de crainte de la mort.

Démonstration : L'essence de l'âme consiste dans la connaissance (par la Proposition 11, part. 2) ; par conséquent, à mesure qu'elle connaît plus de choses d'une connaissance du second et du troisième genre, une plus grande partie d'elle-même subsiste (par les propos. 29 et 23, part. 5) d'où il suit (par la Proposition précédente) qu'une plus grande partie d'elle-même échappe à l'influence des passions contraires à notre nature, c'est-à-dire (par la Proposition 30, part. 4) des passions mauvaises. Ainsi donc, à mesure que l'âme connaît un plus grand nombre de choses d'une connaissance du second et du troisième genre, une plus grande partie d'elle-même se maintient sans altération, et partant est moins sujette à pâtir, etc.

C. Q. F. D.

Scolie : Ceci nous fait comprendre un point que j'ai touché dans le Scolie de la Proposition 39, part. 4, en promettant de l'expliquer complètement ici, savoir : que la mort est d'autant moins nuisible que la connaissance claire et distincte de l'âme est plus grande, que l'âme aime Dieu davantage. De plus, puisque c'est de la connaissance du troisième genre que naît (par la Proposition 27, part. 5) la paix la plus parfaite dont l'âme soit capable de jouir, il en résulte que l'âme humaine peut être d'une nature telle que ce qui périt d'elle avec le corps (ainsi qu'on l'a montré dans la Proposition 21, part. 5) ne soit d'aucun prix en comparaison de ce qui continue d'exister après la mort. Mais nous nous expliquerons bientôt sur ce point avec plus d'étendue.

Proposition 39

Celui dont le corps est propre à un grand nombre de fonctions a une âme dont la plus grande partie est éternelle.

Démonstration : Celui dont le corps est propre à un grand nombre de fonctions est moins sujet que personne au conflit des passions mauvaises (par la Proposition 38, part. 4), c'est-à-dire (par la Proposition 30, part. 4) des passions contraires à notre nature ; et par conséquent (en vertu de la Proposition 10, part. 5), il a le pouvoir d'ordonner et d'enchaîner les affections du corps suivant la loi de l'entendement, par conséquent encore (en vertu de la Proposition 14, part. 5) de faire que toutes les affections du corps se rapportent à l'idée de Dieu (par la Proposition 15, part. 5). Il sera donc animé de l'amour de Dieu, lequel (par la Proposition 16, part. 5) doit occuper ou constituer la plus grande partie de l'âme ; d'où il résulte enfin (par la Proposition 33, part. 5) que la plus grande partie de son âme sera éternelle.

C. Q. F. D.

Scolie : Les corps humains étant propres à un grand nombre de fonctions, il n'y a aucun doute qu'ils puissent être d'une telle nature qu'ils correspondent à des âmes douées d'une grande connaissance d'elles-mêmes et de Dieu, et dont la plus grande partie ou la principale soit éternelle, des âmes, par conséquent, qui n'aient presque rien à craindre de la mort. Mais pour comprendre tout cela plus clairement, il faut remarquer que nous vivons dans une variation continuelle, et suivant que nous changeons en bien ou en mal, nous sommes heureux ou malheureux. On dit qu'un enfant est malheureux, quand la mort en fait un cadavre ; on appelle heureux, au contraire, celui qui dans le cours entier de sa carrière jouit d'une âme saine dans un corps plein de santé. Et, en effet, à un corps comme celui de l'enfant au berceau ou déjà grandi, c'est-à-dire à un corps qui n'est propre qu'à un petit nombre de fonctions et qui dépend principalement des causes extérieures, doit correspondre une âme qui n'a, considérée en soi, qu'une très faible conscience et de soi et de Dieu et des choses. Au contraire, un corps propre à un grand nombre de fonctions est joint à une âme qui possède à un très haut degré, considérée en soi, la conscience de soi et de Dieu et des choses. C'est pourquoi notre principal effort dans cette vie, c'est de transformer le corps de l'enfant, autant que sa nature le comporte et y conduit, en un autre corps qui soit propre à un grand nombre de fonctions et corresponde à une âme douée à un haut degré de la conscience de soi et de Dieu et des choses ; de telle sorte qu'en elle ce qui est mémoire ou imagination n'ait, au regard de la partie intelligente, presque aucun prix, comme nous l'avons déjà dit dans le Scolie de la Proposition précédente.

Proposition 40

Plus une chose a de perfection, plus elle agit et moins elle pâtit, et réciproquement, plus elle agit, plus elle est parfaite.

Démonstration : Plus une chose a de perfection, plus elle a de réalité (par la Définition 6, part. 2), et en conséquence (par la Proposition 3, part. 3, et son Scolie), plus elle agit et moins elle pâtit ; et en renversant l'ordre de cette démonstration, il en résulte qu'une chose est d'autant plus parfaite qu'elle agit davantage.

C. Q. F. D.

167

Corollaire : Il suit de cette Proposition que la partie de notre âme qui survit au corps, si grande ou si petite qu'elle soit, est toujours plus parfaite que l'autre partie. Car la partie éternelle de l'âme (par les Proposition 22 et 29, part. 5), c'est l'entendement, par qui seul nous agissons (en vertu de la propos. 3, part. 3), et celle qui périt, c'est l'imagination (par la Proposition 21, part. 5), principe de toutes nos facultés passives (par la Proposition 3, part. 3 et la Définition générale des passions) ; d'où il suit (par la Propos précédente) que cette première partie de notre âme, si petite qu'elle soit, est toujours plus parfaite que l'autre.

C. Q. F. D.

Scolie : Tels sont les principes que je m'étais proposé d'établir touchant l'âme, prise indépendamment de toute relation avec l'existence du corps. Il résulte de ces principes, et tout ensemble de la Proposition 21, part. 1, et de quelques autres, que notre âme, en tant qu'elle est intelligente, est un mode éternel de la pensée, lequel est déterminé par un autre mode éternel de la pensée et celui-ci par un troisième, et ainsi à l'infini ; de telle façon que tous ces modes pris ensemble constituent l'entendement éternel et infini de Dieu.

Proposition 41

Alors même que nous ne saurions pas que notre âme est éternelle, nous ne cesserions pas de considérer comme les premiers objets de la vie humaine la piété, la religion, en un mot, tout ce qui se rapporte, ainsi qu'on l'a montré dans la quatrième partie, à l'intrépidité et à la générosité de l'âme.

Démonstration : Le premier et unique fondement de la vertu ou de la conduite légitime de la vie, c'est (par le Corollaire de la Proposition 22 et la Proposition 24, part. 4) la recherche de ce qui est utile. Or, pour déterminer ce que la raison déclare utile à l'homme, nous n'avons point tenu compte de l'éternité de l'âme, qui ne nous a été connue que dans cette cinquième partie. Ainsi donc, puisque alors même que nous ignorions que l'âme est éternelle, nous considérions comme les premiers objets de la vie les vertus qui se rapportent à l'intrépidité et à la générosité de l'âme, il s'ensuit que si nous l'ignorions encore en ce moment, nous ne cesserions pas de maintenir les mêmes prescriptions de la raison.

C. Q. F. D.

Scolie : Nous nous écartons ici, à ce qu'il semble, de la croyance vulgaire. Car la plupart des hommes pensent qu'ils ne sont libres qu'autant qu'il leur est permis d'obéir à leurs passions, et qu'ils cèdent sur leur droit tout ce qu'ils accordent aux commandements de la loi divine. La piété, la religion et toutes les vertus qui se rapportent à la force d'âme sont donc à leurs yeux des fardeaux dont ils espèrent se débarrasser à la mort, en recevant le prix de leur esclavage, c'est-à-dire de leur soumission à la religion et à la piété. Et ce n'est pas cette seule espérance qui les conduit ; la crainte des terribles supplices dont ils sont menacés dans l'autre monde est encore un motif puissant qui les détermine à vivre, autant que leur faiblesse et leur âme impuissante le comportent, selon les commandements de la loi divine. Si l'on ôtait aux hommes cette espérance et cette crainte, s'ils se persuadaient que les âmes périssent avec le corps et qu'il n'y a pas une seconde vie pour les malheureux qui ont porté le poids accablant de la piété, il est certain qu'ils reviendraient à leur naturel primitif, réglant leur vie selon leurs passions et préférant obéir à la fortune qu'à eux-mêmes. Croyance absurde, à mon avis, autant que celle d'un homme qui s'emplirait le corps de poisons et d'aliments mortels, par cette belle raison qu'il n'espère pas jouir toute l'éternité d'une bonne nourriture, ou qui, voyant que l'âme n'est pas éternelle ou immortelle, renoncerait à la raison et désirerait devenir fou ; toutes choses tellement énormes qu'elles méritent à peine qu'on s'en occupe.

Proposition 42

La béatitude n'est pas le prix de la vertu, c'est la vertu elle-même, et ce n'est point parce que nous contenons nos mauvaises passions que nous la possédons, c'est parce que nous la possédons que nous sommes capable, de contenir nos mauvaises passions.

Démonstration : La béatitude consiste dans l'amour de Dieu (par la Proposition 36, part. 5 et son Scolie), et cet amour naît de la connaissance du troisième genre (par le Corollaire de la Proposition 32, part, 5), et en conséquence (par les Proposition 59 et 3, part. 3), il doit être rapporté à l'âme, en tant qu'elle agit. Cet amour est donc la vertu même (par la Définition 8, part. 4). Voilà le premier point. De plus, à mesure que l'âme jouit davantage de cet amour divin ou de la béatitude, elle exerce davantage son intelligence (par la Proposition 32, part. 5), c'est-à-dire (par le Corollaire de la Proposition 3, part. 5), elle a plus de puissance sur ses passions, et elle a moins à pâtir des affections mauvaises (par la propos. 38, part. 5) ; d'où il suit que l'âme, dès qu'elle jouit de cet amour divin ou de la béatitude, a le pouvoir de contenir ses mauvaises passions ; et comme la puissance dont l'homme dispose pour cela est tout entière dans l'entendement, il faut conclure que personne ne jouit de la béatitude parce qu'il a contenu ses passions, mais que le pouvoir de contenir ses passions tire son origine de la béatitude elle-même.

Scolie : J'ai épuisé tout ce que je m'étais proposé d'expliquer touchant la puissance de l'âme sur ses passions et la liberté de l'homme. Les principes que j'ai établis font voir clairement l'excellence du sage et sa supériorité sur l'ignorant que l'aveugle passion conduit. Celui-ci, outre qu'il est agité en mille sens divers par les causes extérieures, et ne possède jamais la véritable paix de l'âme, vit dans l'oubli de soi-même, et de Dieu, et de toutes choses ; et pour lui, cesser de pâtir, c'est cesser d'être. Au contraire, l'âme du sage peut à peine être troublée. Possédant par une sorte de nécessité éternelle la conscience de soi-même et de Dieu et des choses, jamais il ne cesse d'être ; et la véritable paix de l'âme, il la possède pour toujours. La voie que j'ai montrée pour atteindre jusque-là paraîtra pénible sans doute, mais il suffit qu'il ne soit pas impossible de la trouver. Et certes, j'avoue qu'un but si rarement atteint doit être bien difficile à poursuivre ; car autrement, comment se pourrait-il faire, si le salut était si près de nous, s'il pouvait être atteint sans un grand labeur, qu'il fût ainsi négligé de tout le monde ? Mais tout ce qui est beau est aussi difficile que rare.

Fin de l'Ethique